LIDERANÇA TRANQÜILA
Quiet Leadership

NÃO DIGA AOS OUTROS O QUE FAZER

Ensine-os a pensar

David Rock

LIDERANÇA TRANQÜILA
Quiet Leadership

NÃO DIGA AOS OUTROS O QUE FAZER

Ensine-os a pensar

Tradução
Marcia Nascentes

ALTA BOOKS
EDITORA
Rio de Janeiro, 2017

Liderança Tranqüila: Não Diga Aos Outros o Que Fazer — Ensine-os a pensar
Copyright © 2017 da Starlin Alta Editora e Consultoria Eireli. ISBN: 978-85-508-0151-3

Translated from original Quiet Leadership by David Rock. Copyright © 2006 by David Rock. ISBN 978-0-06-083590-3. This translation is published and sold by permission of HarperBusiness, an Imprint of Harper Collins Publishers, the owner of all rights to publish and sell the same. PORTUGUESE language edition published by Starlin Alta Editora e Consultoria Eireli, Copyright © 2017 by Starlin Alta Editora e Consultoria Eireli.

A editora não se responsabiliza pelo conteúdo da obra, formulada exclusivamente pelo(s) autor(es).

Marcas Registradas: Todos os termos mencionados e reconhecidos como Marca Registrada e/ou Comercial são de responsabilidade de seus proprietários. A editora informa não estar associada a nenhum produto e/ou fornecedor apresentado no livro.

Impresso no Brasil.

Obra disponível para venda corporativa e/ou personalizada. Para mais informações, fale com projetos@altabooks.com.br

Copidesque
Shirley Lima da Silva Braz

Editoração Eletrônica
Estúdio Castellani

Revisão Gráfica
Mariflor Brenlla Rial Rocha | Edna Rocha

Produção Editorial
Elsevier Editora - CNPJ: 42.546.531./0001-24

Erratas e arquivos de apoio: No site da editora relatamos, com a devida correção, qualquer erro encontrado em nossos livros, bem como disponibilizamos arquivos de apoio se aplicáveis à obra em questão.

Acesse o site www.altabooks.com.br e procure pelo título do livro desejado para ter acesso às erratas, aos arquivos de apoio e/ou a outros conteúdos aplicáveis à obra.

Suporte Técnico: A obra é comercializada na forma em que está, sem direito a suporte técnico ou orientação pessoal/exclusiva ao leitor.

A editora não se responsabiliza pela manutenção, atualização e idioma dos sites referidos pelos autores nesta obra.

CIP-Brasil. Catalogação-na-fonte.
Sindicato Nacional dos Editores de Livros, RJ

R585n

Rock, David
Liderança tranqüila : Não diga aos outros o que fazer : ensine-os a pensar! / David Rock ; tradução Marcia Nascentes. – Rio de Janeiro : Alta Books, 2017.

Tradução de: Quiet leadership
ISBN: 978-85-508-0151-3

1. Liderança. 2. Aprendizagem organizacional. I. Título. II. Título: Liderança tranquila.

06-1651.

CDD 658.4092
CDU 658:316.46

ALTA BOOKS
EDITORA

Rua Viúva Cláudio, 291 — Bairro Industrial do Jacaré
CEP: 20970-031 — Rio de Janeiro - RJ
Tels.: (21) 3278-8069 / 3278-8419
www.altabooks.com.br — altabooks@altabooks.com.br
www.facebook.com/altabooks

AGRADECIMENTOS

*Há sempre uma mulher
por trás dos grandes feitos.*

ALPHONSE DE LAMARTINE (1790-1869)

Este livro não teria existido sem o amor, o apoio e a confiança de minha esposa Lisa. Desde que nos conhecemos, ela me incentivou a não abandonar minha paixão e encontrar uma forma de me sustentar com isso, e permaneceu a meu lado em todos os momentos, bons e ruins. Lisa, agradeço por sua paciência e apoio; você é meu pilar. Também sou muito grato à minha filha, Trinity, cujo amor infinito me mantém equilibrado todos os dias. A leitura é seu passatempo favorito; então, espero que ela também aprecie este livro um dia.

Meus sinceros agradecimentos a todos da Results Coaching Systems, pela extrema tolerância a um CEO às vezes sobrecarregado, por estar absorvido no desenvolvimento deste livro. Tive a honra e o privilégio de poder interagir com alguns dos melhores orientadores do mundo. Obrigado por seu contínuo comprometimento em tornar o mundo um lugar melhor, aperfeiçoando a capacidade das pessoas de orientar outras.

Estendo meus agradecimentos à minha pesquisadora e cientista-chefe, Marisa Galisteo, PhD, pelo maravilhoso trabalho de reunir informações completas e precisas, e por sua paixão pelo nexo entre liderança e neurociência. Também sou grato a todos os que participaram voluntariamente de meu grupo de pesquisa sobre coaching, por sua dedicação a fim de melhorar nossa compreensão do que é necessário para criar a mudança em outras pessoas.

Faço questão de agradecer também a meu amigo e mentor Alexander Caillet, por sua orientação e sabedoria durante todos esses anos, e a Ken Manning, pelo mesmo motivo. Aprendi muito com ambos. Meus sinceros agradecimentos a Jeffrey M. Schwartz, M.D., por permitir que eu, recentemente, participasse de sua pesquisa científica e por compartilhar tudo o que sabe. Agradeço aos diversos cientistas e grandes pensadores que venho estudando há tanto tempo, por terem facilitado descobertas sobre como melhorar nosso mundo. Entre eles, estão: Dr. Martin Seligman, Dr. Mihali Csikszentmihalyi, Edward De Bono, Theodore Zeldin, Mark Jung-Beeman e muitos outros. Tive a sorte de contar com vários revisores, com seus feedbacks sinceros e cuidadosos sobre o livro durante o seu desenvolvimento. Agradeço a Karen-Jane Eyre, pelo contínuo apoio e feedback durante o desenvolvimento do livro inteiro. E, finalmente, não poderia deixar de agradecer a Brian Murray, Herb Schaffner, Marion Maneker, Joe Tessitore e todo o pessoal da Collins, por terem acreditado em mim.

SOBRE O AUTOR

David Rock é um líder de pensamento global na área de coaching em desempenho. Na década de 1990, desenvolveu um modelo de coaching que já foi ensinado a mais de cinco mil profissionais, em mais de 15 países.

É fundador da RCS (Results Coaching Systems), uma organização mundial de consultoria e treinamento que opera nos Estados Unidos, Europa, África do Sul, Cingapura, Austrália e Nova Zelândia. A RCS que possui clientes que constam da *Fortune 100*, nos setores bancário, de seguros e tecnológico, também desenvolve vários projetos junto aos principais órgãos governamentais. O trabalho de David junto às organizações envolve o favorecimento a uma mudança de cultura por meio da integração estratégica de uma abordagem baseada no cérebro, com vistas ao desenvolvimento e ao coaching de liderança.

A RCS também oferece ao público programas de treinamento em coaching, reconhecidos internacionalmente, em seis mercados globais, treinando centenas de executivos e coaches de negócios.

Como professor-adjunto na SCPS (School of Continuing and Professional Studies), da New York University, David é o co-desenvolvedor de uma série de programas de certificação e graduação em coaching organizacional, executivo e pessoal.

Entre as áreas de pesquisa em que David se especializou estão: o nexo entre a liderança e o cérebro, o impacto de uma abordagem de coaching baseada no cérebro sobre o desempenho, e como as empresas podem transformar sua cultura por meio da aplicação estratégica de modelos de coaching.

David que já participou como palestrante em diversas conferências internacionais nas áreas de desenvolvimento de liderança, gestão de talentos, recursos humanos, treinamento, psicologia e coaching, também é autor do livro *Personal Best*, publicado em 2001, e, no momento, está concluindo *Foundations to Coaching*, sobre a ciência do coaching.

Para obter mais informações sobre o trabalho de David, visite: www.quietleadership.com.

SUMÁRIO

Introdução   xiii
Por que os líderes devem se preocupar em aperfeiçoar o pensamento?   xix

■ Parte 1
Descobertas recentes sobre o cérebro que provocam uma verdadeira revolução   1

O cérebro é uma máquina com conexões   3
Bem de perto, nenhum cérebro é igual   7
O cérebro mantém conexões permanentes de quase tudo   11
Nossas conexões permanentes levam à percepção automática   14
É quase impossível desconstruir nosso sistema de conexões   19
É fácil criar novas conexões   22
Resumo das descobertas recentes sobre o cérebro   27

■ Parte 2
Os Seis Passos para Transformar o Desempenho   29

Sobre os Seis Passos   29

1º PASSO
Pense sobre o pensamento   35
    Deixe o pensamento por conta deles   36
    Concentre-se nas soluções   45
    Lembre-se de distender   50
    Destaque o positivo   58
    Coloque o processo antes do conteúdo   66

2º PASSO

Abra os ouvidos ao potencial	73
Uma nova forma de escutar	77
A clareza da distância	79

3º PASSO

Seja objetivo ao falar	86
Seja sucinto	88
Seja específico	93
Seja generoso	95
Como ser sucinto, específico e generoso na prática	97
Um mundo de comunicações digitais	98

4º PASSO

Dance ao embalo do insight	102
As quatro faces do insight	104
A dança do insight	111
Permissão	113
Posicionamento	120
Questionamento	125
Associando permissão, posicionamento e questionamento	137
Esclarecimento	142
Construindo a dança	146

5º PASSO

Crie uma nova forma de pensar	153
Realidade atual	155
Explore alternativas	161
Aproveite a energia deles	165
Construindo o modelo criar	169

6º PASSO

Acompanhamento	175
Fatos	177
Emoções	178
Incentivo	179
Aprendizado	180
Implicações	181
Novas metas	182
Um resumo dos Seis Passos	186

Parte 3
Colocando em prática os Seis Passos — **189**

Como usar os Seis Passos para ajudar alguém a resolver um problema 191
Como usar os Seis Passos para ajudar alguém a tomar uma decisão 199
    Tomando decisões com a clareza da distância 202
    Tomando decisões com base no modelo Escolha seu Foco 203
Como usar os Seis Passos para fornecer feedback 205
    Fornecendo feedback para ótimo desempenho 206
    Fornecendo feedback para desempenho limitado 213
    Fornecendo feedback para baixo desempenho 217
Como usar os Seis Passos com equipes 219
Como usar os Seis Passos com crianças 226
Os Seis Passos aplicados a uma organização inteira 234

Conclusão 236

Glossário 237

Recursos 246

Notas 248
Índice 255

INTRODUÇÃO

Quando a forma como nos relacionamos uns com os outros acompanhará os avanços tecnológicos?

THEODORE ZELDIN (2003)

Em 2004, visitei uma empresa de grande porte, na área tecnológica, localizada em Cingapura. Na época, eles não sabiam como melhorar o desempenho de seu pessoal. Anna, chefe da equipe de aprendizagem e desenvolvimento, me levou para conhecer o centro de operações criado para atender a essa necessidade do grupo. Ao percorrer as salas, Anna me mostrou alguns indícios das várias iniciativas adotadas pela empresa nos últimos anos, em busca de melhor desempenho. Eles estavam tentando melhorar o desempenho do *call center* e reduzir a desanimadora taxa de 40% de rotatividade de funcionários.

Há quatro anos, consultores disseram que ninguém sabia definir o principal – o que é um bom desempenho. Então, a empresa investiu na identificação de três indicadores de desempenho. Eles decidiram rastrear três elementos: o número de segundos para atender a uma chamada; o número de chamadas atendidas em menos de sessenta segundos; e o número de desistências de chamadas antes de serem atendidas. O compartilhamento desses dados passou a ser um item constante nas reuniões mensais. Mesmo assim, isso não modificou em nada o desempenho, nem interferiu na taxa de retenção.

No ano seguinte, consultores declararam que o problema era a falta de feedback imediato sobre desempenho, já que muitos dados eram entregues apenas no final do mês, ou seja, tarde demais. Isso parecia lógico para a empresa. E recursos adicionais foram investidos para que todos pudessem obter feedback em tempo real de monitoração remota. Dessa vez, eles conseguiram melhorar um pouco o desempenho, mas não sabiam dizer a causa: a monitoração remota ou outros fatores. No entanto, não houve alteração em termos de retenção, área ainda muito dispendiosa para a empresa.

Mais um ano se passou e um membro da gerência teve a idéia de fazer uma pesquisa junto à equipe como forma de melhor abordar o problema. Uma extensa auditoria cultural mostrou que as pessoas não se sentiam valorizadas pelos gerentes imediatos ou pela empresa. Então, naquele ano, eles decidiram investir em um programa de reconhecimento e recompensa. Anna mostrou uma parede de 3,65m de altura por 6m de largura, repleta de prêmios mensais. Mas, novamente, a gerência não alcançou um bom resultado em termos de desempenho e retenção.

Perguntei a Anna o que ela pretendia fazer em seguida. Ela exclamou: "Nosso pessoal diz que não conhece as expectativas em relação ao grupo e que não se sente valorizado. Mas nós já tentamos resolver isso. O que mais podemos fazer?"

Ao percorrer as salas, observei que vários gerentes estavam oferecendo instruções rápidas a seus subordinados. Ao longe, avistei uma sala com paredes de vidro, onde estava ocorrendo uma sessão de treinamento. Os participantes pareciam desinteressados. Perguntei: "Você já pensou em mudar a forma como líderes e gerentes falam com os subordinados?" Ela respondeu: "Como podemos pensar em mudar a forma como líderes exercem sua liderança se não conseguimos mudar o comportamento de ninguém?" Respondi sorrindo: "Isso pode exigir a utilização de uma abordagem totalmente nova."

Este livro discute essa nova abordagem da liderança. Ele se destina a líderes, executivos e gerentes extremamente ocupados, que desejam melhorar o desempenho de seus subordinados e que estão prontos para experimentar algo novo. Ele se destina ao CEO que deseja se tornar mais eficaz, inspirando sua equipe de liderança a elevar o pensamento a um nível de alta qualidade, mas só dispõe de alguns minutos por semana para falar com eles. Ele também se destina ao executivo que gostaria de levar o gerente a fazer planejamentos mais eficazes, mas não sabe como. Ele se destina ao gerente que deseja inspirar a equipe de vendas, mas não sabe bem como fazer isso. E também tem por alvo o profissional de recursos humanos, que está pronto para assumir a tarefa de mudar a cultura de uma organização. A nova abordagem é o que chamo de "Liderança Tranqüila". Líderes tranqüilos são mestres em revelar o melhor desempenho em outras pessoas. Eles aperfeiçoam o pensamento de seus subordinados, literalmente melhorando a forma como os cérebros processam informações, sem dizer aos outros como agir. Considerando o número de pessoas que são pagas para pensar nas empresas atuais, o aperfeiçoamento do pensamento é uma das maneiras mais rápidas de melhorar o desempenho.

Não diga aos outros o que fazer não é um tratado acadêmico; pelo contrário, trata-se de um livro prático, composto de seis passos, que apresenta uma nova forma de dialogar, com base nas recentes descobertas sobre o funcionamento do cérebro. A parte central, os "Seis Passos para Transformar o Desempenho", aponta para uma nova forma de pensar, uma nova forma de escutar, uma nova forma de falar, uma nova abordagem para qualquer tipo de conversa travada entre um líder e seu pessoal.

Foram necessários dez anos para desenvolver os Seis Passos para Transformar o Desempenho. Nesse período, elaborei e ministrei vários workshops para mais de cinco mil profissionais nos Estados Unidos, Reino Unido, África do Sul, Cingapura, Hong Kong, Austrália e Nova Zelândia. A princípio, esses workshops eram orientados a como se tornar um coach de desempenho mais eficaz. A tempo, percebi que o coaching fazia parte do eixo central da liderança. Daí em diante, passei a me concentrar no desenvolvimento de grandes líderes, buscando aperfeiçoar sua capacidade de promover o melhor desempenho em outras pessoas.

Sempre adotei uma abordagem científica e voltada para processos: queria desconstruir o "código" subjacente aos diálogos de alto impacto responsáveis pela transformação no desempenho das pessoas. Após anos dedicados ao assunto, identificando padrões, testando modelos e, em seguida, fazendo aprimoramentos, desenvolvi um conjunto de idéias que estava transformando a capacidade das pessoas de influenciar as outras. Os Seis Passos representam as idéias mais importantes resultantes desse processo, que durou uma década. Algumas pessoas dizem que fiz pelo coaching de desempenho o que o Seis Sigma fez pelo conceito de qualidade: a melhor prática no mapeamento de processos, chegando a ser considerado uma ciência.

Alguns anos atrás, comecei a perceber fortes ligações entre aquilo que desenvolvi e as novidades da neurociência. Percebi que poderia descrever o que criei com base em novas descobertas sobre o cérebro. Foi então que comecei a jornada em busca da integração de uma maior compreensão sobre o cérebro em minha abordagem. Assim, as idéias se tornaram ainda mais eficazes, tive maior abertura nas empresas para trabalhar em níveis superiores, transmitindo esses modelos a dezenas de empresas de grande porte, incluindo quatro clientes da *Fortune 100*. Em 2004, após ter utilizado esses modelos com mais de mil líderes dentro de empresas de grande porte, senti que estava pronto para escrever um livro sobre o assunto.

Acredito que os Seis Passos sejam úteis em todos os níveis organizacionais: permitir que CEOs desenvolvam melhor seus sucessores, ajudar executivos mais experientes a se tornarem líderes mais eficazes de seus gerentes-gerais, ajudar gerentes intermediários a se tornarem líderes melhores da equipe da linha de frente. Os Seis Passos já ajudaram líderes de vários setores da indústria, incluindo serviços financeiros, tecnologia da informação, empresas manufatureiras, companhias aéreas, assistência médica e instituições públicas. Embora eu tenha escrito este livro pensando especialmente em líderes e gerentes, as idéias aqui apresentadas são relevantes para o ensino, o treinamento, o coaching, o mentoring, o aconselhamento e até mesmo o exercício da paternidade: qualquer situação em que uma pessoa tenha o objetivo de melhorar o desempenho de outra pessoa ou facilitar qualquer tipo de mudança.

O livro se divide em três partes. Na Parte 1, você encontra o contexto geral e a teoria básica subjacente aos Seis Passos. Há um capítulo introdutório, "Por que os líderes devem se preocupar em aperfeiçoar o pensamento?", no qual identificamos as principais tendências do mercado de trabalho, que oferecem o cenário deste livro. Em seguida, mergulhamos no funcionamento do cérebro em "Descobertas recentes sobre o cérebro que provocam uma verdadeira revolução", explorando as descobertas que são como refletores sobre essa nova abordagem da liderança. Esse capítulo fornece uma base teórica abrangente para mostrar como e por que as idéias aqui apresentadas funcionam, e também explica por que a maioria das abordagens atuais não costuma fazer isso.

A Parte 2 aborda os Seis Passos. O primeiro passo é "Pense sobre o pensamento". No segundo passo, "Abra os ouvidos ao potencial", somos convidados a experimentar uma nova forma de escutar. O terceiro passo, "Seja objetivo ao falar", trata de uma nova forma de abordar qualquer conversa. Aqui, incluí alguns insights sobre como melhorar nossa forma de comunicação por e-mail, uma área muito problemática para a maioria dos funcionários atualmente. No quarto passo, "Dance ao embalo do insight", exploramos a primeira camada do mapeamento do processo de conversação, o mecanismo que utilizamos para ajudar os outros a desenvolver insights. Aprendemos também a reconhecer o tipo de pensamento da pessoa por meio de suas expressões faciais, em um modelo chamado "As quatro faces do insight". No quinto passo, "Crie uma nova forma de pensar", você aprende a fazer isso com a segunda camada do mapeamento de processo, o modelo CRIAR. Esse modelo descreve as fases pelas quais as pessoas passam quando há avanços extraordinários no campo do pensamento. O último passo é intitulado "Acompanhamento". Ele apresenta elementos para garantir que todas as mudanças facilitadas por nós tenham grande chance de se tornar um hábito. Utilizamos aqui o modelo SENTIR para acompanhar as medidas que as pessoas adotam para si próprias.

Cada um dos Seis Passos contém exercícios para ajudá-lo a desenvolver novos músculos mentais. Se essa é a sua meta, recomendo a leitura de um capítulo por semana e a prática progressiva dos exercícios. O desenvolvimento de novos hábitos é como a alimentação: você não pode querer comer em apenas um dia tudo o que seu organismo precisa para uma semana e esperar que isso dê um bom resultado. Isso não significa que, ao ler o livro todo de uma vez, você não consiga tirar proveito da leitura. Mas, se conseguir ler atentamente cada capítulo, os benefícios serão ainda maiores.

Na Parte 3 do livro, "Colocando em prática os seis passos", verificamos como os Seis Passos podem ser aplicados às interações mais comuns líder-subordinado. Exploramos como ajudar os outros a tomar decisões ou resolver problemas de uma forma melhor. Identificamos um novo modelo para fornecer feedback quando as pessoas apresentam um bom ou mau desempenho. Há um capítulo que trata da aplicação dos seis passos a equipes. Outro capítulo mostra como aplicar esses passos a crianças. E, finalmente, compartilho minha visão sobre a integração dos Seis Passos à cultura de uma organização, em nível de sistema, para conseguir promover essa nova abordagem tão necessária atualmente, em vários ambientes de trabalho.

Procurei escrever um texto amigável, simplificando idéias complexas por meio de metáforas e analogias, e criando algumas figuras. Há outros recursos on-line (em inglês), no site www.quietleadership.com, incluindo leituras adicionais e links, bem como questionários para coletar dados para fins de pesquisa. Excluí intencionalmente detalhes científicos do corpo do texto, mantendo as referências bibliográficas, caso você queira se aprofundar em algum assunto. Se achar que o livro está muito denso em algumas partes, passe para a Parte 3, na qual encontrará os modelos contextualizados. No final, há um glossário de termos científicos. Você também encontrará um resumo dos modelos e idéias centrais apresentados. Este pode ser seu guia de referência.

Quando apresento essas idéias pela primeira vez a líderes, observo que muitos deles se preocupam com o tempo desperdiçado em "conversas desnecessárias" com suas equipes. Mas minha experiência diz que, com o tempo, ao aplicarem os Seis Passos para Transformar o Desempenho (Parte 2), em muitos casos, os líderes conseguem *diminuir*, e não aumentar, o número de conversas necessárias. Além disso, as conversas são menos demoradas, mais energizantes e bem mais produtivas. Várias pessoas, após conhecerem este trabalho, percebem que desperdiçam muita energia quando *não* aplicam os Seis Passos. Uma das principais deficiências das organizações é a conversa que não atinge seu objetivo. A aplicação dos Seis Passos pode fazer uma grande diferença.

Nos últimos cinqüenta anos, nossa capacidade de processar informações por meio de computadores passou de meros 14 bits de informações por segundo para o processamento de bilhões de bits por segundo. Como a própria citação de Theodore Zeldin sugere (ver a epígrafe), já está mais do que na hora de aperfeiçoarmos nossa capacidade de nos relacionarmos uns com os outros, a fim de podermos acompanhar os avanços tecnológicos. Espero que este livro represente um pequeno passo nessa direção.

POR QUE OS LÍDERES DEVEM SE PREOCUPAR EM APERFEIÇOAR O PENSAMENTO?

As pessoas não precisam ser gerenciadas; elas precisam ser libertadas.

RICHARD FLORIDA (2002)

Nossas práticas de liderança não estão acompanhando as realidades da vida organizacional. O resultado é um distanciamento cada vez maior entre a forma como empregados são gerenciados no trabalho e aquela como *desejam* ser gerenciados. Inúmeras pesquisas foram realizadas nessa área, apontando para comentários do tipo "Seis entre cada dez trabalhadores se sentem desmotivados"[1] e "74% do staff não está envolvido no trabalho".[2] Basta dar uma olhada nessas pesquisas para verificar que a qualidade da liderança está logo no início da lista de reclamações.

O mau aproveitamento das habilidades de liderança e gerenciamento em organizações tem várias explicações. Entre os principais fatores, estão: a natureza mutável do trabalho, empregados cada vez mais instruídos, as necessidades de gerações futuras e o ritmo das mudanças. Vamos explorar mais isso.

PAGOS PARA PENSAR

No século passado, a maioria das pessoas era paga como mão-de-obra física. O modelo de gestão dominante era mestre-aprendiz, e a função do gerente era melhorar a forma como as pessoas desempenhavam atividades físicas observáveis, como martelar e arar.

Na metade do século XX, houve uma grande mudança no tipo de atividade exercida como sustento. Isso ocorreu com o advento da eletricidade e da mecanização. Grande parte do nosso trabalho passou a envolver a execução de processos codificados, que exigiam menos esforço físico. Os trabalhadores eram pagos para exercer tarefas repetitivas: inserir dados, preencher papéis, operar máquinas. O paradigma de liderança dominante passou a ser a gestão de processos: análise científica de sistemas lineares para atingir um nível de eficácia cada vez maior. As pessoas que executavam esses processos não precisavam ser muito inteligentes; apenas espertas o suficiente para executar planos elaborados pela gerência.

Nas últimas décadas, todo trabalho envolvendo processamento (tudo o que possa ser codificado ou sistematizado) foi informatizado ou terceirizado para o país com a oferta de mão-de-obra mais barata. O número de processos que dispensam a mão-de-obra humana é cada vez maior. Isso, às vezes, tem sérias conseqüências. Um colega que trabalhava na área de recrutamento queria verificar como as "100 melhores empresas para se trabalhar", apontadas pela revista *Fortune*, tratavam candidatos no processo de recrutamento automatizado. Ele se candidatou on-line a todas as empresas, apresentando um currículo fictício, quase perfeito, com exceção do candidato ao emprego – Goldilocks. Surpreendentemente, várias empresas se interessaram por Goldilocks para preencher a vaga. Essas empresas utilizam um software "inteligente" para fazer a seleção inicial.

Em 2005, em conseqüência de toda essa informatização, terceirização e outros aperfeiçoamentos de processos, 40% dos empregados foram considerados profissionais do conhecimento.[3] Para funções a partir do nível de gerente intermediário, esse número chega a 100%. Portanto, há um grande número de pessoas nas empresas que são pagas para pensar. Mas os modelos de gestão que aplicamos às nossas forças de trabalho ainda são os mesmos da era de processos. Ainda não ensinamos nossos líderes e gerentes a aperfeiçoar o *pensamento*. Tente imaginar uma fábrica onde artistas pintam quadros e seus gerentes não estudam formas de aperfeiçoar a qualidade da própria pintura, mas apenas formas de construir telas e molduras melhores.

GESTÃO DE MENTES BRILHANTES

Os empregados hoje têm melhor formação do que qualquer geração anterior. O MBA deixou de ser uma marca de distinção e passou a ser um requisito para admissão. Há trinta anos, algumas universidades ofereciam MBAs; hoje, centenas delas incluem cursos de MBA. Então, agora os líderes precisam não apenas aperfeiçoar o pensamento, mas também fazê-lo como indivíduos com grande conhecimento.

Além de serem mais instruídos, os empregados do mundo ocidental têm maior independência e, de forma geral, mais riqueza. Milhões de executivos do mundo inteiro agora desfrutam do tipo de riqueza que apenas uma fração da população possuía há cinquenta anos. É difícil impressionar um executivo rico, responsável por uma receita de $100 milhões, e começar a dizer o que ele deve fazer, apenas porque você é o "chefe".

Não podemos deixar de levar em conta que os empregados estão cada vez mais preparados e independentes. Contudo, nossos modelos de gestão não sofreram grandes modificações desde Henry Ford* que preferia que os empregados deixassem os cérebros em casa.

As necessidades das gerações X e Y

As novas gerações que assumem posições de gerência têm necessidades diferentes de seus antecessores. Elas esperam mais de uma empresa. Buscam o desenvolvimento pessoal; valorizam a liberdade e a independência. Elas apreciam a diversidade e a mudança. Essas pessoas precisam de um tipo de líder diferente daquele que costuma ser apresentado por nossa cultura, baseado em comando e controle. Elas precisam de líderes que as ajudem a brilhar, que as ajudem a aproveitar seu potencial no trabalho. Enfim, líderes que aperfeiçoem seu pensamento.

O RITMO DA MUDANÇA

Quando os atuais modelos de gestão foram desenvolvidos, vivíamos em uma época em que os produtos duravam, em média, dez anos. Agora, há produtos que chegam a durar apenas dez meses ou até mesmo dez dias. Esse ritmo de mudança amedrontaria um executivo da década de 1970.

Nota da Tradutora: A expressão fordismo virou sinônimo de produção em série.

Quando surge uma grande iniciativa de mudança, a primeira tarefa do líder é mudar o pensamento das pessoas. Convém lembrar que a maioria dos líderes foi treinada para mudar processos, e não pessoas.

O DESEMPENHO É APENAS A PONTA DO ICEBERG

Há uma metáfora chamada de modelo do iceberg, utilizada pela terapia comportamental cognitiva e por diversas ciências do comportamento.[4] O modelo do iceberg descreve como nosso desempenho em qualquer área é orientado por nossos conjuntos de comportamentos, nossos hábitos. Estes, por sua vez, são orientados por nossos sentimentos, que, a seu turno, são orientados por nossos pensamentos.

No modelo do iceberg, nosso desempenho e alguns de nossos comportamentos são visíveis, enquanto outros comportamentos, sentimentos e pensamentos estão submersos. Há muitos outros elementos orientando nosso desempenho do que simplesmente os poucos hábitos que observamos na superfície. E, na base de tudo isso, residem nossos pensamentos.

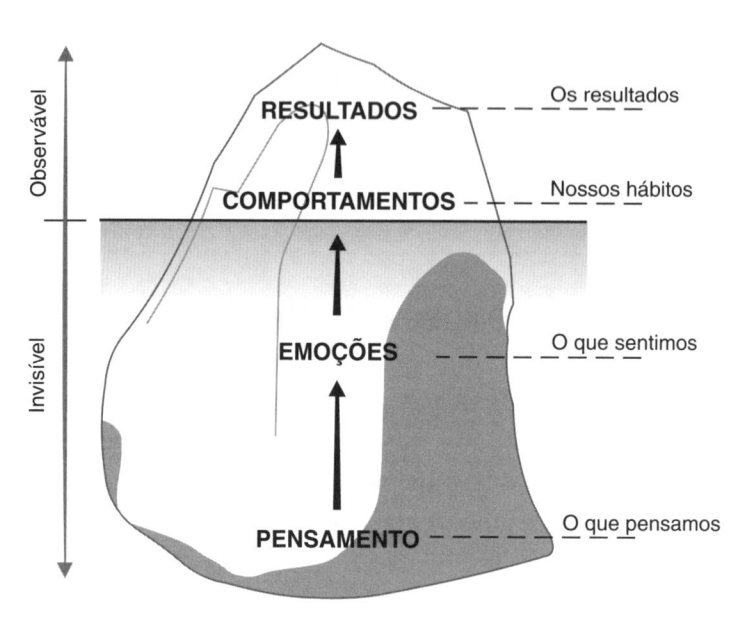

Figura 1 O modelo do iceberg

Em outras palavras, o que alcançamos em nível de trabalho se orienta pela forma como pensamos.

Mas, quando líderes desejam melhorar o desempenho de alguém, tendem a adotar uma visão superficial e a se concentrar no próprio desempenho. Raramente, eles discutem sobre os hábitos que podem estar orientando o desempenho do empregado ou sobre os sentimentos dele. O pensamento da pessoa é um tema ainda mais raro nessas conversas. Na verdade, se você pretende melhorar o desempenho, a forma mais eficaz de fazer isso é começando pelo final, ou seja, aperfeiçoando o pensamento. Isso pode parecer complexo, mas minha experiência diz que, se você conseguir se concentrar apenas em *aperfeiçoar* o pensamento, em vez de tentar compreendê-lo ou desvendá-lo, as conversas serão surpreendentemente rápidas e simples.

RESPOSTA À CRISE NA LIDERANÇA

Muitas empresas enfrentam uma crise na liderança, uma falta de talento apropriado para preencher funções importantes, em nível de gerência intermediária e alta gerência. Isso explica em parte os salários de executivos e as enormes quantias pagas a agências de recrutamento.

O conceito de processos de produção de liderança, desenvolvido por Ram Charan, Stephen Drotter e James Noel,[5] descreve as mudanças críticas na função de líder, como, por exemplo, a passagem da autogestão para a gestão de outras pessoas. À medida que líderes passam por cada fase, eles também precisam mudar sua forma de pensamento, mas as organizações possuem poucos recursos internos alocados para ajudar as pessoas a enfrentar essa mudança.

A meu ver, as empresas desenvolveram processos de produção sólidos para conduzir líderes ao topo da montanha, sob a forma de conjuntos de competências e estruturas de liderança bem-definidas. Elas possuem o conteúdo dos canais de comunicação (tubos), líderes em um nível inferior. O que falta são as bombas para orientar os líderes a desenvolver níveis superiores de eficácia. Elas precisam instilar em seus líderes e gerentes a capacidade de transformar o desempenho por meio do aperfeiçoamento do pensamento.

Resumindo, já está mais do que na hora de líderes aprenderem a aperfeiçoar o pensamento de outras pessoas. Afinal, muitos empregados são pagos para pensar. Muitos empregados são indivíduos altamente capazes que se desenvolverão ao utilizarem essa abordagem. Eles desejam trabalhar melhor, eles desejam *ser* melhores e pedem ajuda para fazer isso.

Parte 1

Descobertas recentes sobre o cérebro que provocam uma verdadeira revolução

Os novos avanços revolucionários da neurociência desafiarão as descobertas de Copérnico, Galileu e Darwin.

PAUL CHURCHLAND (1996)

Dez anos atrás, fiquei fascinado com a caixa mágica vedada que é o centro de nosso pensamento, nossas escolhas e nosso ser. Devorei vários livros e centenas de artigos sobre o funcionamento do cérebro, em diferentes áreas: psicologia evolutiva, teoria de sistemas, genética, lingüística e neurofisiologia. Em 2003, comecei a incluir alguns conceitos sobre o funcionamento do cérebro em meus programas de coaching e comecei a observar uma estreita relação entre as descobertas de cientistas sobre o cérebro e a forma como eu treinava líderes para uma melhor atuação como coaches. Comecei a perceber que a capacidade de aperfeiçoar o pensamento das pessoas era essencial para a liderança. Então, é provável que líderes se beneficiem ao aprenderem mais sobre o mecanismo do pensamento.

Cheguei a uma série de descobertas importantes, como resultado dos vários anos em que o estudo do cérebro fez parte do conteúdo de minhas diversas aulas. Comecei a perceber as idéias centrais que qualquer pessoa deveria saber, a fim de compreender como mudar o comportamento humano. Esses insights foram obtidos a partir de pesquisas sobre o cérebro, realizadas por vários neurocientistas, incluindo Gerald Edelman, John Ratey,

Jeffrey Schwartz, Joseph LeDoux, Michael Merzenich, Edward Taub, Jeff Hawkins, Thomas B. Czerner, entre outros. Quando as pessoas percebem o real significado desses insights, têm o poder de reinventar as regras básicas de quase tudo que envolva pensamento e aprendizagem, inclusive a forma como educamos nossos filhos, como contratamos e gerenciamos o staff, como treinamos o pessoal no ambiente de trabalho e como desenvolvemos líderes.

A meu ver, esses insights ajudam a explicar por que, muitas vezes, a terapia não provoca uma real mudança, por que os conselhos costumam ser inúteis, por que gerentes não atendem às reais necessidades dos trabalhadores, e muito mais. Mas esse é o tipo de pensamento que passa por *meu* cérebro. Vamos analisar melhor o que ocorre no cérebro.

■

O CÉREBRO É UMA MÁQUINA COM CONEXÕES

Seu cérebro precisa de padrões e está sempre à procura deles.

THOMAS B. CZERNER (2001)

Cientistas descobriram que nosso cérebro é uma máquina com conexões. Ou, para ser mais específico, a funcionalidade subjacente de nosso cérebro está relacionada à descoberta de associações, conexões e vínculos entre bits de informações.[1] Nossos pensamentos, memórias, habilidades e atributos são enormes conjuntos de conexões ou "mapas",[2] unidos por caminhos físicos e químicos complexos. Daqui em diante, passarei a chamar essas conexões de mapas, por ser uma palavra mais curta e fácil de decorar. Mas, se preferir, substitua essa palavra por *circuitos, conexões* ou *circuito de neurônios*.

Para você ter uma noção da complexidade desses mapas, imagine um mapa topográfico de 2.59km^2 de floresta, sobre uma folha de papel de 929cm^2. Acrescente os detalhes específicos de todos os animais que vivem na região, desde micróbios até grandes mamíferos, e as especificações completas de cada planta, fungo e bactéria. Inclua os detalhes de cada objeto: tamanho, formato, cor, odor, textura e um histórico de suas interações com os demais objetos. Depois, inclua um instantâneo dessas informações para cada momento em uma linha de tempo que remonte a quarenta anos. Isso deve dar uma noção da riqueza desses mapas. Ao que tudo indica, nossos cérebros são constituídos de mapas, que estão dentro de outros mapas, e mais outros, e assim sucessivamente. Acompanhe meu raciocínio. Esses conjuntos de mapas são criados por meio de um processo do cérebro, que faz mais de um milhão de novas conexões a cada segundo, entre diferentes pontos. Isso é impressionante!

Então, cada pensamento, habilidade e atributo pessoal é um mapa complexo de conexões entre informações armazenadas em várias partes do cérebro. Por exemplo, a idéia de um "carro" é um mapa complexo e mutável de conexões entre nosso centro cognitivo ou de pensamento de alto nível, nosso centro de habilidades motoras mais profundas (onde residem as atividades de conexões permanentes) e muitas outras regiões do cérebro. O mapa de carro deve incluir vínculos ao nome e ao formato de todos os carros de que você se recorda, a memória de seu teste de direção (inclusive a expressão de pânico do instrutor quando você quase atingiu a lateral daquele caminhão), o som do carro quando ele está em funcionamento, sua compreensão sobre o funcionamento do motor, o histórico de carros e até mesmo a lembrança de onde você deixou a chave do carro.

Observe o que ocorre quando estamos tentando pensar. Quando processamos qualquer idéia nova, criamos um mapa dessa idéia em nossa mente e, em seguida, comparamos esse mapa com os já existentes. Isso ocorre de forma subconsciente, em uma fração de segundo. Quando encontramos vínculos sólidos o suficiente entre a nova idéia e nossos mapas atuais, se conseguirmos encontrar as conexões, criamos um novo mapa que passa a fazer parte do layout de nosso cérebro. E esse novo mapa se torna realmente parte de quem somos.

Nossos cérebros gostam de criar ordem a partir do caos de dados que recebem, a fim de estabelecer vínculos entre informações, para que nossas vidas façam mais sentido. Cercados pela ordem, sentimo-nos mais confortáveis. A simetria nos faz bem, pois nos ajuda a enxergar como tudo está interligado. Então, estamos sempre criando vínculos entre mapas para formar nossos metamapas. Uma área chamada *psicologia da Gestalt*[3] já realizou muita pesquisa relevante sobre como percebemos as situações e extraímos significado delas.

Uma teoria respeitada sobre o que leva nossos cérebros a interligar tudo é que nossos mapas nos ajudam a prever o resultado de situações com maior facilidade. Em *On Intelligence*,[4] Jeff Hawkins, fundador da Palm Computing, propõe que nossas capacidades de previsão são os atributos que mais nos diferenciam do restante do reino animal. Ao utilizarmos um novo computador pela primeira vez, ficamos confusos com a localização dos botões de atalho.

Mas, após alguns dias, já sabemos apertar os botões certos, graças a nosso mapa mental. Conseguimos fazer isso até de olhos fechados. Quanto mais permanentes forem nossos mapas para tarefas repetitivas, mais livre estará nossa memória funcional para desempenhar tarefas de nível superior.

Vamos recordar o que ocorre quando criamos novos mapas mentais. Você mesmo pode dizer quando está passando por esse processo, pois provavelmente interrompe a fala e começa a formar conceitos em sua própria mente. Você também consegue detectar quando outras pessoas estão passando por esse processo: seus olhos ficam vidrados, reluzentes, e elas costumam olhar para cima ou ficar com os olhos distantes. Quando estamos processando idéias complexas, estabelecemos uma conexão vantajosa com nosso centro visual: enxergamos idéias como flashes no olho de nossa mente.

Todos nós já tivemos aquele momento mágico, em que tudo parece fazer sentido. Isso ocorre quando várias idéias, que antes pareciam estar desconectadas, se associam para formar uma nova idéia. É como se estivéssemos vendo algo novo. Esse é o momento de criação de um novo mapa. Há uma grande liberação de energia quando esse novo mapa é formado, embora ele exija muita energia para ligar os pontos. Conta a lenda que Arquimedes estava tomando banho e, após ter um insight sobre como resolver um desafio científico, saiu nu pelas ruas, gritando: "Eureka!"[5] É esse tipo de impacto que insights podem exercer sobre nós.

Quando criamos um novo mapa, sentimo-nos motivados a fazer algo; nossa expressão facial e nossa voz mudam. Se prestar atenção, você notará que o ato de criar um novo mapa é um evento específico: é possível apontar o momento exato em que ele ocorre. Esse é o momento de revelação, um momento em que enxergamos uma resposta a um desafio ou problema. Exploraremos mais a anatomia desses momentos de "revelação" na Parte 2, no capítulo intitulado "Dance ao embalo do insight", no qual analisaremos o que exatamente ocorre no cérebro nos poucos segundos antes, durante e depois da criação de uma nova idéia.

Imagine o que ocorre quando desejamos ter um novo pensamento, processar um conjunto de idéias, tomar uma decisão ou desvendar qualquer tipo de assunto. Por exemplo, como gerente, você deseja aumentar as vendas de sua divisão, mas não sabe se tem a equipe certa. Ou, como executivo, você precisa decidir se deve abordar ou não um gerente sobre seu baixo desempenho. Nos dois exemplos, precisamos criar um novo mapa em nosso cérebro. Precisamos literalmente "pensar tudo por nós mesmos". É importante perceber que isso deve ser feito mesmo quando nos dizem o que "devemos" fazer. A menos que esse "dever" coincida exatamente com nosso sistema de conexões existente (o que é muito improvável, como veremos no próximo insight), ainda precisamos gastar a energia para criar nossos próprios mapas.

A criação de um novo mapa exige recursos. Nosso cérebro precisa fazer muitas comparações, associações e combinações de novas idéias com os mapas existentes. Mas a criação do novo mapa libera muita energia junto com vários neurotransmissores, e modifica até mesmo nossas ondas cerebrais. Há uma motivação forte e repentina para a ação.

Então, vamos fazer uma pausa para refletir sobre as idéias apresentadas até aqui e chegar a algumas conclusões.

1. Para agir de forma comprometida, as pessoas precisam pensar tudo por si mesmas.
2. As pessoas sentem certa inércia quando pensam por si mesmas, devido à energia exigida.
3. O ato de ter um momento de "revelação" libera o tipo de energia necessária para as pessoas ficarem motivadas e desejarem agir.

Então, é justificável que nossa tarefa como líderes seja ajudar as pessoas a fazer suas próprias conexões. Em vez disso, grande parte de nossa energia é dedicada à tentativa de pensar *pelas* pessoas e, depois, verificar se nossas idéias fazem sentido. Como veremos no próximo insight, isso costuma representar um tremendo desperdício de recursos humanos (estou me referindo, aqui, ao sentido estrito da palavra).

Este é um mundo novo a ser explorado. Se estamos tentando ajudar outras pessoas a pensar, precisamos desenvolver uma série de capacidades novas, como a capacidade de criar o espaço físico e mental para as pessoas terem vontade de pensar, a capacidade de observar determinadas qualidades no pensamento de outras pessoas, a capacidade de ajudar outros a fazerem suas próprias conexões. Essas são algumas das habilidades mais importantes que os líderes atuais devem ter. Elas são essenciais para alguém que deseja ser um Líder Tranqüilo.

BEM DE PERTO, NENHUM CÉREBRO É IGUAL

O número de conexões possíveis entre os neurônios do cérebro é maior do que o número de átomos no universo.

JOHN RATEY (2001)

Ao começarem a desvendar os mecanismos do cérebro, cientistas descobriram um mundo inacreditavelmente complexo.[6] O cérebro possui cerca de 100 bilhões de neurônios. Cada neurônio pode ter até 100 mil dendritos (imagine dendritos como raízes; eles coletam informações para o neurônio) e um axônio (imagine o axônio como o tronco de uma árvore, que transmite informações). As conexões entre nossos neurônios, conectados pelos dendritos, são os mapas que orientam nossos pensamentos, comportamentos e ações.

Para determinar o número de conexões possíveis entre os neurônios em um cérebro, basta multiplicar o número de neurônios por suas raízes e ramificações e, depois, pelo número de mensageiros químicos que eles podem usar para se comunicar. Ao que tudo indica, esse é um número insignificante. Para simplificar, digamos que é um número maior do que o número de átomos no universo conhecido, como afirma o Dr. Ratey.[7] Alguns pensam que isso significa que o poder de nossa mente é infinito; mas trata-se de um mal-entendido. Isso mesmo. O cérebro tem uma capacidade extraordinária de desenvolver conexões. Basta escutar um músico de jazz tocando seu instrumento para verificar do que é capaz um cérebro bem-treinado.

E aqui reside um insight mais preciso extraído do fato de que cada um de nós possui mais de 300 trilhões de conexões em constante mutação. Ou seja, há um número ilimitado de formas com que o cérebro pode armazenar informações, assim como há um número ilimitado de opções para codificar experiências, aprendizados e informações no cérebro.[8]

Você já notou como pessoas diferentes enxergam a mesma situação sob ângulos diferentes? Talvez você tenha brincado de telefone quando criança; há um jogo semelhante praticado em programas de desenvolvimento de liderança. A primeira pessoa transmite a descrição da tarefa para a segunda pessoa. A segunda pessoa transmite a descrição da tarefa para a terceira. A terceira explica a descrição da tarefa para a primeira pessoa, que fica surpresa ao verificar que a tarefa foi modificada após ser transmitida apenas duas vezes. As pessoas escutam até mesmo as mensagens mais simples de formas bem diferentes. O motivo é que nossos cérebros apresentam diferenças bem maiores do que podemos imaginar.

Mencionei anteriormente que nossas mentes processam idéias complexas mais rapidamente do que nossos recursos visuais podem captar. Então, vou contar uma história para ilustrar como nossos cérebros são diferentes. (Observe que a frase "processar idéias complexas" significa que estamos criando nossos próprios mapas mentais e comparando-os a nossos mapas existentes. Ao acompanhar minha história, você poderá ter sua própria "visão" sobre meu ponto de vista.)

Há um ano, minha esposa Lisa comprou dois computadores idênticos para cada um de nós utilizar. Lisa e eu estamos juntos há quase dez anos e nos conhecemos bem. Mas, após um ano utilizando nossos computadores, não consigo me entender no computador dela. Levo muito mais tempo para realizar uma simples tarefa no computador dela do que levaria no meu. Não sei como ela armazena informações; não consigo entender como ela organizou seu mundo digital.

O ambiente em que vivemos realmente molda a natureza física de nossos cérebros; então, nossos cérebros já eram bem diferentes uns dos outros quando nascemos. Desde então, os circuitos de nossos cérebros têm sido moldados por todos os sons, pensamentos, sentimentos, idéias e experiências. E isso ocorre ao longo da vida inteira. Então, apesar de seu cérebro ser semelhante ao meu, visto a distância, eu e você armazenamos, organizamos, gerenciamos e recuperamos informações de formas bem diferentes. O mesmo ocorre com dois laptops após quarenta anos de uso.

Isso tudo parece muito lógico; porém, a verdade é que estamos muito longe de uma vida assim. Quando tentamos ajudar um colega a pensar melhor em determinada situação, supomos inconscientemente que o cérebro da outra pessoa funcione da mesma forma que o nosso. Então, inserimos o problema dele em nosso cérebro, verificamos as conexões que nosso cérebro faria para resolver esse problema e chegamos à solução que funcionaria para nós. Em seguida, dizemos às pessoas o que *nós* faríamos e estamos convencidos de que isso é o que *elas* também devem fazer.

Vi isso ocorrer diversas vezes em meus workshops e em meu cotidiano. Há pessoas inteligentes e muito bem-sucedidas que estão cegas para o fato de que estão tentando fazer conexões *pelas* pessoas, supondo que seus cérebros são tão semelhantes que isso funcionará. Até mesmo as pessoas que você considera emocionalmente inteligentes têm o desejo natural de pensar pelos outros. É raro encontrar uma pessoa que não tente ajudar outro ser humano pressupondo que seus cérebros funcionam basicamente da mesma forma.

Quando pensamos por outras pessoas, não estamos apenas desperdiçando nossa própria energia; também estamos prejudicando essas pessoas ao impedirmos que elas próprias cheguem às respostas corretas. Pare para pensar em quantos conselhos você recebe toda semana. Desconsiderando informações que não poderíamos obter por nós mesmos, como uma senha, por exemplo, quantos conselhos que você recebe de outras pessoas são realmente úteis?

Embora nossos mapas mentais sejam tão notadamente diferentes, vivemos como se isso não fosse verdade. A meu ver, as implicações desse insight são quase tão importantes quanto acreditar que a Terra seja realmente redonda. Se o mundo aceitasse de verdade esse insight, isso abalaria os conceitos básicos de educação, treinamento e desenvolvimento. E não sou o único a achar que isso poderia ser positivo. Certamente, esse insight traz à sua mente implicações que não consegui enxergar.

■ ■ ■ ■ ■ ■ ■ ■ EXERCÍCIO ■ ■ ■ ■ ■ ■ ■ ■

Bem de perto, nenhum cérebro é igual

Se quiser analisar melhor esse insight, este é um bom exercício (ou talvez você descubra um melhor ainda). Durante uma semana inteira, registre quantas vezes as pessoas dão conselhos a você e quantas vezes os conselhos são úteis. Ao final da semana, faça o cálculo para ver o percentual de utilidade dos conselhos para você. Observe o que ocorre na forma como você aborda as outras pessoas após praticar esse exercício.

_____

_____

_____

_____

_____

_____

_____

_____

_____

O CÉREBRO MANTÉM CONEXÕES PERMANENTES DE QUASE TUDO

O cérebro está continuamente tentando automatizar processos, evitando, assim, maior conscientização; dessa forma, seu trabalho é concluído mais rapidamente, com mais eficácia e em um nível metabólico inferior. Já a conscientização é lenta, sujeita a erros e "dispendiosa".

GERHARD ROTH (2004)

Descobri algo sobre minhas próprias conexões ao observar minha filha Trinity, de um ano de idade, aprender a andar. Na época, eu estava morando em um apartamento com dois lances de escadas. Embora fossem acarpetadas, elas eram íngremes o suficiente para provocar ferimentos caso Trinity caísse da escada. Logo que ela começou a aprender a andar, foi exatamente isso o que aconteceu. E o tombo veio acompanhado de um grito, da grande culpa paternal por ter sido o causador da dor de sua filha e do medo de causar um dano ainda maior. Tudo isso levou o incidente a ser registrado como uma conexão permanente em minha mente.[9] Após esse evento, toda vez que saía com Trinity, eu sempre segurava sua mão para descer as escadas; ela não caiu mais. Não estou certo se houve alguma mudança no cérebro de Trinity, mas sei que as conexões em meu cérebro ficaram bem diferentes daquele momento em diante. E até hoje, passados nove meses, sinto que meu cérebro ainda está diferente. Aprendi algo.

Descobertas recentes da neurociência mostram que, quando aprendemos algo, o universo também muda. As conexões entre nossos neurônios são reconfiguradas e, conseqüentemente, o mundo fica um pouco diferente. Quando vi Trinity cair das escadas, o impacto dessa experiência foi forte o suficiente para gerar o que é chamado de *conexão permanente* em meu cérebro. Um pensamento específico surge toda vez que subo ou desço as escadas com ela. E esse pensamento agora faz parte de minha vida; ele é um novo hábito que incorporei. Esse pensamento passou a ser uma função automática e, daqui a alguns anos, quando Trinity já souber descer e subir as escadas sozinha, provavelmente ainda ficarei impelido a pegar em sua mão.

Esse hábito não está armazenado em minha memória funcional; ele está conectado de forma permanente em um local mais profundo. Temos um valor limitado de memória funcional e basta tentar lidar com vários projetos ao mesmo tempo para descobrir isso. Joseph LeDoux, um renomado neurocientista que trabalha na New York University, acredita que o cérebro só tenha a capacidade de retenção por sete vezes na memória funcional a qualquer momento.[10] Então, o cérebro gosta de ações ou pensamentos repetitivos, ou considerados importantes (o que parece estar vinculado ao nível de carga emocional em um evento) e, de certa forma, procura "automatizar" isso. O cérebro conduz o mapa para a parte que mantém memórias e processos de longo prazo, chamada de subcórtex, que tem capacidade bem maior do que a memória funcional.

Podemos fazer uma analogia entre a automatização e o fluxo da água na superfície da Terra. A água encontra um curso na terra e, com o tempo, esse curso se aprofunda e fica vez mais improvável que a água mude a direção de seu fluxo. O Grande Cânion foi criado dessa forma. Utilizamos o mesmo processo para desenvolver vínculos químicos e físicos entre nossos neurônios que, com o tempo, ficam cada vez mais entranhados, chegando ao ponto de exigir de nós um grande esforço para criar um novo caminho. É como trilhar um caminho conhecido em uma mata densa *versus* precisar abrir um novo caminho. É tão mais fácil seguir pelo caminho tantas vezes trilhado!

Quando você começa a praticar um novo esporte, como, por exemplo, o tênis, suas habilidades são aperfeiçoadas relativamente rápido. Isto ocorre porque seu cérebro grava alguns de seus movimentos como conexões permanentes à medida que você pratica essa modalidade de esporte. Isso permite, por exemplo, que você esqueça como deve segurar a raquete e se concentre na posição em quadra. O escaneamento do cérebro de atletas de elite tem mostrado que eles utilizam uma parte significativamente menor de seu cérebro ao praticarem determinado esporte, comparado a atletas que não são de elite.[11] De maneira intuitiva, você pensaria exatamente o inverso, mas isso pode ser explicado pelo fato de a parte principal do cérebro cognitivo do atleta não ser mais requisitada para o desempenho de seus movimentos; ela pode ser utilizada apenas para a tomada de decisões importantes, quando necessário. Esses atletas treinaram tanto o cérebro quanto o corpo. Parece que nossas conexões permanentes são mais dependentes e têm maior capacidade de gerar resultados do que nossa consciência habitual.

Então, nossas maneiras de falar, andar, interagir, ler e-mails e gerenciar o staff estão, em geral, profundamente automatizadas e, portanto, se tornaram habituais. Nossos hábitos são literalmente inconscientes, ou seja, não "pensamos" no que estamos fazendo. Podemos dizer, então, que, após executar uma mesma tarefa por algum tempo, as pessoas passam a não ter tanta consciência a maior parte do tempo que executam essa tarefa.

Em suma, como todos nós somos tão automatizados, quando desejamos ajudar os outros a mudar qualquer tipo de hábito, isso exige de nós um esforço muito maior do que o habitual e, talvez, a adoção de uma abordagem totalmente diferente.

NOSSAS CONEXÕES PERMANENTES LEVAM À PERCEPÇÃO AUTOMÁTICA

A previsão não é apenas uma das capacidades do cérebro. Ela é a principal função do neocórtex e a base da inteligência.

Jeff Hawkins (2004)

Este outro insight é mais radical e pegou muitos neurocientistas de surpresa. Mas ele já é alvo de reflexão por escritores, filósofos e poetas há muitos anos. Não era difícil para um pesquisador na Grécia antiga perceber que médicos sempre encontravam doenças, que crianças encontravam oportunidades para fazer bagunça e que matemáticos encontravam lógica em tudo. Nos últimos trinta anos, como o movimento da Nova Era assumiu a função de filósofo global, o mantra "Você cria sua própria realidade" tem sido repetido nas mais variadas formas. De Napoleon Hill ao Dr. Phil, de Deepak Chopra a Oprah, milhões de livros e workshops têm veiculado a mensagem, descrita de forma tão eloqüente por Anaïs Nin, de que vemos o mundo como *somos*, e não como ele realmente é.[12]

Vejamos como isso ocorre no cérebro. Qualquer informação nova, seja um novo rosto, uma nova forma de pensar sobre nós mesmos ou uma nova idéia política, recebe basicamente o mesmo tratamento quando entra no cérebro. Independentemente da forma que esses dados assumem – uma força, um som, um odor, um sabor, uma imagem ou uma textura,[13] o processo é o mesmo: os novos dados são comparados a nossos mapas mentais existentes, a fim de identificar as conexões. Depois, tentamos adequar os dados às estruturas existentes. Caso percebamos que algum dado não se encaixa nessas estruturas, fazemos um esforço ainda maior para estabelecer as conexões, ou seja, tentamos realmente ajustar as conexões. Talvez você já tenha percebido que, quando estamos a favor de uma idéia, é maior a probabilidade de permitirmos que vínculos tênues se tornem fato; quando estamos contra uma idéia, consideramos até mesmo fortes evidências como irrelevantes. Às vezes, esse fenômeno ocorre até mesmo de forma coletiva, envolvendo uma sociedade inteira.

Apesar de o nosso cérebro gostar de ajustar qualquer tipo de informação nova a um mapa existente, ele está lidando com um enorme volume de informações. A cada segundo, milhões de fragmentos de dados são captados por nossos sentidos. Simultaneamente, ocorre o processamento interno de dados complexos. Utilizamos o método de *aproximação* para conseguir processar um volume tão alto de dados. Por exemplo, assim que aprendemos a ler, basta lermos as primeiras letras para adivinharmos a palavra, dentro do contexto da frase inteira e pela palavra que vem em seguida.

A frase a seguir foi tirada de um famoso filme da Disney. Ela diz algo a você?

*When you wish
upon a a star...**

Imaginamos que esteja escrito "When you wish upon a star", pois já escutamos essa frase antes. Mas a maioria das pessoas não percebe que há duas letras "a". Isso ocorre porque enxergamos a frase de acordo com nossas expectativas, e não com base no que estamos vendo. Conseqüentemente, fazemos suposições erradas.

Vou contar um episódio de minha vida pessoal para ilustrar como meu próprio cérebro, na pressa, já fez uma interpretação errada. Há alguns anos atrás, em viagem a outro país, eu queria obter um chip (chamado de cartão SIM) de telefone local para meu celular. Com um número de telefone local, eu poderia evitar as contas telefônicas internacionais. Minha esposa Lisa se ofereceu gentilmente para cuidar disso para mim. Alguns dias mais tarde, ela me entregou o celular, quando eu saía apressado para uma reunião, e

---

Nota da Tradutora: Música de autoria de Leigh Harline, Paul J. Smith e Ned Washington. Esta é a primeira frase da canção-tema do filme *Pinóquio*, de Walt Disney, e significa "Quando fizer um pedido a uma estrela..."

disse "Tudo certo". Pelo menos foi isso que eu pensei que ela tivesse dito. Na verdade, ela dissera algo um pouco diferente. Então, lá fui eu para a reunião. E fiz muito mais chamadas telefônicas do que faria normalmente. Cheguei ao ponto de ligar para um colega e dar meu novo número. Ele disse: "É estranho. Seu número anterior aparece no visor de meu celular." Respondi: "Tudo bem. Deve ser um problema na memória do telefone." Ainda me recordo de um rápido pensamento que me ocorreu e que afastei imediatamente, pois pensei logo em seguida: "Não, isso não é possível." Eu havia definido uma realidade na qual me sentia seguro e criei mecanismos de defesa para me certificar de que o mundo estaria exatamente da forma como eu esperava que estivesse.

Muitos dias depois, durante uma conversa com Lisa pelo celular, eu a agradeci por ter organizado o novo chip. Ela perguntou: "Como você conseguiu retirar a bateria? Do que você está falando?" Enquanto eu respondia, minhas conexões começavam a ficar sobrecarregadas. Ela pediu que eu verificasse a parte da carteira onde guardava moedas. Para minha surpresa, lá estava o novo chip. E você não imagina como me senti tolo e, principalmente, mais pobre quando recebi a conta do celular um mês depois.

Na história que acabei de contar, meu cérebro estava vendo o mundo por intermédio de minhas conexões, mesmo com a presença de fortes indícios do contrário. Situação semelhante ocorre quando você fecha um grande negócio e tudo parece estar bem. Em seguida, descobre que o negócio foi desfeito. Os projetos em que você tanto acreditava estão indo por água abaixo. São nossas interpretações dos fatos, as decisões de nossos cérebros sobre os inputs que nos cercam, que determinam nossa percepção da realidade. Na verdade, não existe "uma" realidade, mas apenas a realidade que decidimos enxergar. Nossas percepções automáticas são orientadas por nossas conexões permanentes.[14] Parte dessas conexões é apenas de curto prazo, permanecendo em nossa memória funcional assim como um mau humor passageiro que some no dia seguinte. Contudo, algumas de nossas conexões são de muito longo prazo. Muitos de nossos hábitos são orientados por decisões que tomamos no passado e que agora realmente fazem parte de nós. O principal desafio de líderes costuma ser exatamente encontrar maneiras de inverter esses hábitos automatizados, procurando revelar o melhor que sua equipe tem a oferecer.

Vamos aprofundar um pouco mais essa discussão. Nossos cérebros tentam ajustar tudo o que sentimos ou pensamos a nossos modelos mentais existentes. Ele faz isso por meio de um processo de adivinhação que se baseia na experiência passada, registrada como uma conexão permanente em nosso cérebro. Se acharmos que o mundo é um lugar perigoso, procuraremos evidências disso e encontraremos. Se acharmos que as pessoas estão falando sobre nós, também encontraremos evidências disso. Seja qual for o filtro guardado na mente, o cérebro irá procurar indícios para confirmar esse filtro. E ele faz isso com extrema eficácia, a cada segundo, sem que nossa mente consciente se dê conta do que estamos fazendo.

Com isso, não quero dizer que esse processo seja totalmente negativo. Na verdade, a percepção do mundo por meio de conexões permanentes é muito útil. Sem ela, não conseguiríamos lidar com o volume de informações captadas por nossos sentidos a todo momento; não conseguiríamos nem mesmo falar, ler, escrever ou negociar. E agora vem a boa notícia: se nosso mundo é determinado pelas estruturas mentais que armazenamos na mente, isso significa que é possível melhorar sensivelmente o desempenho das pessoas apenas ajudando-as a mudar sua forma de pensar.

O vínculo entre nossas conexões permanentes e a percepção explica muitas tendências de desempenho nos negócios, desde a visualização até o poder de definir grandes metas e o impacto de feedback positivo sobre outras pessoas. Para um líder que deseja melhorar o desempenho de outras pessoas, é útil ser capaz de influenciar a forma como as pessoas percebem o mundo. Trata-se de uma nova arte para a maioria dos líderes, a qual exige o desenvolvimento de novos músculos.

Então, há grandes vantagens no fato de percebermos o mundo de acordo com nossas próprias conexões. Resta-nos explorar as desvantagens.

1. Mudar a forma como as pessoas pensam é um dos maiores desafios da liderança, pois as pessoas tendem a resistir muito a mudar sua visão do mundo. Elas acreditam que, ao mudarem seu pensamento, o mundo inteiro irá desabar. E, de certa forma, isso é verdade, uma vez que percebemos o mundo por intermédio de nossos mapas mentais. Se partirmos para um confronto de cara, elas tenderão a fugir. Talvez seja necessária uma abordagem mais sutil.

2. Quando há uma mudança nas realidades externas, as realidades internas das pessoas não costumam se modificar no mesmo ritmo. Quando há uma grande mudança no trabalho, os empregados realmente precisam de tempo para refazer as conexões na mente. E eles precisam fazer suas próprias conexões, de acordo com suas conexões permanentes. Podemos criar o espaço para que isso aconteça e incentivá-los, mas precisamos saber quando sair de cena para permitir que o processo aflore.
3. Como as conexões permanentes de cada pessoa são tão diferentes, qualquer grupo de pessoas verá a mesma situação sob ângulos bem diferentes. Em vez de negar esse fato, os melhores líderes aproveitam essa realidade, conseguindo reunir uma equipe equilibrada de pessoas que pensam de formas diferentes. Quando duas pessoas pensam de forma muito semelhante, acabam interferindo no caminho uma da outra.
4. Os mapas de algumas pessoas podem estar desatualizados. Alguém pode enxergar os colegas de trabalho como uma ameaça, em virtude de dificuldades enfrentadas em um trabalho anterior. Ajudar as pessoas a identificar e, em seguida, se livrar de estruturas mentais que as impedem de apresentar o melhor desempenho é outra habilidade importante a ser desenvolvida por líderes.

As implicações do fato de as nossas conexões permanentes orientarem percepções são de longo alcance. Além disso, é claro que cada leitor terá uma visão diferente. Mas, embora essa idéia já venha sendo discutida há muitas décadas, no mundo corporativo este insight ainda está longe de ser um assunto em primeiro plano. O cérebro realmente vê o mundo de acordo com suas próprias conexões permanentes. Na realidade, a maior parte do tempo é ainda pior do que isso: nosso cérebro sofre muito para defender com veemência nossos modelos mentais existentes, chegando, às vezes, a morrer por isso.[15]

É QUASE IMPOSSÍVEL DESCONSTRUIR NOSSO SISTEMA DE CONEXÕES

Quanto mais são utilizadas, mais as conexões se fortalecem, passando a constituir elementos permanentes dos circuitos de neurônios.

JEFFREY M. SCHWARTZ E SHARON BEGLEY (2002)

Exploramos como nossos hábitos, pensamentos, atitudes e habilidades se baseiam em conjuntos de conexões extremamente complexos, que não podem ser previstos com precisão. Muitas dessas conexões estão solidamente incorporadas em nosso subconsciente. Portanto, essas conexões definem nossa visão de mundo, nossas escolhas e, conseqüentemente, os resultados que produzimos, sem que percebamos que isso está acontecendo. Então, se desejarmos melhorar o desempenho de uma pessoa, naturalmente a próxima pergunta será: "Como podemos mudar suas conexões?" A resposta, ao que tudo indica, é: "Infelizmente, não podemos." É quase impossível mudar qualquer conexão permanente que esteja incorporada no cérebro.

Com isso, não quero dizer que o cérebro não tenha a capacidade de mudar. É evidente que, com um milhão de novas conexões criadas a cada segundo, muitas mudanças estão sendo processadas. Mas a *forma* como tentamos mudar nossos hábitos a maior parte do tempo é basicamente imperfeita.[16] Por padrão, procuramos mudar nossos hábitos tentando "desautomatizar" o que já existe, desconstruindo essas conexões de alguma forma.[17] Mas é como tentar acabar com o Grande Cânion: uma tarefa bem difícil. É mais fácil deixá-lo onde está, abrir um novo atalho ao lado do muro e permitir que a água escoe naturalmente com o tempo.

Vejamos agora a mecânica do que ocorre quando tentamos mudar nossas conexões. Nossa abordagem automática é desconstruir o hábito, o que significa tentar compreender sua origem. Somos uma sociedade reducionista: nossa tendência é pressupor que, ao conhecermos a origem de um problema, poderemos resolvê-lo. Então, quando queremos mudar algo em nós, primeiro procuramos em nossa memória as raízes de nossos hábitos. Estamos em busca de vínculos. Tentamos estabelecer conexões com nossos hábitos do passado. Nesse processo, aprofundamos as conexões entre a idéia que desejamos substituir e outras partes de nosso cérebro. Você está acompanhando meu raciocínio?

O cérebro possui tantas interconexões que provavelmente encontraremos vínculos em qualquer local pesquisado. É fácil sentir-se atraído por esse fascinante mundo de vínculos, conexões e justificativas, e continuar na toca do coelho por um bom tempo, até mesmo pelo resto da vida. Você não se sente seguro ao falar em público? Pense um pouco e encontrará várias justificativas para isso. Talvez seja uma questão de baixa autoconfiança, devido à falta de feedback positivo quando você era mais novo. Talvez seja o medo de se abrir. Talvez seja algo que tenha ocorrido nos tempos de escola. Conversas sobre esses tipos de conexões costumam despertar interesse, mas até que ponto esse processo de descoberta de justificativas e vínculos é realmente útil? Será que a descoberta desses vínculos, mesmo que isso seja verdade, nos ajuda a mudar o hábito? Além disso, lembre-se de que, devido à tendência do cérebro de encontrar o que está procurando, poderemos criar vínculos que nem existiam antes.

Gostaria de esclarecer que estou me referindo às nossas ações após termos a consciência de um hábito que desejamos mudar. Não quero dizer, com isso, que não devamos refletir e aprender mais sobre nós mesmos. Longe disso. Tomar consciência da forma como lidamos com o mundo é o primeiro passo fundamental para aproveitarmos nosso potencial em qualquer domínio. Entretanto, nossa ação após detectarmos algo que desejamos mudar é o que faz a diferença. A busca pela origem de um hábito realmente cria mais conexões entre esse hábito e as outras partes de nosso cérebro. Quanto mais focamos um problema, mais entranhado ele fica.

Então, que tal se dissermos a nós mesmos "Pare com isso"? Infelizmente, as conexões permanentes se encontram fortemente implantadas. Em geral, não conseguimos eliminar o hábito e, portanto, ficamos aborrecidos com nós mesmos por termos falhado. A tendência é fornecer mais vínculos e energia para as conexões originais, das quais gostaríamos de nos livrar, levando a uma incorporação ainda maior do hábito.

Há outra solução: podemos deixar de lado as conexões desse problema e nos concentrarmos totalmente na criação de novas conexões. É isso que ocorre no cérebro quando focamos as soluções. Mas, para muitas pessoas, o próprio ato de focar apenas a criação de novas conexões requer a criação de novas conexões.

Resumindo, a ciência mostra que *podemos* mudar nossa forma de pensar e que isso é bem mais fácil do que supomos. O difícil é mudar um hábito, mas mantê-lo inalterado e criar um hábito inteiramente novo parece ser bem mais realizável. Isso tudo tem muitas implicações. Este insight ("É quase impossível desconstruir nosso sistema de conexões") e o próximo insight ("É fácil criar novas conexões") apresentam as idéias centrais que serão abordadas nas próximas seções deste livro. Para início de conversa, em um contexto de ambiente de trabalho, o insight que acabamos de discutir significa que, se você estiver querendo melhorar o desempenho das pessoas, tentar descobrir o que há de errado na forma como elas pensam não será muito produtivo. Novamente, precisamos de uma abordagem inteiramente nova.

É FÁCIL CRIAR NOVAS CONEXÕES

Sempre que você lê um livro ou conversa com alguém, essa experiência provoca mudanças físicas em seu cérebro.

GEORGE JOHNSON (1991)

Até cerca de vinte anos atrás, cientistas acreditavam que nosso cérebro desenvolvia todas as suas conexões na primeira infância e que, depois, sua complexidade diminuía lentamente, pois os neurônios morriam e nossos vínculos enfraqueciam à medida que envelhecíamos. Isso parecia lógico, já que as crianças passavam por uma fase de fácil aprendizado e, em determinado momento, o ritmo era mais lento. Com o passar dos anos, parecia que ficávamos mais esquecidos. Tudo isso mudou com o aparecimento de um novo domínio fascinante no campo da neurociência chamado de neuroplasticidade.

A neuroplasticidade surgiu a partir de estudos sobre pacientes com AVC (acidente vascular cerebral) e outras doenças degenerativas do cérebro.[18] Cientistas descobriram que o cérebro tinha uma capacidade extraordinária de refazer suas conexões quando algo dava errado. Se a parte do cérebro responsável pela fala fosse afetada pela doença, outras partes do cérebro poderiam ser acionadas para desempenhar essa função. O cérebro desviaria o tráfego para novas estradas surgidas rapidamente em torno do local do acidente, permitindo, assim, a retomada de grande parte da operação normal.

Com o avanço nos estudos da plasticidade do cérebro, cientistas perceberam que o cérebro era capaz de criar novas conexões em grande escala, em qualquer fase da vida, em resposta a qualquer novo aprendizado (por exemplo, aprender a tocar um instrumento). Edward Taub iniciou grande parte do trabalho inovador nessa esfera na década de 1980. Na época, ele era o principal cientista do Institute for Behavioral Research, em Silver Spring, Maryland. Michael Merzenich fez o mesmo na University of California, em São Francisco.[19] Mas, por muitos anos, a neurociência convencional resistiu duramente às descobertas de Taub e Merzenich. Finalmente, por volta da metade e, especialmente, do final da década de 1990, graças aos avanços na tecnologia de tratamento de imagens e aos resultados relatados por pacientes com AVC, ficou claro e amplamente aceito que o cérebro poderia refazer suas conexões por meio de terapia física.[20]

Agora, muitos acreditam que nosso cérebro não refaz as conexões apenas quando ocorrem incidentes que mudam nossas vidas. Isso ocorre a todo instante, dia e noite, em resposta a tudo o que se passa à nossa volta. Todo dia, criamos uma série de novos mapas que mudam as conexões químicas e físicas de nossos cérebros. Experimente dar uma volta de carro por um subúrbio desconhecido. Você não conseguirá se situar bem e isso gerará certa ansiedade. Ao visitar a região apenas uma vez, mesmo que seja por pouco tempo, você cria automaticamente um mapa mental do subúrbio. Volte ao mesmo local cinco anos depois. É quase certo que esse mapa ainda esteja registrado em sua mente: então, você não se sentirá tão ansioso quanto estaria se nunca tivesse ido lá. As conexões de seu cérebro foram modificadas com a visita.

Tudo o que pensamos e fazemos influencia o layout e as conexões de nossos cérebros. Cada pensamento, palavra, idéia nova, o que comemos, o tipo de atividade física, como nos definimos, tudo isso (e muito mais) realiza a sintonia fina dos caminhos dentro de nossas cabeças. A vantagem dessa descoberta é saber que temos uma aptidão incrível para mudar, uma grande capacidade de criar novas conexões. Nossos cérebros ficam bem à vontade para criar novos mapas. Podemos dizer até que essa é a atividade favorita do cérebro.

Até aqui, você já criou milhares de conexões a partir da leitura deste livro. Mas a maior parte não será armazenada na memória de longo prazo. Neste exato momento, você provavelmente se lembra dos principais pontos discutidos, mas, se não utilizar essas idéias, é provável que esqueça detalhes deste livro daqui a dois anos. Portanto, há uma clara distinção entre um pensamento (um mapa mantido em nossa memória funcional) e um hábito (um mapa que é registrado como uma conexão permanente nas partes mais profundas de nossos cérebros).

A ciência vem mostrando que não é tão difícil eliminar a lacuna entre um pensamento e um hábito. Para automatizar um novo comportamento, basta dedicar atenção e tempo suficientes a nosso novo mapa mental, a fim de garantir que ele se incorpore a nosso cérebro. Fazemos isso criando vínculos com diferentes partes do cérebro, para que a rede de vínculos aumente e se espalhe. Em vez de apenas pensar sobre uma idéia, também escrevemos sobre ela, falamos sobre ela e agimos. Esses eventos oferecem vínculos em diversas partes do cérebro. Dessa forma, nosso novo mapa é aprofundado, fica mais denso e se fortalece. Se aplicarmos energia suficiente ao insight ou à idéia, ela se tornará uma parte de quem somos. Trata-se da economia da atenção em nosso cérebro, que processa um milhão de conexões por segundo.

Várias pesquisas foram realizadas para tratar dessa lacuna, ou seja, a lacuna entre um pensamento e um hábito. Essas pesquisas envolveram diferentes áreas, tais como: neurociência, psicologia dos esportes, educação, teoria de aprendizagem de adultos, ciência comportamental e terapia comportamental cognitiva. Estas são algumas das descobertas mais relevantes:

1. *Levamos algum tempo para criar novos hábitos, mas nem tanto assim:* Por muito tempo, acreditava-se que eram necessários vários meses para que adquiríssemos um novo hábito, ou seja, para automatizarmos um novo comportamento em nosso pensamento. Entretanto, a ciência vem mostrando que criamos mudanças químicas e físicas em nossos cérebros com muita rapidez. Estudos mostram[21] que novas ramificações físicas, chamadas de dendritos, surgem após apenas uma hora de estímulo. Experimente abrir a porta de seu carro com a outra mão apenas um dia e veja o que acontece. Não demoramos muito para criar novos hábitos. O difícil é tentar *eliminá-los.*
2. *O feedback positivo é essencial:* Esta citação de Thomas Czerner, em *What Makes You Tick,* descreve isso muito bem: "O cérebro precisa ver uma expressão de felicidade e ouvir uma risada de vez

em quando para solidificar seu circuito de neurônios. As palavras de incentivo 'Sim! Muito bom! Isso mesmo!' ajudam a marcar uma sinapse de preservação, e não de corte." Em diversos outros pontos do livro, aprofundaremos a discussão sobre a importância do feedback positivo. Por enquanto, basta dizer que os neurônios de fato precisam de algum tipo de feedback positivo para criar conexões de longo prazo.[22] Se quisermos ajudar as pessoas a melhorar seu desempenho no trabalho, precisamos desenvolver muito mais nossa capacidade de fornecer feedback positivo.
3. *Tantos pensamentos, tão pouco tempo:* Uma das dificuldades inerentes ao desenvolvimento de novas conexões é simplesmente *conseguir se lembrar* de fazer o que sabemos que *devemos* fazer. Precisamos nos lembrar de lembrar, um desafio e tanto em uma semana repleta de prioridades e prazos. É por isso que pode fazer toda a diferença ter alguém para nos ajudar a mudar. A lembrança, a atenção e a energia de saber que alguém pensa em nossos novos hábitos ajudam a criar mais vínculos com o insight que estamos tentando manter na mente. Em outras palavras, podemos fazer uma grande diferença no pensamento de outras pessoas ao ajudá-las a identificar claramente os insights que gostariam de transformar em conexões permanentes e, de tempos em tempos, lembrá-las sobre esses insights.[23]

Você deve estar se perguntando o que ocorre com nossas conexões anteriores quando criamos novos mapas. Será que o velho e o novo entram em conflito? Um novo campo da neurociência chamado de darwinismo neural[24] estuda como o cérebro está constantemente eliminando o supérfluo e removendo vínculos não-utilizados. Assim como a capacidade que você tinha, quando era mais jovem, de fazer rapidamente multiplicações matemáticas complexas de cabeça tende a diminuir muito quando não é utilizada por muitos anos, qualquer caminho não-trilhado por algum tempo aos poucos se tornará menos conectado e, logo, você só terá as novas conexões. Então, se você deseja mudar seus hábitos, basta liberar menos energia para os hábitos que o desagradam. Assim como vizinhos desagradáveis que você prefere evitar, procure não incomodá-los e eles também o deixarão em paz. Não esqueça também de definir claramente as novas conexões que você gostaria de fomentar e trabalhe para que elas se tornem hábitos de longo prazo.

Em suma, se desejarmos melhorar o desempenho das pessoas, nossa tarefa será ajudá-las a encontrar novas formas de abordar situações que não afetem as conexões existentes e permitam desenvolver e, por fim, automatizar novos hábitos. Uma forma menos técnica de dizer isso é que precisamos ajudar as pessoas a se concentrarem em soluções, e não em problemas. Precisamos abandonar o desejo de localizar comportamentos a serem corrigidos e nos encantarmos com a identificação e o desenvolvimento de pontos fortes das pessoas, uma disciplina inteiramente nova.

RESUMO DAS DESCOBERTAS RECENTES SOBRE O CÉREBRO

*O cérebro foi criado para
sofrer mudanças.*

MICHAEL MERZENICH (1992)

As práticas que costumamos utilizar para melhorar o desempenho envolvem técnicas que se mostram muito ineficazes para ajudar os outros: dar conselhos, resolver problemas ou tentar descobrir como as pessoas precisam pensar. Para maximizar nossa eficiência como líderes, é preciso parar de tentar adivinhar o que os cérebros das pessoas precisam. Devemos nos especializar em ensinar os outros a pensarem por si sós. Qual é a melhor forma de fazer isso? Definindo soluções, e não problemas, e ajudando as pessoas a identificar, por si mesmas, novos hábitos que elas podem desenvolver para encontrar as soluções mais rapidamente. Um elemento essencial nesse processo é a arte de capacitar outras pessoas para que cheguem a seus próprios insights.

Após verificar que as pessoas conseguem ter novos insights por si mesmas, nossa tarefa como líderes tranqüilos é oferecer incentivo e apoio contínuo, além de mostrar que acreditamos nelas, a fim de permitir que desenvolvam os novos hábitos possíveis. Assim, estaremos realmente revelando o melhor que outras pessoas têm a oferecer. Ao que tudo indica, essa nova abordagem de fato representa uma grande economia de tempo e energia para todas as pessoas envolvidas.

Se você ainda está se perguntando como fará tudo isso, não se preocupe. Os próximos capítulos deste livro tratam justamente do assunto.

■ ■ ■ ■ ■ ■ ■ EXERCÍCIO ■ ■ ■ ■ ■ ■ ■

Descobertas recentes sobre o cérebro que provocam uma verdadeira revolução

Se você teve alguns insights úteis por meio da leitura deste livro até aqui, este é um momento oportuno para aprofundá-los, escrevendo um pouco sobre suas idéias a esse respeito. A ação de dedicar um tempo para cristalizar pensamentos, imagens e conexões de alto nível em palavras concretas e, em seguida, colocar isso sobre o papel é, como você pode observar, uma das formas de persuadir nossas novas conexões delicadas a se tornarem conexões permanentes. Assim, garantimos que um insight se torne não apenas uma boa idéia, mas também uma parte de quem somos.

Parte 2

Os Seis Passos para Transformar o Desempenho

Para resolvermos problemas, talvez seja necessário indicar o caminho, em vez de tentar eliminar a causa, mesmo que isso signifique a permanência da causa.

EDWARD DE BONO

SOBRE OS SEIS PASSOS

Os insights que exploramos sobre o cérebro apontam para uma nova forma de melhorar o desempenho de outras pessoas, além de servirem de base para o restante do livro. Entretanto, acredito que não baste apenas conhecer esses insights para transformar qualquer pessoa em um Líder Tranqüilo da noite para o dia. Precisamos de indicações mais explícitas, práticas e visíveis que nos ajudem a seguir esse novo caminho. É isso que procuramos oferecer em "Os Seis Passos para Transformar o Desempenho".

Os Seis Passos surgiram após vários anos em que conduzi workshops sobre coaching de desempenho para milhares de pessoas. Ao repetir diversas vezes os mesmos tipos de exercícios, com pessoas tão diferentes, consegui perceber vários padrões fascinantes na forma como tentavam orientar umas às outras. Logo no início, observei um padrão: os possíveis rumos das conversas eram limitados (conforme ilustrado na Figura 2). Uma conversa pode seguir na direção norte e se tornar muito filosófica, ou na direção sul e se tornar muito detalhada. Ela pode seguir rumo ao oeste e focar o problema, ou rumo ao leste e focar as soluções.

Uma direção geral parecia ser sempre mais rápida do que todas as demais: a firme concentração em soluções, sem entrar em detalhes. Após identificar a direção do foco que seria mais rápida em qualquer conversa, minha próxima meta foi identificar o caminho com menor resistência, o caminho mais curto de A a B: onde o ponto A corresponde a nosso desejo de ter um impacto positivo sobre a outra pessoa e o ponto B significa ter um impacto útil sobre essa pessoa (conforme ilustrado na Figura 3).

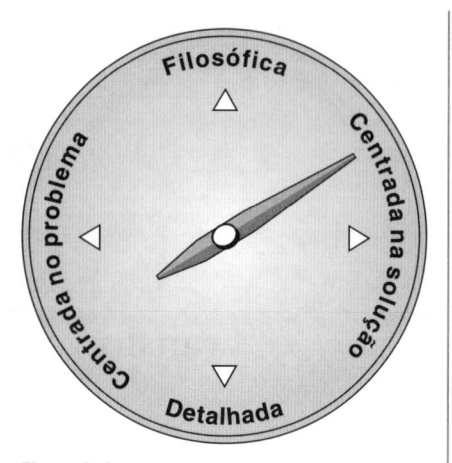

Figura 2 Os rumos que as conversas podem tomar

Com o tempo e ao observar centenas de pessoas testando diferentes idéias, aos poucos comecei a identificar um mapa do processo para essas conversas mais eficazes. Esse mapa do processo possuía muitas partes diferentes, que estavam todas interligadas; o mapa em si não dependia do contexto do diálogo. Passei vários anos construindo e testando diversas formas de transmitir esse mapa a outras pessoas, sempre mantendo o que funcionava e aperfeiçoando o que não dava certo. Finalmente, consegui reunir esse conjunto de idéias para formar o que agora chamo de "Os Seis Passos para transformar o desempenho", bem como algumas outras ferramentas que pretendo incluir em um próximo livro.

Os Seis Passos descrevem uma nova abordagem do diálogo para líderes que realmente desejam inovar o desempenho de outras pessoas. Esses passos descrevem uma nova forma de interagir, de fornecer feedback, de influenciar, de distender e desenvolver pessoas, ou seja, uma nova forma de revelar o melhor em outras pessoas.

A melhor notícia é que essa nova forma *economiza tempo* e *gera energia*. A partir de minha experiência, posso dizer que, em geral, consigo ir do ponto

A ao B em apenas cinco minutos quando utilizo os Seis Passos: quando me esqueço de segui-los, às vezes me pego girando em círculos após uma hora. Os Seis Passos descrevem o caminho de menor resistência quando você deseja ajudar alguém a aprender ou se modificar.

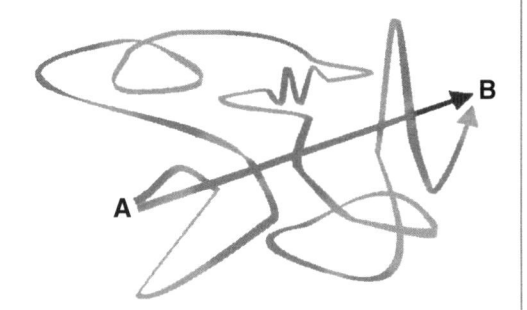

Figura 3 O caminho mais curto de A a B

Agora, que você já tem uma noção sobre como os Seis Passos foram desenvolvidos, vamos explorar a relação entre eles e o funcionamento do cérebro. Quando uma pessoa está lutando para obter o melhor desempenho em qualquer atividade, isso significa que ela ainda não foi capaz de "pensar na melhor solução para determinada situação". Embora ela deseje atingir algo, há um "porém" no caminho; então, ela está diante de um dilema ou impasse mental. Por exemplo, um representante de vendas deseja atingir sua meta, mas não dispõe de tempo para fazer chamadas telefônicas após enviar e-mails. Ele precisa criar novos mapas mentais para processar seu mundo com maior eficácia. Os Seis Passos são uma forma estruturada de ajudar pessoas a fazer isso.

A Figura 4 é uma representação visual dos Seis Passos. Talvez esse diagrama ainda não faça muito sentido para você, mas ele poderá ser utilizado como fonte de recorrência à medida que avançarmos em cada uma das etapas.

O primeiro passo para transformar o desempenho é aprender a Refletir sobre o Processo de Pensar. Essa é a plataforma sobre a qual está o líder, a pessoa da esquerda nessa figura. Muitos dos conceitos encontrados no primeiro passo estão diretamente vinculados aos recentes insights sobre o cérebro. Exploramos o conceito de se afastar dos detalhes, deixando grande parte do ato de pensar por conta da pessoa. Verificamos a importância de manter o foco nas soluções. Além disso, analisamos a influência do feedback positivo sobre o pensamento. Investigamos o que significam os conceitos de distender o pensamento das pessoas e de estabelecer um bom processo em qualquer diálogo.

O segundo passo, Abra os Ouvidos para o Potencial, nos convida a acompanhar o trajeto das pessoas, em vez de prestar atenção ao que não está funcionando. No diagrama anterior, observe que o líder está escutando a

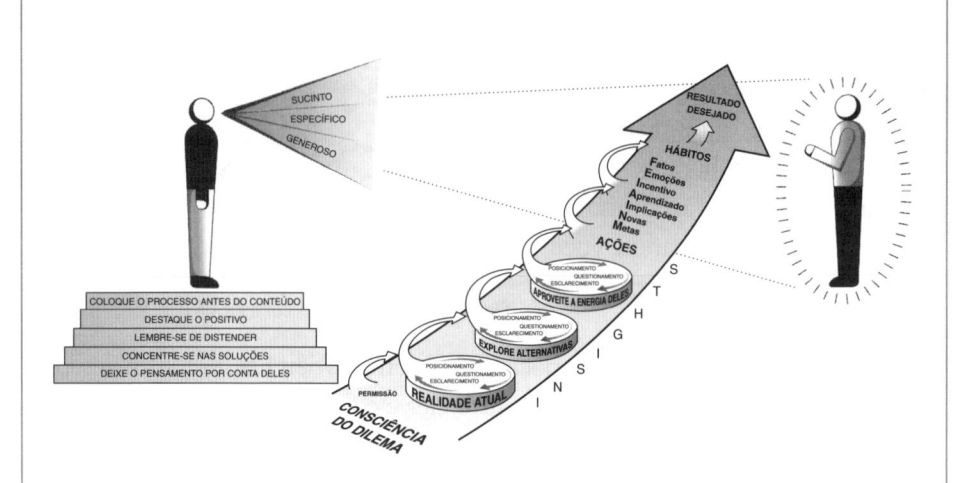

Figura 4 Os Seis Passos para Transformar o Desempenho

pessoa como um todo, de certa forma. Para fazer isso, precisamos manter o que chamo de A Clareza da Distância: uma estrutura mental clara, em que percebemos as pessoas por intermédio de seu verdadeiro potencial, e não de nossos próprios filtros ou planos.

O terceiro passo é chamado de Seja Objetivo ao Falar. Aqui, trabalhamos para melhorar a qualidade de cada palavra que utilizamos quando estamos tentando aperfeiçoar o pensamento de outras pessoas. No diagrama anterior, observe que essa etapa define a qualidade de cada palavra emitida pelo líder.

O quarto passo é chamado de Dance ao Embalo do Insight. Nele, verificamos a primeira camada do mapa do processo que estabelece diálogos para aperfeiçoar o pensamento das pessoas. Dance ao Embalo do Insight é um modelo central que ajuda a mantê-lo no caminho certo do diálogo, ou seja, no caminho mais curto entre A e B. No diagrama anterior, o modelo Dance ao Embalo do Insight consiste nos elementos de permissão, posicionamento, questionamento e esclarecimento (que estão dentro dos discos, entre o líder e seu empregado).

O quinto passo é chamado de CRIE uma Nova Forma de Pensar. Ele é construído com base em uma ferramenta de pensamento chamada modelo CRIAR. O modelo CRIAR mostra os padrões de nível superior que ocorrem quando você Dança ao Embalo do Insight, a fim de ajudá-lo a estabelecer o diálogo mais eficaz possível. O modelo CRIAR faz parte dos três discos do diagrama: Realidade Atual, Explore Alternativas e Aproveite a Energia Deles.

O último passo é chamado de Acompanhamento. Esse passo aborda como garantir que a nova forma de pensar das pessoas se transforme em realidade, eliminando a distância entre uma idéia e um hábito. Nele, exploramos o modelo SENTIR, algo que nos faz lembrar em que devemos prestar atenção ao fazer um acompanhamento. Observe, no diagrama, que os modelos SENTIR se situam entre uma ação adotada por uma pessoa e um hábito então formado.

Embora eu tenha optado por uma linha linear para explicar os Seis Passos, sua utilização em conversas não é um processo linear. Você precisa ter o domínio de cada passo para poder obter o melhor resultado no passo seguinte; no entanto, quando você utiliza o modelo, isso não significa que a conversa será como um simples rebate de bola. É como se você estivesse aprendendo a tocar piano. Você precisa aprender a ler as notas musicais, sustentar suas mãos e integrar o conceito de ritmo. Mas você não toca o instrumento fazendo essas três coisas em seqüência; tudo isso ocorre enquanto você toca. Assim como ocorre com tudo o que você aprende em estágios, é possível que as primeiras etapas venham a fazer mais sentido quando você perceber sua relação com as etapas posteriores. É como construir uma casa: apesar de cada elemento ser interessante por si só, é a integração de todas as etapas que produz um espaço de moradia. Da mesma forma, muitas pessoas que leram o livro antes de sua publicação me disseram que os Seis Passos só fizeram sentido em sua cabeça quando elas puderam visualizar os modelos em prática nas situações reais. É isso que ocorre na Parte 3.

Em suma, os Seis Passos são como placas na estrada que indicam um novo caminho a ser seguido quando iniciamos uma conversa com o objetivo de ajudar a outra pessoa a mudar de alguma forma. Seja qual for a intenção (vender mais, gerenciar melhor ou ser mais cuidadoso, motivado, organizado, focado ou autoconsciente), os Seis Passos nos mostram um novo caminho para melhorar o desempenho, sem precisar dizer à pessoa o que fazer. Essa nova abordagem, que é utilizada pelo Líder Tranqüilo, permite economizar tempo, gerar energia e transformar o desempenho.

1º PASSO

PENSE SOBRE O PENSAMENTO

Não se pode ensinar nada a um homem.
Pode-se apenas ajudá-lo a encontrar a resposta
dentro de si mesmo.

GALILEU GALILEI (1564-1642)

[Figura: pirâmide de degraus com um homem no topo]

- COLOQUE O PROCESSO ANTES DO CONTEÚDO
- DESTAQUE O POSITIVO
- LEMBRE-SE DE DISTENDER
- CONCENTRE-SE NAS SOLUÇÕES
- DEIXE O PENSAMENTO POR CONTA DELES

Figura 5 Pense sobre o Pensamento

O primeiro passo para se tornar um Líder Tranqüilo é refletir sobre o pensamento de outras pessoas. Em outras palavras, é ter paixão por aperfeiçoar não *o que* as pessoas pensam, mas *a forma* como elas pensam.

Há cinco elementos no primeiro passo. O primeiro elemento aborda a questão de permitir que a outra pessoa pense por si mesma a respeito de seu próprio problema, em vez de dizer a ela o que fazer. Este é o princípio subjacente e mais importante do livro inteiro: sem essa abordagem, tudo o que veremos a seguir perderá sentido. Após conseguir levar as pessoas a pensarem por si mesmas, você precisa manter seu foco nas soluções. Dessa forma, as conversas se tornam mais úteis. Em seguida, para aproveitar o potencial máximo das pessoas, você precisa distendê-las e desafiá-las, a fim de abrir seu pensamento, e não apenas oferecer apoio. Além de distender, você também precisa realçar o positivo, aquilo que as pessoas estão fazendo bem. Assim, você ajuda a desenvolver os pontos fortes das pessoas. E, finalmente, você precisa fazer o possível para facilitar o pensamento das pessoas, mantendo um processo claro como base de qualquer diálogo. Verificaremos cada um desses elementos agora.

DEIXE O PENSAMENTO POR CONTA DELES

Idéias são como crianças;
nenhuma se compara às suas.

BISCOITO DA SORTE CHINÊS (2005)

Figura 6 Deixe o pensamento por conta deles

Hoje, a maior parte das empresas de grande porte está voltada para contratar os melhores e os mais brilhantes, pessoas que já provaram ser indivíduos muito bem-sucedidos. Eis aqui um grande desafio: quanto mais bem-sucedido for um indivíduo, menos você poderá dizer a ele o que fazer e mais poderá ajudá-lo a pensar melhor por si só.

Vamos explorar essa idéia em um diálogo entre duas pessoas. Sally é gerente de banco responsável por uma grande filial; um staff com cerca de trinta pessoas se reporta a ela. Sally está conversando com um de seus empregados, Paul, responsável pela equipe de vendas. Paul acaba de dizer a Sally: "Não tenho a menor idéia do que fazer para aumentar nossas vendas agora." Sally faz o que a maioria dos gerentes faria nesse caso e diz: "É importante melhorar as vendas para conseguir atingir nossas metas. Acho que você precisa dedicar mais atenção e tempo a esse assunto. O prazo final se aproxima."

Esse pequeno diálogo é um exemplo clássico de milhões de interações que ocorrem todo dia no ambiente de trabalho. Sally está tentando ajudar Paul a melhorar seu desempenho, mas ela está usando um instrumento fraco: dizer a Paul o que fazer. Conseqüentemente, é pouco provável que Paul se sinta motivado ou inspirado pela interação. Parece que o *impacto* da conversa foi diferente da *intenção* de Sally, o que costuma ocorrer em interações desse tipo.

Então, que efeito teria um outro tipo de abordagem, em que Paul fosse responsável pela maior parte do pensamento? Não há um conjunto de palavras específico a ser empregado; a questão principal é verificar se é Paul quem está direcionando a conversa. Então, nesse caso, Sally poderia perguntar: "Qual é a melhor forma de ajudá-lo a pensar sobre isso?" Em seguida, ela poderia fazer perguntas como:

"Quando você diz que está perdido em relação ao projeto, o que exatamente gostaria de discutir comigo?"
"Você tem se preocupado muito com isso?"
"Você sabe o que fazer em seguida e deseja apenas me utilizar como seu catalisador, ou está realmente perdido?"
"Qual é a melhor forma de ajudá-lo a se concentrar em seu próprio pensamento?"

Esses tipos de perguntas levarão Paul a começar a pensar, conforme veremos mais tarde.

De repente, Sally não pensa mais sobre as vendas; ela começa a pensar em como ajudar Paul a pensar. Tecnicamente falando, Sally *facilitou um processo de aprendizagem autodirecionada*.

Como você se sentiria se estivesse no lugar de Paul dessa vez?

Criei um *continuum* a seguir para ilustrar a diferença entre as duas abordagens de Sally, descritas anteriormente. O lado direito da escala representa conversas em que a abordagem de Sally teve um impacto positivo sobre Paul. O lado esquerdo simula conversas em que a abordagem de Sally teve um impacto negativo sobre ele. Meu palpite é que a primeira resposta de Sally corresponderia a um valor cinco negativo: isso incomodaria um pouco Paul. A diferença entre um valor cinco negativo e um valor cinco positivo é de dez pontos; portanto, trata-se de uma grande diferença.

```
        –10                 0                +10
    ◄────┼─────┼─────┼─────┼─────┼─────┼─────┼────►
      Impacto negativo   Sem efeito    Impacto positivo
```

Figura 7 *Continuum* de impactos positivos e negativos

É fácil pensar na idéia de aprendizagem autodirecionada. Imagine que você esteja conversando com alguém cujo desempenho precisa melhorar.

O problema em questão pode ser como lidar com um prazo. Digamos que, conceitualmente, esse problema tenha sido colocado sobre a mesa. Imagine que o assunto abordado esteja apoiado sobre a mesa, como um objeto físico, visualizado por duas pessoas. Se você estiver facilitando a aprendizagem autodirecionada, como líder, você não estará interessado no problema sobre a mesa, mas sim nos processos de pensamento da outra pessoa. A pessoa que está de frente para você, contudo, está pensando no problema sobre a mesa. Isso está ilustrado na Figura 8.

Na segunda abordagem do caso de Sally e Paul, a primeira saiu de cena para permitir que Paul pensasse; ela concentrou sua energia em ajudá-lo a pensar.

Há cinco grandes motivos para considerar uma abordagem autodirecionada útil quando estamos tentando melhorar o desempenho: as pessoas ainda precisam fazer suas próprias conexões sobre tudo o que você diz a elas; você nunca adivinhará a resposta certa, de qualquer forma; as pessoas

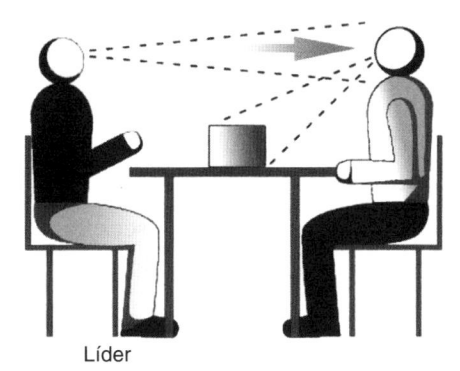

Figura 8 Concentre-se no pensamento deles, e não no problema sobre a mesa

têm a chance de serem energizadas por meio de novas conexões; isso exige menos esforço e o resultado é mais rápido. Vamos explorar mais um pouco cada um desses motivos.

Conforme vimos no capítulo sobre o cérebro, é o autodirecionamento que nos permite aprender, pensar, inventar, criar, resolver problemas, visualizar, repensar, fazer a reengenharia e o que mais você possa imaginar. Tudo ocorre dentro de um processo em que fazemos nossas próprias conexões. Chega a um ponto em que precisamos decidir se queremos melhorar o pensamento das pessoas ou interferir em seus pensamentos. Para ajudá-las a pensar melhor, deixe-as pensar sozinhas e, em seguida, ajude-as a pensar.

Muitos de nós acreditamos que podemos pensar pelas pessoas, mas, quando se trata da forma como processamos as informações, nossos cérebros são totalmente diferentes. O que pensamos que outra pessoa deveria estar fazendo é apenas o que *nosso* cérebro gostaria de fazer, que tem pouca probabilidade de ser a idéia certa para essa pessoa. Então, se queremos melhorar a qualidade do pensamento das pessoas, a melhor opção é ajudá-las a processar melhor as idéias: por exemplo, ajudando as pessoas a tornar suas idéias mais claras e encontrar relações entre os conceitos ou priorizar seus pensamentos.

Quando as pessoas fazem conexões novas e mais profundas na própria mente, há uma grande liberação de energia, um momento de revelação reconhecido que desperta em nós um desejo de agir. Em um nível físico, esse momento de revelação libera substâncias químicas no corpo, a fim de prepará-lo para a movimentação. A energia gerada pelo insight é uma fonte de energia importante a ser aproveitada. No ambiente de trabalho, nossa energia sofre vários desgastes, incluindo restrições, políticas, politicagens, longas jornadas de trabalho e centenas de e-mails que recebemos diariamente. Deveríamos aproveitar toda e qualquer fonte de energia que possa inspirar um melhor desempenho. Permitir que as pessoas tenham suas próprias idéias é um poço profundo de motivações a ser explorado.

Quando tentamos pensar pelas pessoas, isso exige de nós muita energia mental. Pensamos demais e, ainda assim, chegamos às respostas erradas para determinada pessoa. Então, as pessoas evitam nossas idéias, em vez de gerarem seus próprios pensamentos. E, assim, continuamos tentando por outros ângulos. Isso tudo representa um grande desperdício de energia de ambos os lados.

Alguns líderes pensam que é sua tarefa dizer às pessoas o que fazer ou fornecer todas as respostas. Mas, após observar centenas de gerentes aprenderem algumas técnicas básicas, ficou bem claro para mim que basta uma fração do tempo que gastaríamos para fazer sugestões quando obtemos um resultado positivo de qualquer tipo de problema usando uma abordagem autodirecionada. Minha pesquisa mostra que levamos apenas 10% a 20% desse tempo.

Gerentes costumam reclamar que precisam constantemente resolver os problemas de seu pessoal. Às vezes, percebo que o gerente está mais viciado nesse processo do que o staff. Ao fornecer uma resposta às pessoas, você só consegue manter sua dependência a você. Sempre que uma pessoa deseja sua ajuda, a menos que seja apenas uma senha, ela seria muito mais beneficiada se chegasse a uma resposta por si mesma. Quando escuto frases do tipo: "O que você acha que devo..."; "Não sei o que fazer..."; "Quero realmente... mas não estou...", isso significa que as pessoas precisam de ajuda para pensar. Quando escutar frases desse tipo, observe que esses diálogos ocorrem o tempo todo entre a gerência e seu staff, e entre colegas de trabalho, em sua empresa.

É claro que não estou sugerindo que você utilize essa abordagem em qualquer tipo de conversa. Às vezes, você não terá permissão para dialogar dessa forma com as pessoas. Alguém pode estar se abrindo com você e, portanto, a última coisa que essa pessoa gostaria de fazer é pensar mais profundamente nesse momento.

Esse é um indicador que aponta para situações em que uma abordagem autodirecionada será útil: toda vez que você se sentir impelido a dar uma sugestão, a dizer a uma pessoa o que você faria ou desejar compartilhar sua experiência ou opinião. Se lhe parecer conveniente fazer isso, em geral, será apropriado utilizar uma abordagem autodirecionada.

Abordagem 3
Forneça uma resposta que esteja alinhada com a forma de pensamento da pessoa

Abordagem 2
Incentive a outra pessoa a encontrar a resposta por si só

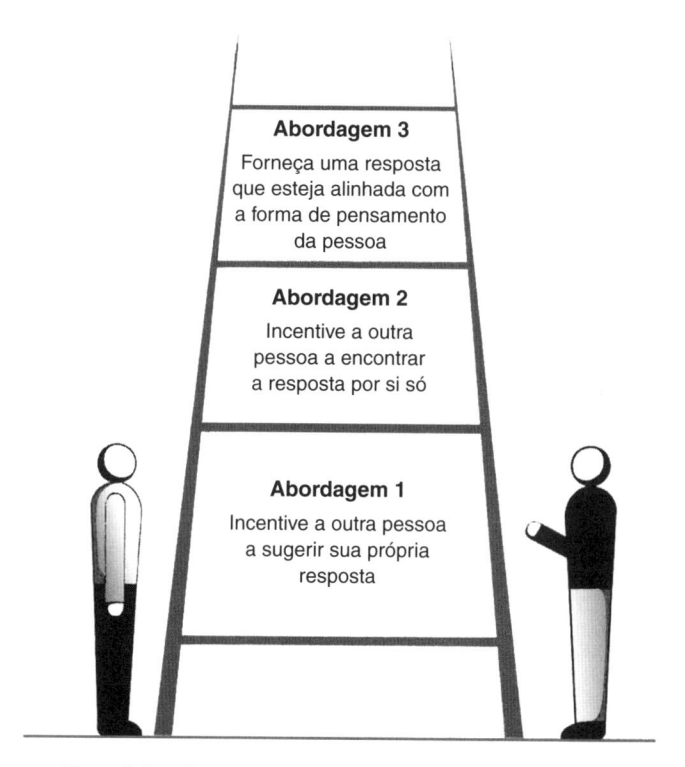

Abordagem 1
Incentive a outra pessoa a sugerir sua própria resposta

Figura 9 Escada de abordagens da aprendizagem autodirecionada

Há casos em que a utilização de uma abordagem totalmente autodirecionada não funciona. Apresentamos aqui uma escada de abordagens, desde a abordagem 100% autodirecionada até a parcialmente direcionada. Comece sempre pelo nível totalmente autodirecionado antes de tentar dizer a alguém o que fazer.

ABORDAGEM 1: Ajude alguém a fazer logo novas conexões

A primeira prioridade é ajudar as pessoas a sugerirem suas próprias respostas, criando suas novas conexões. No exemplo de Paul e Sally, teríamos algo como:

Paul: *Estou enfrentando um problema sério com as vendas no momento.*
Sally: *Qual é a melhor forma de ajudá-lo a resolver isso?*
Paul: *Não estou certo... Sinto-me muito pressionado pelos orçamentos.*
Sally: *Você quer discutir sobre isso agora?*
Paul: *Claro.*
Sally: *Qual é a melhor forma de fazer isso? O que funcionaria para você?*
Paul: *Eu gostaria de utilizar você como um catalisador e ver o que acontece.*
Sally: *Ótimo.*

A conversa prossegue. Ao escutar suas próprias palavras, Paul faz uma conexão em sua própria mente e chega à conclusão de que precisa conversar com um colega sobre a confirmação de um prazo. Ele percebeu que não tinha certeza se a data estava confirmada ou não e, sem esse conhecimento, não saberia ao certo o que fazer em seguida. Neste exemplo, a resposta para o dilema de Paul está dentro de seu próprio pensamento.

ABORDAGEM 2: Ajude alguém a criar novas conexões mais tarde

Às vezes, as pessoas não conseguem encontrar logo uma resposta para seus dilemas. Quando isso ocorrer, procure ajudá-las a encontrar a resposta por si só posteriormente, em vez de lhes fornecer uma resposta de imediato. Se você tiver tentado uma abordagem autodirecionada e Paul tiver respondido:

Paul: *Não sei bem como prosseguir com isso.*

Nesse caso, você provavelmente dirá: "Então, o que você precisa fazer? Por exemplo, com quem você precisa conversar para saber o que fazer em seguida?" Neste exemplo, você está dotando a pessoa de empowerment para que apresente sua própria resposta.

ABORDAGEM 3: Se as duas abordagens anteriores não surtirem efeito, forneça uma resposta da forma mais útil para o pensamento da pessoa

Em alguns casos, você possui informações específicas necessárias a outra pessoa, como alguns dados ou conhecimento interno de um sistema. Se não estiver 100% certo de que possui a resposta correta, você poderá apresentar sua idéia apenas como uma possibilidade. Se tiver certeza de que possui informações específicas requeridas por uma pessoa, ainda poderá utilizar uma abordagem autodirecionada, verificando como alguém deseja que as informações sejam apresentadas. Vejamos o seguinte exemplo:

Paul: *Ainda não sei ao certo o que fazer a respeito da situação das vendas.*
Sally: *Acho que tenho algumas informações que talvez lhe sejam úteis. Posso dizer o que acho?*
Paul: *É claro. Isso é ótimo.*
Sally: *Você quer uma resposta mais curta ou deseja obter mais detalhes?*
Paul: *Talvez seja melhor obter todos os detalhes. Trata-se de uma questão importante para mim neste momento. Preciso esclarecê-la o máximo que puder.*
Sally: *De quanto tempo dispõe para tratarmos desse assunto?*

Nesse terceiro exemplo, Sally está verificando se é conveniente fornecer uma resposta a Paul. Ela também está utilizando um tipo de linguagem para conseguir transmitir a Paul que ela não está presa à resposta. Você pode notar isso em expressões como *"Acho* que tenho... que *talvez* lhe sejam úteis". Isso indica que ela respeita os pensamentos de Paul. Então, está permitindo que Paul decida como deseja receber as informações. Tudo isso deixa Paul com maior controle da situação, ou seja, ele está mais propenso a adotar boas idéias.

A abordagem autodirecionada é uma forma de pensar, e não apenas uma técnica. É um comprometimento de ajudar a outra pessoa a realizar a maior parte do pensamento, de acordo com a configuração de suas conexões. É claro que, às vezes, um estilo mais direto é mais conveniente para um líder. Demissões e emergências do tipo "vida ou morte" demandam uma abordagem diferente. Mas, em atividades diárias em geral, se você quiser melhorar o desempenho das pessoas, procure ajudá-las a pensar melhor, em vez de pensar por elas. Parece simples adotar essa abordagem, mas ela está longe de ser a realidade na maioria dos ambientes de trabalho.

Resumindo, Líderes Tranqüilos sabem que uma parte essencial da transformação do desempenho é conseguir levar a outra pessoa a descobrir suas próprias respostas. Esta citação de Sir John Whitmore resume bem isso: "Dizer o que fazer é como negar a inteligência da outra pessoa. Perguntar é como enaltecê-la."

■ ■ ■ ■ ■ ■ ■ **EXERCÍCIO** ■ ■ ■ ■ ■ ■ ■

Deixe o pensamento por conta deles

Ao longo desta semana, anote o número de vezes que as pessoas tentam dizer o que você deve fazer ou como deve pensar. Comece a observar o impacto disso em seu pensamento. Você gosta quando as pessoas fazem isso? Qual é a sua reação?

_____
_____
_____
_____
_____
_____
_____
_____

CONCENTRE-SE NAS SOLUÇÕES

Aquilo em que prestamos atenção e como prestamos atenção determinam o conteúdo e a qualidade da vida.

Mihaly Csikszentmihalyi (2003)

Figura 10 Concentre-se nas soluções

Parece óbvio que, para melhorar o desempenho das pessoas, precisamos concentrar o pensamento delas nas soluções, e não nos problemas. Mas é surpreendente como, na prática, fazemos isso tão pouco. Acompanhei centenas de pessoas que aprenderam a interagir com as outras usando o princípio da aprendizagem autodirecionada. De alguma forma, essas pessoas sempre preferem focar diretamente os problemas.

Não há nada intrinsecamente errado em focar os problemas: na verdade, as conversas resultantes costumam ser bem interessantes. A questão é que simplesmente é mais útil deslocar nossa atenção para as soluções. *Interessante versus útil* é uma das várias distinções entre dois termos que apresentarei neste livro.

Focar os problemas nos remete ao passado. Isso nos leva a tentar mudar o que não pode ser modificado. Focar os problemas nos leva a culpar, apresentar desculpas e oferecer justificativas. Isso é complicado, lento e, em geral, esgota nossa energia mental. Por outro lado, quando nos concentramos nas soluções, isso gera imediatamente energia em nossa mente. Abrimo-nos a idéias e possibilidades. Se desejarmos que as pessoas proponham grandes idéias, pensem bem, descubram seu potencial como empregados, devemos incentivá-las a focar as soluções durante a maior parte do tempo. Isso não significa que lhes apontemos ou resolvamos os problemas. Longe disso. Significa que resolveremos os problemas analisando o caminho a ser trilhado, em vez de analisar suas causas. Ilustrarei isso por meio dos exemplos a seguir:

FOCO NO PROBLEMA		FOCO NAS SOLUÇÕES
Por que você não conseguiu atingir seus objetivos?	vs.	O que você precisa fazer da próxima vez para atingir seus objetivos?
Por que isso aconteceu?	vs.	O que você deseja alcançar aqui?
Onde foi que tudo começou a dar errado?	vs.	O que você precisa fazer para que isso dê certo?
Por que você acha que não é bom nisso?	vs.	Como você pode se desenvolver nessa área?
O que há de errado com sua equipe?	vs.	O que sua equipe precisa fazer para vencer?
Por que você fez isso?	vs.	O que você pretende fazer em seguida?
Quem é responsável por isso?	vs.	Quem pode alcançar isso?
Por que isso não está funcionando?	vs.	O que precisamos fazer para que isso funcione?

Você deve ter notado que a palavra "por que" é recorrente nas perguntas orientadas ao problema, mas essa palavra não aparece nas indagações voltadas para soluções. Estar consciente da remoção da palavra "por que" de nossas conversas pode ser uma excelente forma de se lembrar de focar as soluções.

Ao verificar as perguntas desse quadro, embora haja pouca diferença nas palavras utilizadas para construir as frases, ao adotar o foco nas soluções, seus diálogos acabam sendo bem diferentes do que seriam com o foco no problema. Vamos explorar a ciência que está por trás disso.

Aprendemos no capítulo sobre o cérebro que nossas conexões permanentes levam à percepção automática. Bem, nossa percepção *não-automática* é orientada pela forma como escolhemos conscientemente focar nosso pensamento.[1] Em outras palavras, temos a capacidade de escolher conscientemente o filtro mental através do qual enxergamos em determinado momento. Essa escolha de filtros afeta significativamente a maneira como percebemos o mundo. O termo técnico para isso é a "estrutura" através da qual enxergamos e, quando mudamos a estrutura, estamos "reestruturando".

Todos nós estamos sempre reestruturando; sem essa habilidade, talvez não conseguíssemos sobreviver aos altos e baixos emocionais da vida. Há alguns anos, eu estava surfando, no início do verão, e mal podia esperar pelos meses em que ficaria dentro d'água. Foi quando fraturei o dedo do pé ao pular das pedras. Em vez de ficar pensando que não poderia mais surfar durante todo o verão, aproveitei a oportunidade para escrever um livro que já pretendia escrever há algum tempo. E, assim, meu primeiro livro, *Personal Best*, ficou pronto em dois meses.

Meu objetivo aqui é mostrar que o foco nas soluções é uma opção que fazemos em dado momento. A única diferença entre perguntar "Por que isso aconteceu?" e "O que devemos fazer?" é a escolha da pergunta que desejamos fazer. Trata-se de uma disciplina, um hábito mental que já temos ou que podemos desenvolver.

Quando se trata de tentar mudar hábitos internos, focar as soluções parece ser ainda mais importante. Descobrimos que é praticamente impossível mudar nossas conexões, pois, de certa forma, o ato de tentar mudar quem somos ao "chegar ao fundo de nosso pensamento" incorpora ainda mais essa parte de nossa maneira de ser em nosso cérebro; tudo o que observamos é incorporado.[2] Sabemos também que, para nos aperfeiçoarmos, precisamos criar novas conexões. Isso significa que, se pensarmos que nossos problemas residem dentro de nós, não adianta tentar resolvê-los. Em vez disso, precisamos decidir sobre os novos hábitos que gostaríamos de desenvolver e construir um plano realista para que esses hábitos passem a fazer parte de nossas vidas.

Algumas pessoas questionam o conceito de focar apenas as soluções, em especial quando se trata de tentar desenvolver seu pessoal. Elas acreditam que é preciso ser otimista ou extremamente otimista, ou mesmo irresponsável. Pessoas com certificados de MBA, engenharia ou contabilidade costumam ser (embora isso não seja uma regra!) pensadores lógicos e analíticos que adoram decifrar problemas. Uma abordagem analítica e centrada no problema é muito útil para analisar e tentar mudar *processos*. Mas, quando se trata de mudar *pessoas*, é necessário algo mais.

Grande parte da psicologia se concentra nos problemas das pessoas. Segundo o renomado psicólogo Martin Seligman: "A psicologia moderna foi absorvida pelo modelo de doença. Ficamos muito preocupados em recuperar danos, enquanto nosso foco deveria estar na construção de força e resiliência, especialmente nas crianças."[3] Há uma premissa básica dentro das práticas de trabalho social, terapias de família, e até mesmo da psiquiatria, de que as pessoas mudarão ao adquirirem conhecimento suficiente.

Não me interprete mal: não estou menosprezando os campos da saúde mental. Psiquiatras, psicólogos e terapeutas desempenham um papel fundamental na sociedade. Mas, quando você lida com indivíduos que apresentam um excelente desempenho no ambiente de trabalho, focar seus problemas e tentar diminuí-los não é a melhor abordagem a ser adotada.

Algumas pessoas também se preocupam com o que ocorre com nossos problemas quando nos concentramos apenas nas soluções. Será que eles irão simplesmente se prolongar? Pesquisas no campo da terapia centrada em soluções têm mostrado que o foco em soluções é uma forma rápida e eficaz de resolver problemas bem reais. Pense na seguinte citação do *The Solutions Focus*: "Em geral, é mais fácil começar algo novo do que interromper alguma coisa. Tudo o que representar um hábito é, por definição, difícil de interromper. E, se a mudança é incentivada por reforço positivo, é muito mais fácil saber quando sua ação é passível de reforço do que saber quando você não está fazendo algo que deseja interromper."[4]

Os problemas passam para segundo plano à medida que as soluções começam a aparecer. Isso faz sentido quando você retoma o princípio de que nossas conexões orientam nossas percepções: quanto mais focamos as soluções, mais reais se tornam até mesmo essas soluções. Desenvolvemos uma espiral ascendente. Segundo Jeffrey Schwartz, em *The Mind and the Brain*: "A neurociência moderna tem demonstrado o que James suspeitava há mais de um século: que a atenção é um estado mental (com correlatos do estado cerebral passíveis de descrição) que nos permite, a cada instante, decidir e esculpir como nossas mentes em constante mutação funcionarão, decidir quem seremos no instante seguinte, no sentido real da palavra... Essas escolhas são ressaltadas de forma física em nosso ser material."[5] Em outras palavras, focar as soluções é o primeiro passo para criar novas conexões e alterar nossa própria natureza.

Se você está se perguntando se tudo isso não soa fácil demais, lembre-se de que manter o foco nas soluções significa assumir responsabilidade por resultados e agir. Isso não significa ser preguiçoso em relação aos fatos; na verdade, isso exige muita disciplina e foco.

Em resumo, Líderes Tranqüilos sabem que é interessante discutir sobre problemas, mas que é mais útil concentrar-se nas soluções. E eles desenvolveram a disciplina de saber identificar quando estão começando a focar problemas, conseguindo canalizar sua energia novamente no que está por vir.

■ ■ ■ ■ ■ ■ ■ ■ EXERCÍCIO ■ ■ ■ ■ ■ ■ ■ ■

Concentre-se nas soluções

A idéia deste exercício é observar seus modos de agir quanto a foco no problema *versus* foco em soluções. Sempre que estiver conversando com alguém, observe quantas vezes você foca os problemas *versus* quantas vezes opta por focar as soluções. Some esses índices e veja o resultado. Um exemplo de que você está se concentrando em problemas é a inclusão de "por que" nas perguntas. Utilize o espaço a seguir para fazer um resumo de seus pensamentos, no final da semana.

_____

_____

_____

_____

_____

LEMBRE-SE DE DISTENDER

*Prefeririamos nos destruir a nos transformar,
prefeririamos morrer de pavor
a nos crucificarmos num momento
e permitir que morram nossas ilusões.*

W. H. AUDEN (1907-1973)

Figura 11 Lembre-se de distender

Até aqui, apresentamos dois elementos importantes sobre a forma como Líderes Tranqüilos pensam sobre o pensamento: eles deixam o ato de pensar por conta das pessoas e concentram toda a sua atenção nas soluções. A Figura 12 é uma representação visual simples que descreve esse conceito.

O modo mais rápido de transformar o desempenho, em especial em pessoas inteligentes e com alto nível operacional, é perguntar sobre soluções. Isso parece simples quando dito dessa forma. Mas é uma situação extremamente rara no ambiente de trabalho.

Assim como nos dois primeiros princípios, Líderes Tranqüilos sabem que transformar o desempenho significa distender as pessoas. Eles reconhecem que faz parte de sua função tirar as pessoas de sua zona de conforto; portanto, precisam aprender a se sentir confortáveis com o fato de deixar as pessoas desconfortáveis.

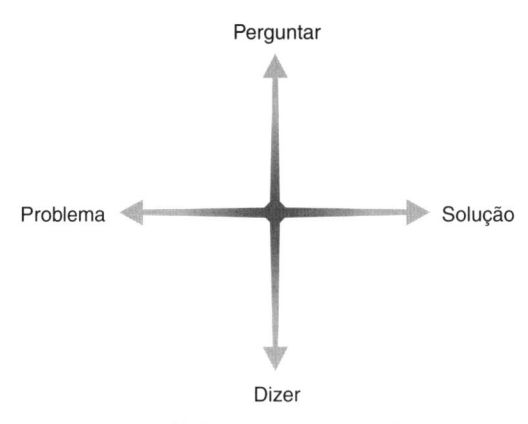

```
                    Perguntar
                        ▲
                        │
    Problema ◄──────────┼──────────► Solução
                        │
                        ▼
                      Dizer
```
Figura 12 Quadrantes perguntar-dizer

Mudar significa distender, nos dois sentidos da palavra. Promover a mudança não é fácil e requer a distensão de pessoas. Agora, vamos explorar esses dois conceitos.

O desafio de mudar o comportamento

Em 2005, a revista *Fast Company* publicou uma história que captava bem como é difícil mudar o comportamento. Em um estudo com pacientes que sofreram ataques do coração, pessoas cujas vidas literalmente dependiam de sua capacidade de mudar hábitos, apenas uma em cada nove conseguiu realmente mudar seu estilo de vida.[6]

Para compreender o motivo de nossa dificuldade em mudar os próprios hábitos e os de outras pessoas, vamos retomar a nova compreensão sobre o cérebro: descobrimos que tudo o que aprendemos é registrado como uma conexão permanente e que nossas conexões permanentes orientam a percepção. Então, quando tentamos mudar, travamos uma luta contra hábitos profundamente incorporados. Eles são mais do que hábitos para as pessoas, pois representam "quem elas são", ou seja, eles são uma realidade para essas pessoas. Um gerente de contas que não se sente seguro para realizar uma venda junto aos clientes pode ter dito aos vendedores mais de dez mil vezes, durante vinte anos, que eles "não têm talento para vendas". Essas pessoas podem ter a mesma idade e pano de fundo socioeconômico de um ótimo vendedor.

Mas o cérebro delas se encontra conectado com a realidade de que não conseguem vender. Elas têm esse pensamento automático quando confrontadas com qualquer tipo de oportunidade de vendas. Transformá-las em ótimos vendedores significa confrontar a realidade de suas sólidas conexões e tentar mudar seu mundo inteiro.

Aprendemos que nosso modo de agir padrão, ao ajudar as pessoas a mudar, é tentar chegar à raiz do problema. Neste exemplo, o vendedor poderia apontar vários motivos para não conseguir vender. Ainda assim, ele teria consciência de que isso não o ajudaria a vender melhor. Para ajudarmos essa pessoa a vender, precisamos nos concentrar na criação de novas conexões. Tudo bem até aqui, mas até isso pode ser uma real distensão.

Para simplificar um pouco, o cérebro possui duas qualidades diferentes de maquinário interno: a mente consciente ("memória funcional") e a mente subconsciente ("conexões permanentes"). Ou, conforme a designação de W. Timothy Gallwey, o "computador de dez centavos" (a mente consciente) e o "computador de um milhão de dólares" (a mente subconsciente).[7]

Sempre que experimentamos uma nova atividade, comportamento ou forma de pensamento, formamos um novo caminho em nosso cérebro. Estamos criando circuitos que não existem no momento. Isso exige energia e foco, e requer a intensa utilização de nossa mente consciente.

Imagine inserir grandes volumes de dados em um computador que vale dez centavos, dados que deveriam ser processados em um supercomputador. Nossos circuitos podem ficar sobrecarregados, confusos ou congelados com facilidade. Então, o ato de aprender uma nova forma de pensar ou se comportar é acompanhado de perigo e incerteza. Para nos sentirmos confortáveis com uma idéia ou um comportamento, precisamos internalizá-lo, desenvolver nossa própria conexão permanente para a idéia. Mas, para chegarmos a esse ponto, precisamos passar por um estágio de certo desconforto, incerteza e, muitas vezes, até mesmo frustração e medo.

Este conceito foi amplamente estudado no campo de gestão da mudança, por pessoas como William Bridges e James Prochaska.[8] Há um modelo chamado de Fases da Mudança, que convém manter em mente quando estamos envolvidos em algum tipo de processo de mudança. Contarei uma história para ilustrar esse modelo: recentemente, um grande amigo veio passar férias comigo na praia e pediu minha ajuda para aprender a surfar. Muitos dias antes de entrar na água, conversamos empolgados sobre a sensação de ficar de pé sobre a prancha, pegando uma onda. Quando entramos na água pela primeira vez, logo consegui remar. Dez segundos depois, já tendo ultrapassado a parte onde as ondas quebram, virei-me para falar com Alexander, pressupondo que ele estivesse a meu lado. Ele ainda estava no ponto inicial, tentando remar e, em seguida, escorregando da prancha. Eu o vi fazer isso umas quatro vezes. De repente, ele se levantou, jogou a prancha na areia, zangado, e ficou andando de um lado para o outro. Ele passou da fase um, a incompetência inconsciente, para a fase dois, a incompetência consciente. Esse salto costuma vir acompanhado de fortes emoções negativas, pois as pessoas experimentam atividades e, ao perceberem que não têm a prática necessária, acabam frustradas.

Após alguns dias de prática, ele já conseguia remar e, ao final da semana, estava pegando ondas deitado. Chegou a um ponto que conseguia ficar de pé em uma onda e surfar por cerca de um segundo (acho que isso parecia uma eternidade para ele!). A energia gerada por esse breve momento contagiou o ambiente de nossa casa de veraneio pelo resto da semana. Ele passou para a terceira fase, a competência consciente. Afinal, ele foi bem-sucedido, apesar de isso ter exigido uma enorme carga de energia física e mental.

Enquanto ele lutava dentro d'água, eu já havia pego várias ondas. Não precisei pensar sobre como surfar; isso fazia parte de mim. Como já vimos antes, isso de fato ocorre, pois eu registrei o ato de surfar como uma conexão permanente em meu cérebro.

Como aumentar a probabilidade da mudança

Até aqui, vimos que, para aperfeiçoar o desempenho, precisamos levar as pessoas a querer mudar. Além disso, a mudança pode vir acompanhada de fortes emoções. Há dois fatores que podem nos ajudar nesse processo.

O primeiro fator é a consciência de que as pessoas costumam desistir facilmente quando tentam algo novo; então, é útil para elas saber que sua frustração é normal. Foi isso que ocorreu com meu amigo quando ele jogou a prancha na areia. Esse sentimento pode ser muito intenso, levando a pessoa a desistir. (Talvez ele desistisse se eu não tivesse remado no sentido oposto para encontrá-lo e oferecer meu apoio.) Lembre-se de que nosso cérebro é uma máquina em sintonia fina que busca proteger o *status quo*.

Então, quando experimentamos uma nova forma de pensamento ou comportamento, isso pode fazer sirenes tocarem, resultando até mesmo na resposta "brigar" ou "fugir", com tudo o que tem direito, inclusive uma grande dose de adrenalina. Isso é muito comum quando o ponto de vista das pessoas é desafiado. Quando compreendemos as fases que ocorrem quando aprendemos algo novo e permitimos que as pessoas saibam que é normal passar por isso, podemos ajudá-las a persistir. O termo técnico para isso é "normalizar" a experiência de alguém.

O segundo fator é que, devido ao medo e à incerteza envolvidos na criação de qualquer tipo de conexão nova, pode ser muito útil fornecer bastante feedback positivo e incentivo. Veremos maiores detalhes sobre isso em uma seção mais adiante, chamada "Destaque o positivo".

Sentindo-se confortável com o incentivo ao desconforto

Do ponto de vista antropológico, é evidente que seres humanos do mundo inteiro gostam de seus confortos materiais. Uma grande fatia da economia mundial é construída em torno da redução do desconforto. Estudos mostram que o exercício físico regular pode combater a depressão com maior eficácia do que os antidepressivos.[9] Minha intenção aqui não é atacar os profissionais da saúde. Quero apontar para o fato de que milhões de pessoas preferem tomar uma pílula a fazer algo que exija delas uma distensão, ou seja, que provoque certo desconforto. O estilo de vida ocidental é marcado pela ausência de exercícios físicos como uma prática diária. Um dos resultados disso é que a obesidade virou uma epidemia. Algo semelhante ocorreria se você colocasse animais selvagens em uma jaula, com comida em abundância e nenhum exercício físico. Estamos comendo demais e fazendo o possível para ficarmos cada vez mais confortáveis: comprando casas maiores, camas mais macias e carros que mais parecem salões de espera.

Como membros de uma sociedade, almejamos não apenas o conforto pessoal; estamos envolvidos em um conspiração silenciosa que busca não trazer desconforto para ninguém, física, mental e emocionalmente. Estamos preocupados com a possibilidade de perder amigos, incomodar as pessoas, ser vítimas de ações na justiça. Então, preferimos deixar tudo como está, não mudar o *status quo*. Não é de admirar que líderes encontrem dificuldade para aperfeiçoar o desempenho, já que isso exige gerar desconforto para essas pessoas. Quase chega a ser um tabu cultural.

É difícil praticar a autodistensão

A distensão parece ser uma atividade mais fácil quando realizada em outra pessoa do que em nós mesmos. Por que devemos distender em áreas onde não nos sentimos confortáveis? Isso é contrário aos sinais de advertência emitidos por nosso corpo e nossa mente.

A maioria das pessoas tem determinadas áreas de suas vidas em que se sentem confortáveis com a sensação de desconforto. Corredores sabem que só se sentem bem dez minutos após terem ultrapassado seu limite de dor; vendedores sabem que, se conseguirem suportar certo grau de rejeição, vencerão e se sentirão ótimos. Mas poucas pessoas desejam se aventurar pelo mundo desconhecido, sair de sua zona de conforto.

Uma das dificuldades na autodistensão é que tendemos a nos concentrar em nossas limitações, e não em nosso potencial. Ficamos perdidos em nosso próprio mundo. Pense no que ocorre quando iniciamos num novo emprego. Nas primeiras semanas, tudo parece maravilhoso, mas, passados seis meses, entramos na rotina. Após cinco anos, é provável que não consigamos enxergar um grande potencial ao sairmos para o trabalho pela manhã; veremos problemas a serem resolvidos, conflitos a serem tratados, uma agenda de reuniões a ser cumprida e detalhes a serem gerenciados. Quando uma nova pessoa está em seu primeiro dia de trabalho, mostramos cinismo em relação à sua expressão de entusiasmo.

Você tem sido seu próprio projeto durante toda a sua vida; portanto, agora você está bem menos empolgado sobre seu próprio potencial do que alguém que o vê sob um ângulo mais renovador. Como não temos noção de nossa capacidade, tendemos a errar pelo excesso de cuidado; definimos metas dentro do que consideramos ser capazes de realizar, ou seja, metas que nossas mentes detectam facilmente como realizáveis. Minha intenção aqui é constatar como é difícil a autodistensão. E a maioria das pessoas passa a vida inteira operando bem dentro dos limites que considera ser capaz de alcançar.

Por que dá certo distender as outras pessoas?

Aprendi sobre o poder de ter alguém para nos distender quando contratei um preparador físico particular pela primeira vez, há alguns anos. Descobri uma fórmula pseudomatemática interessante: que a diferença entre a autodistensão e ter alguém para me distender é enorme! Meu preparador físico me levou a fazer exercícios que eu jamais faria sozinho, em uma série de repetições que eu jamais imaginaria realizar. Eu repetia cada série três vezes. Foi somente na segunda série de repetições que me convenci de que não morreria e, então, comecei a me sentir ótimo. Será que eu teria conseguido fazer isso sozinho? Certamente não. Ter outras pessoas para nos distender é uma forma de se desenvolver mais rápido.

A dose certa de distensão

Procure lembrar da época em que os resultados gerados por você no trabalho ou em sua vida pessoal eram extraordinários. Para a maioria das pessoas, esses são momentos em que elas são distendidas. Em seu livro *Flow*, o cientista Mihaly Csikszentmihalyi propõe que o momento em que temos a emoção positiva mais forte se situa em uma zona entre o tédio e a ansiedade.[10] A distensão em excesso significa estresse, enquanto sua escassez leva ao tédio. Ele fala sobre uma zona em que sentimos o "fluxo", uma experiência que já contém distensão suficiente, na qual precisamos nos desenvolver para atingir nossas metas, e nossas vitórias são suficientes para nos manter inspirados. Percebo que a maioria das pessoas não está operando dentro dessa zona no trabalho. Apesar de muitas pessoas estarem distendidas no ambiente de trabalho, isso ocorre por meio do exagero de repetições da mesma atividade. Seus circuitos mentais começam a ficar cansados, assim como qualquer músculo ficaria na mesma situação. Lembre-se de que a aprendizagem ocorre quando as pessoas fazem novas conexões, quando desenvolvem insights em seu próprio pensamento, e não apenas quando adquirem um novo conhecimento. Então, distender é oferecer às pessoas uma chance de utilizar o conhecimento que elas possuem de diferentes formas, é desenvolver novas linhas no pensamento delas, no sentido figurado e literal.

A dose certa de distensão, então, é mais determinada pela qualidade do que pela quantidade. É a distensão em diferentes formas que gera novas conexões. A partir do que aprendemos sobre a existência de grandes diferenças entre nossos cérebros, é possível dizer que a quantidade de distensão também varia de acordo com a pessoa. Qual é a melhor forma de descobrir isso? Basta perguntar.

Em resumo, Líderes Tranqüilos não ficam simplesmente parados em *background*, procurando não incomodar ninguém. Eles se sentem confortáveis em trazer desconforto às pessoas. Na verdade, eles adoram fazer isso. Eles sabem que a distensão pode representar um desafio; contudo, eles aprenderam a apoiar as pessoas durante essa jornada. Acima de tudo, eles sabem que o tipo certo de distensão permite o crescimento e, junto com o crescimento, há ânimo, engajamento e paixão, qualidades essenciais para que alguém consiga alcançar um ótimo desempenho em qualquer função.

■ ■ ■ ■ ■ ■ ■ ■ **EXERCÍCIO** ■ ■ ■ ■ ■ ■ ■ ■

Lembre-se de distender

Este exercício o ajudará a aprender sobre a distensão. Verifique sua programação e, para cada reunião planejada, reduza o tempo alocado para 25% do que você havia previamente permitido. Em outras palavras, se você tiver planejado uma reunião com duração de uma hora, reduza para 15 minutos. Ao mesmo tempo, procure atingir os mesmos resultados que pretendia alcançar em uma hora. Faça algumas anotações sobre suas observações.

___

___

___

___

___

___

___

DESTAQUE O POSITIVO

Se você tratar um indivíduo como ele é, ele permanecerá como tal. Mas, se você o tratar como se ele fosse o que deve e pode ser, ele se tornará o que deve e pode ser.

JOHANN WOLFGANG VON GOETHE (1749-1832)

Figura 13 Destaque o positivo

Líderes Tranqüilos compreendem claramente que qualquer ser humano tem necessidade absoluta de feedback positivo.

Logo no início de uma recente viagem ao exterior, de longa duração, perdi meus óculos. Não fazia muito tempo que eu os havia comprado e paguei caro por eles. Logo após a viagem, ao ministrar um workshop, comecei a falar sobre a freqüência com que fazemos autocríticas. Em uma questão de segundos, comecei a perceber meu próprio pensamento sobre meus óculos. Rapidamente, calculei quantas vezes fui severo comigo mesmo e, para minha surpresa, fiz isso cerca de trezentas vezes no mês. Disse trezentas vezes a mim mesmo: "Você é um idiota." Que coisa mais insensata.

Parece que não sou o único a me autoflagelar. Perguntei a milhares de pessoas em workshops se elas próprias eram seus piores críticos. Com exceção de algumas poucas pessoas, que disseram que isso era tarefa para as suas mães, e apenas uma mulher que acreditava não ser sua pior crítica, todas as demais afirmaram ser extremamente severas consigo, mais do que qualquer outra pessoa.

Quando pedi às pessoas para calcularem quantas vezes praticam a autocrítica, para somar o número de horas que gastam nessa estrutura mental, a resposta foi incrível. O menor número apresentado foi de quinhentas horas por ano, chegando a totais acima de duas mil horas anuais.

Quanto feedback positivo uma pessoa recebe em média? Muitos seres humanos passam meses sem isso. Alguns vivenciam essa situação por vários anos. Nas histórias que pesquisei, calculo que, em média, as pessoas recebam alguns minutos de feedback positivo por ano, e quase nenhum partindo de si mesmas. E, quando recebem esse feedback de outras pessoas, raramente o internalizam. Por outro lado, elas recebem em média milhões de horas por ano de críticas de outras pessoas e de si próprias. Parece que estamos transbordando do que não precisamos, mas estamos desprovidos do que mais precisamos. Não estou me referindo a pessoas com problemas de auto-estima ou de saúde mental. Estou falando de executivos, profissionais, proprietários de negócios, mães e pais, professores, políticos bem-sucedidos. Parece que todos nós estamos no mesmo barco.

Se você está se perguntando se a crítica pode nos fazer bem, se ela nos ajuda a melhorar o desempenho, verifique algumas pesquisas que mostram que empregados só reagiram positivamente uma vez, em um total de 13 vezes.[11]

> Deixe-me repetir isso mais uma vez para fins de esclarecimento: as pessoas recebem, em média, apenas alguns minutos de feedback positivo por ano, *versus* milhares de horas de feedback negativo.

Reconhecer que todos os seres humanos vivem tal realidade é um passo fundamental para aprender a transformar o desempenho de outras pessoas. E, certamente, qualquer Líder Tranqüilo, no fundo, sabe disso.

Conforme ilustrado pelo modelo do iceberg, em "Por que líderes devem se preocupar em aperfeiçoar o pensamento?", nosso desempenho é orientado por nossos comportamentos. E nossos comportamentos são orientados por nossas emoções, que, por sua vez, são orientadas por nossos pensamentos. Então, nosso pensamento está no centro de nosso desempenho. Mas todos nós temos vários pensamentos que não servem de apoio ao desempenho desejado. Estamos continuamente criticando, preocupando-nos e imaginando o pior. Se conseguirmos ajudar outras pessoas a tranqüilizarem um pouco essa voz interna, é provável que sejamos capazes de influenciar seus pensamentos e, portanto, os resultados gerados por eles.

Isso nos remete ao que W. Timothy Gallwey fez na década de 1970, descrito em *The Inner Game of Tennis*.[12] Tim afirmou que poderia ensinar qualquer um a jogar tênis em apenas trinta minutos, utilizando suas técnicas especiais de coaching. Um canal de televisão resolveu desafiá-lo e apresentou uma mulher de meia-idade, que não praticava exercícios físicos há muito tempo e que jamais havia segurado uma raquete de tênis. Assisti ao vídeo e ele é realmente impressionante. A mulher entra na quadra e parece brincar. É claro que ela está um pouco nervosa. Tim diz a ela para não se preocupar em acertar a bola, mas apenas para ficar parada onde está (de forma confortável) e observar como a bola se movimenta, da esquerda para a direita, ou vice-versa, e que ela não precisa acertar a bola, a menos que queira fazer isso. Ele joga seis bolas e, à medida que ela começa a adivinhar de que lado está vindo a bola, ele a incentiva. Chega um ponto em que ela abaixa a raquete e acerta a bola. E foi uma ótima tacada. Ela continua nesse processo por algum tempo e, para sua surpresa, sem instrução e apenas desviando seu foco de atenção, ela consegue descobrir por si mesma como executar um *forehand*.

Por trinta minutos, ela executa *backhands*, voleios e saques, enquanto Tim indica diferentes atividades nas quais ela deve se concentrar para que sua mente consciente tenha outra coisa para fazer em vez de se preocupar. E, durante todo o tempo, ele fornece feedbacks positivos. Comprovando o que Tim dissera, ela conseguiu jogar tênis com ele após apenas trinta minutos de aula. Mas ele praticamente não deu nenhuma instrução durante o processo inteiro.

Esse trabalho resultou em uma fórmula que me tem sido útil, desde então, para melhorar meu próprio desempenho.

Ele disse que nosso desempenho (p) equivale a nosso potencial (P) menos nossa interferência (I). A fórmula é:

$$p = P - I$$

Tim percebeu com clareza que o medo, a imaginação e a falta de autoconfiança das pessoas atrapalhavam seus desempenhos. E que, subjacente a tudo isso, todos tinham habilidades naturais que, se reveladas, conduziriam a um ótimo desempenho.

Essa história ilustra vários princípios utilizados por um Líder Tranqüilo: Tim levou a jogadora a pensar, em vez de dizer a ela como jogar. Ele se concentrou apenas nas soluções e forneceu vários feedbacks positivos. Isso fez uma grande diferença para a sua confiança e, portanto, para as suas habilidades.

O neurocientista John Ratey possui uma teoria sobre como nossa voz interior pode inibir o desempenho.[13] Ele acredita que nossos neurônios têm limites quanto à quantidade de sinais elétricos processados e, portanto, podem facilmente ficar sobrecarregados. Sempre há algum tipo de atividade neural sendo processada, até mesmo quando estamos sonolentos. Quando sentimos ansiedade, medo, inibição ou qualquer emoção forte, nossos neurônios ficam repletos de sinais elétricos; então, não há capacidade suficiente para processar tudo o que está ocorrendo no momento. Literalmente, paramos de escutar e enxergar o que se passa à nossa volta.

Retomando a idéia do computador de dez centavos *versus* o de 1 milhão de dólares, a aprendizagem de qualquer habilidade nova requer intensa atividade neural. Isso persiste até que a habilidade praticada se torne uma conexão permanente em nosso subcórtex. Como temos uma grande tendência à autocrítica, é muito provável que esses pensamentos interfiram em nosso desempenho durante a maior parte do tempo. Então, o reconhecimento e o incentivo de outras pessoas ajudarão a acalmar nossas mentes e nos permitirão focar o alvo desejado. Utilizando a linguagem do cérebro, podemos dizer que o feedback positivo libera nossos neurônios para que eles se concentrem no ponto em que se revelam mais necessários.

Há pesquisas significativas sendo realizadas para determinar o impacto do feedback positivo sobre o desenvolvimento de crianças, seu QI e seu bem-estar.[14] Isso não quer dizer que, intelectualmente falando, todo mundo saiba que as crianças precisam de feedback positivo. Acredito que isso esteja internalizado como uma conexão permanente que nos leva a fornecer esse feedback. Estou certo de que a maioria dos novos papais pode dar o mesmo testemunho: desde que minha filha nasceu, toda conversa mais complexa só podia ocorrer a um raio de pelo menos seis metros dela. Todos estamos extremamente empenhados em lhe dar feedbacks positivos.

Parece que presumimos que as pessoas não precisam mais de feedback positivo quando se tornam adultas. Não tenho tanta certeza disso. Imagine que estava prestes a mostrar a uma colega o rascunho deste livro. Sabia que, se ela gostasse da leitura, meu dia ficaria bem melhor. Caso contrário, não me sentiria tão bem. O feedback exerce um impacto sobre mim. E diversas pesquisas mostram que ele tem um grande impacto sobre o desempenho de um modo geral.[15]

Se quisermos transformar o desempenho das pessoas, precisaremos dominar a habilidade do reconhecimento. Isso significa construir novas conexões mentais para conseguir perceber o que as pessoas estão fazendo bem. Significa observar como as pessoas estão desafiando a si próprias, crescendo, aprendendo e se desenvolvendo. Significa observar as novas conexões que outras pessoas estão desenvolvendo e ser capaz de fornecer feedback sobre o que vemos de maneira que isso faça alguma diferença.

Isso pode ser mais difícil do que pensamos, em especial para líderes de linha dura. Alguns executivos não desejam fornecer feedback positivo às pessoas. Eles têm receio de que isso torne as pessoas complacentes ou, pior ainda, que elas queiram pedir uma promoção. Muitos desses líderes são homens em alfa, altamente competitivos, que conseguiram chegar ao topo pisando em outras pessoas no caminho. Para essas pessoas, fornecer feedback positivo seria como adotar um conceito totalmente novo. Mas não acredito que um líder, sem essa habilidade, consiga revelar, de forma contínua, o melhor potencial das pessoas.

Uma empresa que adotou o conceito de feedback positivo como parte de sua cultura é a IBM. Passei dois dias na sede da empresa, em Nova York, em 2004, desenvolvendo um trabalho com sua equipe global de facilitadores. Percebi que aquelas pessoas fugiriam de sua forma habitual de ação para se parabenizarem umas às outras por suas conquistas, algo que eu não havia encontrado antes no ambiente de trabalho. Talvez parte do sucesso da IBM se deva ao fato de que os bons profissionais não desejam deixar a empresa, pois recebem mais reconhecimento do que em qualquer outro lugar.

Outra implicação do princípio de Destaque o Positivo é que precisamos aprender um novo modelo para fornecer feedback no ambiente de trabalho. Se as próprias pessoas são seus piores críticos (autoconferindo-se um excesso de críticas), talvez não precisem do envolvimento de mais ninguém nessa atividade. Na verdade, a principal forma de fornecer feedback é por meio da exploração de "o que você fez bem e o que pode fazer melhor ainda". Aqueles que são muito severos consigo (a bem dizer, todo mundo) acabam escutando apenas o que fizeram de errado.

Há inúmeras maneiras de tentar fingir que você está fazendo outra coisa, o que se chama de "sanduíche de feedback", em que você oculta o "essencial" (o que eles fizeram de errado), colocando a crítica entre dois pontos de feedback positivo, esperando que isso atenue o efeito negativo sobre a pessoa. É claro que, comparado a apenas falar sem pensar no feedback negativo, o sanduíche de feedback representa um aperfeiçoamento. Mas é o mesmo que colocar cadeiras enfileiradas no deque de um barco prestes a afundar.

Se quisermos transformar o desempenho das pessoas, precisaremos de um novo modelo de feedback que não seja apenas uma nova embalagem do mesmo produto. Uma nova abordagem incluiria perguntas como:

O que você fez bem e o que descobriu sobre si mesmo como resultado?
Quais foram os destaques desse projeto e o que você aprendeu?
O que deu certo? Você gostaria de conversar sobre como exercitar mais isso?
O que você fez bem e qual foi o impacto disso sobre as outras pessoas?

Não quero dizer que devamos simplesmente desculpar e esquecer os fatos quando uma pessoa faz uma grande besteira. Há momentos em que precisamos ser honestos e ter uma conversa direta sobre o baixo desempenho. Como as pessoas são muito severas consigo, além do fato de ser mais acertado focar a criação de novas conexões do que tentar resolver problemas, proponho que, acima de tudo, destaquemos o positivo e deixemos a parte negativa por conta das próprias pessoas. Assim, em geral, os resultados serão melhores em termos de aperfeiçoamento do desempenho.

Marshall Goldsmith formalizou essa idéia em uma técnica que ele chama de realimentação (FeedForward).[16] Com o FeedForward, em vez de discutir uma questão que não funcionou bem no passado, discutimos o que gostaríamos de mudar no futuro, e exploramos formas de tornar isso possível. Agora, que você tem uma maior compreensão sobre o funcionamento do cérebro, fica claro por que esse tipo de abordagem é mais eficaz do que a discussão de problemas. Retomaremos essa idéia quando estivermos chegando ao final do livro, em um capítulo sobre o fornecimento de feedback em qualquer tipo de situação.

Veja alguns exemplos de como um Líder Tranqüilo deve destacar o positivo:

Valorização: Obrigado por ter concluído o relatório dentro do prazo.
Validação: Vejo que você se dedicou a este relatório.
Reconhecimento: Não resta dúvida de que você é um escritor de muito talento.
Afirmação: O mérito deste projeto é todo seu.
Confirmação: Foi ótimo você ter aceitado este projeto. Ele se encaixa perfeitamente em seu estilo.
Agradecimento: Muito obrigado por se ter concentrado 100% neste projeto.

Uma nova idéia?

Provavelmente, você já tenha ouvido falar na importância do feedback positivo. Ken Blanchard captou essa idéia de forma brilhante em um dos maiores best-sellers do mundo na área de negócios – *O gerente minuto*.[17] No livro, ele fala sobre a importância de perceber quando as pessoas estão fazendo as coisas bem. Mas há uma grande diferença entre saber que você *deve* fornecer mais feedback positivo e de fato fazer isso. Se considera todos esses princípios como básicos, você está certo. Isso não significa que seja fácil colocá-los em prática. Para fazer isso, é necessário criar novas conexões.

Em suma, Líderes Tranqüilos sabem que a transformação do desempenho exige o contínuo fornecimento de feedback positivo, de diversas formas, com o tempo. Isso é necessário para validar, confirmar, incentivar, apoiar e acreditar no potencial das pessoas. À medida que as pessoas conseguirem perceber a si mesmas sob um novo ângulo, a realidade também começará a mudar.

■ ■ ■ ■ ■ ■ ■ EXERCÍCIO ■ ■ ■ ■ ■ ■ ■

Destaque o positivo

Fornecer feedback positivo às pessoas pode ser um exercício muito compensador para ambas as partes, além de estreitar nossas conexões com as pessoas. Como primeiro exercício, comece pela prática do auto-reconhecimento. Preste atenção ao que você fez bem, aos desafios superados, aos medos vencidos, ou em como ignorou um obstáculo que normalmente o teria detido. Escolha uma coisa por dia para o auto-reconhecimento, por pelo menos três dias. Procure fazer isso ao final do dia, antes de dormir, quando sua mente está mais calma.

Em seguida, comece a praticar o reconhecimento de outras pessoas. Você pode escolher uma pessoa diferente a cada dia para oferecer esse reconhecimento. A tarefa é muito simples: basta observar atentamente o que as pessoas estão fazendo. O reconhecimento deve ir além de frases do tipo: "Você se saiu muito bem!" É importante notar o que as pessoas fazem e qual é seu diferencial. Quanto mais específico você for, mais estará ajudando essas pessoas.

COLOQUE O PROCESSO ANTES DO CONTEÚDO

Antes de tudo, a preparação é a chave do sucesso.
Alexander Graham Bell (1847-1922)

Figura 14 Coloque o processo antes do conteúdo

Imagine uma conversa entre um promissor jogador de tênis profissional e seu coach no início de uma temporada. Uma das coisas mais importantes que eles fazem todo ano é definir metas específicas, planos e marcos a serem atingidos. Sem isso, seria difícil acompanhar o progresso e, portanto, difícil oferecer feedback positivo ou saber o que destacar em cada momento.

Em nível macro, ter um "bom processo" significa ter objetivos claros a serem destacados a cada ano. Em nível micro, um bom processo significa que, durante a conversa para melhorar o desempenho da pessoa, você sempre pretende que o próprio diálogo seja bem-sucedido. Isso inclui a definição de expectativas claras de forma que, a cada instante, você saiba exatamente o assunto da conversa, o motivo e o alvo a ser atingido.

Ao definir um bom processo para os diálogos, antes de se perder nos detalhes da conversa, você aumenta as chances de participar de discussões *úteis*, e não apenas *interessantes*.

Exemplos de um bom processo em uma conversa

- Ambos sabem suas funções no diálogo.
- Ambos sabem quanto tempo pretendem falar.
- Ambos sabem e concordam com o resultado que estão tentando atingir por meio da conversa.
- Ambos sabem como essa conversa está ligada a outras questões, como metas gerais.
- Ambos compreendem claramente o ponto de partida da conversa.
- Você escolhe o tipo específico de abordagem de pensamento que tem maiores chances de funcionar a qualquer momento. Por exemplo, utiliza um processo de brainstorm para desenvolver idéias.
- Você fornece continuamente esclarecimentos sobre os pontos principais do diálogo, a fim de ajudar ambos a se manterem concentrados nas questões centrais.

Todos esses exemplos podem ser utilizados para garantir que uma conversa tenha maiores chances de sucesso. Lembre-se de que, sempre que você solicitar que o cérebro de alguém realize algo novo, é provável que isso gere medo e preocupação na pessoa, interrompendo o processamento de novas idéias por seus neurônios. Então, é importante fazer com que as pessoas se sintam seguras.

Grande parte dos dois penúltimos passos deste livro, "Dance ao embalo do insight" e "CRIE uma nova forma de pensar", aborda o bom processo em diálogos. Então, não vou entrar em detalhes sobre "como" fazer isso agora, com exceção da apresentação de um modelo específico que é um de meus favoritos.

Escolha seu Foco

Utilizo um modelo para ativar o conceito de processo antes do conteúdo chamado de modelo Escolha seu Foco. Essa é uma das idéias desenvolvidas por mim nos últimos anos, e que se tornaram mais conhecidas, embora ela também seja a mais simples. Acredito que a simplicidade desse modelo nos permita lembrar dele com mais facilidade, tornando-o ainda mais útil.

O modelo Escolha seu Foco ajuda as pessoas a orientarem seus processos de pensamento. Ele nos ajuda a identificar o tipo de pensamento que temos a qualquer momento, e nos dá uma oportunidade de escolher nosso foco. Essa ferramenta pode ser útil antes de qualquer tipo de conversa difícil, como reuniões de equipe ou sempre que você estiver lidando com uma tarefa de pensamento difícil.

Como o modelo Escolha seu Foco foi desenvolvido

Há alguns anos, no início da avaliação anual de uma operação, ficou claro que havia um grande potencial para conflitos naquele dia. Reunimos várias idéias importantes para serem tratadas em um único dia: definição de metas para o início do ano, desenvolvimento de estratégias, tomada de decisões difíceis, bem como o gerenciamento de diversos detalhes. Muitas dessas questões também tinham potencial para envolver carga emocional.

No início do dia, percebemos que, se não procurássemos pensar de forma consciente em como estruturar a conversa, não conseguiríamos cumprir nossa programação. Rapidamente, percebi que havia cinco "sabores" diferentes de conversa que poderíamos experimentar a qualquer momento, e que seria melhor começar do princípio. Ao gerenciar o dia dessa forma, tivemos uma reunião altamente produtiva, sem focar problemas. A partir desse dia, tenho sempre utilizado essa ferramenta em todos os nossos treinamentos e as pessoas parecem adorá-la.

Sobre o modelo

Segundo o modelo Escolha seu Foco, há cinco formas diferentes de pensar ou de se comunicar, seja qual for o projeto. Pode ser um projeto de fusão, um processo de mudança cultural, um alvo de vendas no trabalho ou apenas uma reunião individual. O modelo nos ajuda a reconhecer o mecanismo que está gerando nossos pensamentos e, portanto, permite escolher ativamente uma outra forma de pensar. Os cinco níveis de pensamento:

1. **Visão**: O *pensamento na visão* trata de "por que" ou "o que/o qual". Por que você deseja realizar esse projeto? O que você está tentando

alcançar? Qual é sua meta aqui? Ter uma visão clara significa saber qual é sua meta ou objetivo em qualquer conversa ou projeto.
2. **Planejamento**: Assim que você define a direção, o *pensamento no planejamento* indica como chegar lá. Um bom planejamento, sem a preocupação com os detalhes, nesse momento, é uma excelente forma de garantir o sucesso de qualquer idéia.
3. **Detalhe**: Assim que definirmos nossa direção e como chegaremos lá, precisamos agir. O *pensamento no detalhe* é simplesmente isso: o detalhe da execução. Detalhe é onde as pessoas tendem naturalmente a colocar a maior parte de sua energia, a menos que parem para pensar sobre como estão abordando o que estão fazendo.
4. **Problema**: O *pensamento no problema* é o território de eventos que estão dando errado. Infelizmente, o foco em problemas é uma experiência comum em negócios, pois há muitos problemas nessa área. Mas é possível focar os problemas sem estar com o pensamento voltado para os problemas. Por exemplo, você pode lidar com um problema a partir de uma perspectiva de visão ou de planejamento.
5. **Drama**: O *pensamento no drama* é o local onde a visão, o planejamento, o detalhe e os problemas se desintegram e só nos resta a carga emocional. Às vezes, é inevitável passar por esse estado mental. Por exemplo, em um processo de tristeza, às vezes não há muito o que fazer, pois suas emoções tomam conta de você. Infelizmente, o drama é um local em que muitas pessoas ficam paralisadas nas empresas, e não conseguem se livrar disso sozinhas.

Figura 15 Escolha seu Foco

Esse modelo é tão simples que você pode facilmente reproduzir os conceitos em qualquer conversa. Costumo fazer isso escrevendo no papel ou em um quadro. Assim, as pessoas podem enxergar o conceito por si sós. O impacto mais comum desse modelo é quando as pessoas percebem haver se perdido em detalhes, pois não estão claras sobre *o que* pretendem atingir, ou *como*.

Imagine que você esteja tentando ajudar alguém a descobrir um título para um novo produto, como a escolha do título deste livro. Uma forma comum de fazer isso é sentar-se e deixar as idéias fluírem e, em seguida, discutir sobre os pontos positivos e negativos de cada título. É bem provável que você não chegue a um bom resultado ao seguir este caminho. Se você utilizar o modelo Escolha seu Foco, poderá começar fazendo perguntas como:

Qual é sua meta para o próprio título?
O que deseja transmitir com o título?

Você descobrirá que deseja, por exemplo, que o título seja memorável, penetrante e que fale de algo com que todo mundo se identifique.

Quando conhecer a visão do projeto, uma ótima pergunta para fazer é sobre planejamento, algo como: "O que você acha que precisa fazer para descobrir o título certo? Que tipo de processo deve funcionar aqui?"

Nesse caso, você pode decidir que precisa listar vinte títulos existentes de seu gosto, mapear as principais direções possíveis que o título pode tomar e traçar uma lista de cem títulos possíveis a partir daí. Se você seguir um processo assim, executando uma etapa de cada vez, quando chegar à fase dos detalhes, tudo será muito mais fácil e você reduzirá as chances de problemas ou dramas.

Líderes Tranqüilos são altamente disciplinados em suas conversações. Eles têm o cuidado de garantir que cada conversa seja o mais produtiva possível, em todas as etapas envolvidas e, caso isso não ocorra, eles tratam de resolver a questão. Eles sabem que é importante definir bem o processo de qualquer conversa, antes de entrar no conteúdo de um diálogo.

■ ■ ■ ■ ■ ■ ■ ■ EXERCÍCIO ■ ■ ■ ■ ■ ■ ■ ■

Coloque o processo antes do conteúdo

Você pode fazer este exercício sozinho, embora talvez queira conversar com um parceiro ou amigo sobre isso, a fim de obter ajuda para tornar o processo mais tangível.

Pense em três projetos em que você esteja trabalhando no momento. Em seguida, verifique este modelo e identifique a posição atual de seu pensamento em cada projeto. Se você conseguir escrever isso, o exercício poderá ser ainda mais eficaz.

Após detectar seu nível de pensamento em cada projeto, pense no nível mais útil a ser destacado no momento. Se estiver perdido nos detalhes, será que vale a pena dedicar esse tempo à fase de planejamento? Se estiver perdido em todos os problemas do projeto, será que é necessário rever a visão do motivo pelo qual você está fazendo isso? Este é o momento de repensar seu próprio pensamento sobre os projetos.

_____

_____

_____

_____

_____

_____

_____

_____

_____

_____

Agora, vamos resumir todo o primeiro passo para ser um Líder Tranqüilo: pensar sobre o pensamento. Líderes Tranqüilos deixam o pensamento por conta das pessoas, procurando suavemente manter a conversa centrada nas soluções. Eles não apenas distendem as pessoas mais do que elas próprias, mas também fornecem muito feedback positivo. E eles sabem que reservar um tempo para definir um bom processo em qualquer situação é essencial para conseguir travar conversas mais úteis. Se você tiver essas idéias em mente, esse será o primeiro passo para conseguir aperfeiçoar o pensamento das pessoas, sem dizer a elas o que fazer. E esse também é o primeiro passo para transformar o desempenho no trabalho.

■ 2º PASSO ■

ABRA OS OUVIDOS
AO POTENCIAL

*O futuro pertence às pessoas que enxergam
possibilidades antes de elas se tornarem óbvias.*
TED LEVITT (CIRCA 1990)

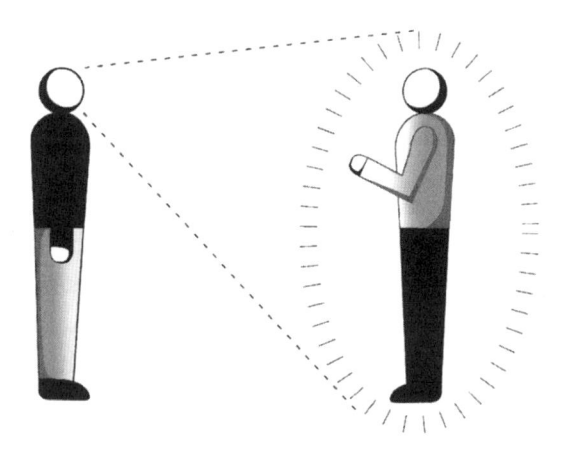

Figura 16 Abra os ouvidos ao potencial

Imagine que você esteja na festa de aniversário de uma amiga. Vamos chamá-la de Ming. Os pais de Ming estão lá, assim como diversos amigos, incluindo um contador, um advogado, um consultor executivo do setor de pesquisas, um vendedor de carros, um médico e um psicólogo. Ao final de um demorado almoço, Ming diz: "Ultimamente, tenho pensado muito em conseguir um emprego melhor. Tenho me aborrecido muito no trabalho. Acho que ganharia mais se comprasse um carro e entrasse no ramo de vendas."

O que essas pessoas diriam à aniversariante?

> Os pais diriam algo como: *"Querida, que pena que não tenha dado certo! Sabemos que você tem se esforçado lá. Só esperamos que você saiba como se cuidar..."*
>
> O contador diria algo como: *"Talvez você tenha chegado à conclusão de que, descontando os impostos, o melhor a fazer é mudar de emprego."*
>
> O advogado diria algo como: *"Seu contrato especificava bem o tipo de serviço? Você pode processá-los pela omissão de informações?"*
>
> O consultor executivo do setor de pesquisas diria algo como: *"Talvez eu conheça alguém que possa aproveitar você... Por que você não me procura durante a semana para conversarmos melhor?"*
>
> O médico diria algo como: *"Parece que você está vivendo um momento de estresse lá. Você tem dormido bem?"*
>
> O vendedor de carros diria algo como: *"Ótima idéia! A área de vendas movimenta muito capital. Ligue-me para conversarmos sobre idéias para o seu novo carro."*
>
> O psicólogo diria algo como: *"Você já pensou em conversar com alguém sobre os problemas que está enfrentando no trabalho?"*

Sei que estou fazendo algumas generalizações aqui, mas pense um pouco comigo. Apesar de a maioria dessas pessoas estar disposta a ajudar Ming, duvido que elas estejam sendo tão prestativas assim. Isso ocorre, em parte, porque cada um está simplesmente dando conselhos, mas há uma outra questão envolvida. Cada um possui seu próprio filtro, plano ou ponto ativo emocional (ilustrarei três idéias a respeito disso, mais adiante, ainda neste capítulo). Eles não estão escutando Ming como uma pessoa competente, forte e perfeitamente capaz de apresentar ótimas idéias e soluções. Eles a estão escutando como alguém que está em dificuldade e precisa de ajuda. O que está correto: Ming precisa de ajuda ou ela possui as respostas dentro de si?

Parece que as duas perspectivas estão corretas. Tudo depende do que você acredita ser verdadeiro. Voltemos a falar da neurociência aqui. Antes mesmo de quaisquer dados do mundo externo entrarem em nossos cérebros, nossos neurônios primam por buscar determinadas informações, com base nas várias estruturas mentais que possuímos.[18] Isso nos remete ao insight sobre o cérebro: nossas conexões permanentes orientam percepções automáticas.

Com base em pesquisas científicas, tudo indica que realmente só ouvimos o que queremos escutar. Prestamos mais atenção ao que esperamos ver, ouvir ou sentir. Conforme Jeff Hawkins diz:

"Nossa percepção é uma combinação do que sentimos e das previsões orientadas pela memória de nossos cérebros... 'Previsão' significa que os neurônios envolvidos na percepção se tornam ativos antes mesmo de receber input sensorial. Quando o input sensorial chega, ele é comparado ao que era esperado... Previsão não é apenas uma das funções de seu cérebro. Ela é a principal função do neocórtex e a base da inteligência."[19]

Ou como Jeffrey Schwartz diz: "Os estados mentais não são apenas importantes para a atividade física do cérebro, mas também contribuem para a percepção final, com grande força, mais do que o próprio estímulo."[20] Em outras palavras, ao escutar as pessoas, a menos que escolha conscientemente uma forma específica, você escuta para comprovar suas teorias existentes sobre essas pessoas. Dificilmente, essa será a forma mais eficaz de transformar o desempenho.

Então, qual é a forma mais eficaz de escutar as pessoas de forma ativa, a fim de maximizar seu desempenho? Para responder a essa pergunta, gostaria de dar a você uma oportunidade de desenvolver alguns insights por si mesmo, em vez de apenas oferecer minha resposta.

■ ■ ■ ■ ■ ■ ■ ■ **EXERCÍCIO** ■ ■ ■ ■ ■ ■ ■ ■

Observando como escuto

Procure alguém para conversar por alguns minutos. Pode ser qualquer pessoa. Se não encontrar ninguém por perto, ligue para um conhecido. Ao escutá-la, preste atenção ao que mais você escuta enquanto ela fala. Em outras palavras, que outros pensamentos você percebe que estão passando pela sua mente enquanto você escuta?

A lista a seguir apresenta alguns dos pensamentos que você provavelmente perceberá. Esta lista não é abrangente, mas contém as abordagens mais comuns na compreensão auditiva. Assinale as abordagens que você percebe em sua escuta.

- ☐ Escuto oportunidades para parecer inteligente
- ☐ Escuto uma chance de parecer engraçado
- ☐ Escuto como posso parecer importante
- ☐ Escuto que devo obter as informações que desejo
- ☐ Escuto distrações externas, como outros ruídos, música etc.
- ☐ Escuto o que está ocorrendo com a outra pessoa
- ☐ Escuto meus próprios pensamentos e não escuto mais a outra pessoa
- ☐ Escuto para verificar como posso ajudá-la
- ☐ Escuto para compreender o problema da pessoa
- ☐ Escuto como posso me beneficiar por meio dessa pessoa

Agora, que você já marcou algumas das opções acima, o que consegue observar? Faça algumas anotações pessoais.

Insights que tive ao observar como escuto as pessoas

_____

_____

_____

_____

_____

Exercícios semelhantes a esse foram realizados por centenas de pessoas das mais variadas culturas. Em geral, a primeira coisa que as pessoas percebem é que elas realmente só escutam durante uma pequena parcela de tempo. No restante do tempo, sua atenção está voltada para julgar, avaliar, tentar parecer inteligente, distrair-se, tentar analisar as outras pessoas, ou constranger-se a ponto de escutar apenas a si mesmo.

Então, esta pergunta ainda está sem resposta: Qual é a forma mais eficaz de escutar as pessoas, a fim de conduzi-las a um melhor desempenho? Tente responder a essa pergunta antes de continuar a leitura deste livro.

As respostas mais comuns que escuto das pessoas são "escutar ativamente", "escutar o que as pessoas estão sentindo", "escutar qual é o problema" ou algo parecido. Apesar de esses estilos de escuta serem provavelmente mais úteis do que deixar de escutar ou escutar para ter uma oportunidade de ser engraçado, ainda são limitados em comparação ao que é possível. Na verdade, existe uma forma completamente diferente de escutar.

UMA NOVA FORMA DE ESCUTAR

O que um Líder Tranqüilo diria a Ming sobre os desafios dela no trabalho? Talvez dissesse algo como: "Isso parece excitante! Esta pode ser uma ótima oportunidade para você pensar um pouco sobre o que realmente espera de uma carreira, uma chance de você reinventar o próprio futuro."

Você poderia dizer que Líderes Tranqüilos não passam de grandes otimistas. Mas, apesar de isso ser parcialmente verdadeiro, Líderes Tranqüilos fazem muito mais do que simplesmente ver sempre o lado bom das coisas. Líderes Tranqüilos agem como críticos: mantêm os ouvidos abertos para escutar o potencial das pessoas. Quando um Líder Tranqüilo escuta, ouve o que a pessoa tem a dizer e realmente acredita nela. Líderes Tranqüilos incentivam e apóiam as pessoas para que elas sejam o melhor possível. Isso é comprovado pela maneira como escutam, sem dizer uma palavra sequer. Eles escutam as pessoas como se elas tivessem todas as ferramentas necessárias para serem bem-sucedidas, apesar do fato de que eles poderiam apenas se beneficiar da situação, explorando em alto e bom tom seus pensamentos e idéias.

Exemplos de como abrir os ouvidos para o potencial

Suponha que você esteja em uma reunião de equipe semanal, com seus subordinados diretos, e uma das pessoas gerenciadas por você diz: "Não sei o que fazer em relação a esse projeto." Se você estiver com os ouvidos abertos ao potencial, dirá algo como:

Qual é a melhor forma de ajudá-lo a pensar sobre isso?
Você deseja me utilizar como catalisador?
Você tem idéia do que deseja fazer? Deseja explorar mais isso comigo?

A suposição que fazemos por trás dessas perguntas é a de que as pessoas possuem as respostas e estamos aqui justamente para ajudá-las a pensar.

Ou alguém diz: "Sinto-me como se tivesse arruinado o projeto." Se você estiver com os ouvidos abertos ao potencial, dirá algo como: "Parece que você está passando por um momento difícil. O que você aprendeu até agora por ter aceito este cliente?"

Então, você pode dizer as coisas de maneiras diferentes, mas não há uma abordagem muito original para determinar exatamente o que dizer quando você está escutando dessa forma. Ao manter os ouvidos abertos ao potencial, você pressupõe que as pessoas têm a capacidade de responder à pergunta por si. Assim, você verifica, de maneira respeitosa, qual é a melhor forma de ser útil a essa pessoa.

Manter os ouvidos abertos ao potencial é uma escolha que fazemos a todo instante. Ao optar por escutar as pessoas como bem-sucedidas, competentes e capazes de resolver seus próprios dilemas, você consegue adivinhar o que provavelmente ocorre? As pessoas costumam resolver seus próprios problemas e prosseguir com suas tarefas.

Quando peço às pessoas no ambiente de trabalho para que tentem escutar dessa forma, ocorre algo mágico. As pessoas relatam que sua conversa interna praticamente desaparece. Elas começam a perceber a outra pessoa de uma maneira diferente e ficam fascinadas com o que o outro tem a dizer. Elas se sentem muito presentes no diálogo do momento. E, acima de tudo, apreciam muito mais o que escutam. E realmente passam a escutar, relatando que a maior parte de sua atenção se concentra em escutar ainda melhor quando elas abrem os ouvidos ao potencial da outra pessoa.

Líderes Tranqüilos abrem os ouvidos ao potencial. Eles compreendem que, quando não estamos avaliando e monitorando o crescimento das pessoas, podemos, com facilidade, cair na armadilha de focar seus problemas. Eles sabem que o primeiro passo para enxergar a mudança positiva nas outras pessoas é ter a expectativa de que essa mudança ocorrerá.

■■■■■■■■ EXERCÍCIO ■■■■■■■■

Abra os ouvidos ao potencial

Procure alguém para conversar. Escolha uma pessoa com quem você tem o hábito de falar. Não importa se a conversa será pessoal, por telefone ou por trás do muro que separa o quintal de sua casa do quintal da casa do vizinho. Fale com alguém e pergunte como foi sua semana. Enquanto conversam, procurem escutar seus pontos fortes, suas paixões na vida, quem podem vir a ser, seu potencial, e não apenas quem ou o que são. Observe o que acontece.

_____

_____

_____

_____

_____

_____

A CLAREZA DA DISTÂNCIA

A ciência cria poder por meio de seu conhecimento, um poder de execução. Você é capaz de executar coisas após adquirir algum conhecimento científico.

RICHARD FEYNMAN (1964)

Estar com os ouvidos abertos ao potencial exige a vontade de identificar e deixar de lado estados mentais que poderiam obstruir nossa capacidade de escutar abertamente. Isso nos remete a meu segundo modelo favorito: a Clareza da Distância.

Esse modelo surgiu após a minha observação de algo muito inesperado. Ao aplicar diferentes exercícios com grupos pequenos em meus workshops, descobri que, quanto menos envolvido em uma situação, maior era minha capacidade de enxergar o que realmente estava ocorrendo. Quando me distanciava de um problema, conseguia reconhecer os padrões com mais facilidade. Era como se minha inteligência natural aumentasse consideravelmente quando eu não estava tão próximo. Malcolm Gladwell fala sobre um conceito semelhante em *Blink*, no qual ele mostra como nossas respostas intermediárias costumam ser, de longe, significativamente mais corretas do que qualquer número de horas de análise cuidadosa de uma situação.[21] Após utilizar esse modelo por algum tempo, descobri que havia quatro estruturas mentais que pareciam interferir em minha clareza natural, as quais resumi como detalhes, filtros, planos e pontos ativos.

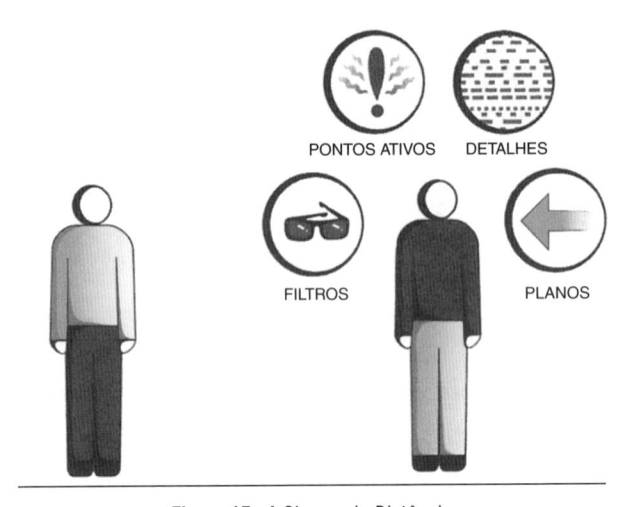

Figura 17 A Clareza da Distância

O modelo Clareza da Distância nos ajuda a identificar o que está atrapalhando a inteligência natural; assim, podemos voltar a abrir os ouvidos ao potencial das pessoas. Trata-se de um modelo com vasta aplicação que pode fazer diferença em nossa autoconsciência e, portanto, em nossa capacidade de exercer impacto sobre as outras pessoas.

Vou apresentar agora um pouco mais de *background* sobre esse conceito. Líderes e cientistas têm muito em comum. Ambos desejam descobrir padrões em sistemas aparentemente caóticos; assim, eles podem ter uma melhor compreensão e, portanto, ter algum controle sobre esses sistemas. Para estudar qualquer assunto relativo à ciência, primeiro você precisa ter um observador. O observador acompanha os eventos, buscando maior conhecimento e compreensão. O observador não pode se confundir com o evento. É necessário haver uma separação entre ambos.

No modelo Clareza da Distância, há quatro estruturas mentais em que podemos ficar paralisados e, portanto, perder nossa clareza natural. Quando ficamos presos a uma dessas estruturas, significa que estamos próximos demais, que perdemos nossa noção de distância. Então, deixamos de ser observadores. Nesse caso, não sobra espaço para nenhuma ciência ou grande liderança.

Quando você perde a clareza natural, o primeiro passo para recuperar a capacidade de abrir os ouvidos ao potencial é identificar o que o tirou do caminho. Em seguida, você deve voltar a focar a pessoa com quem está falando. Agora, vamos ver os elementos desse modelo.

Perdido nos detalhes

No trabalho, todo dia temos de lidar com um enorme volume de informações e tudo se processa tão rapidamente que encontramos pouco tempo para a reflexão. Conseqüentemente, muitas pessoas perdem grande parte do dia imersas em detalhes, incertas quanto à direção a ser tomada a qualquer momento.

Escutar o potencial das pessoas exige que nos mantenhamos acima dos detalhes. Senão, ficaremos perdidos em uma floresta com um emaranhado de informações e não conseguiremos enxergar o que está ocorrendo. Precisamos ser o guia que fica sobre uma plataforma acima do nível das árvores, que consegue enxergar as qualidades da própria floresta, observar os caminhos e, portanto, ajudar seu pessoal a encontrar a direção certa. Se estivermos muito perdidos, não seremos de grande valia.

Vejamos um exemplo. Saul é gerente de produção em uma fábrica de grande porte, especializada em plásticos. Ele acaba de ter uma semana bem difícil, virando noites para conseguir entregar um trabalho no prazo. Você está sentado esperando para ter uma conversa com Saul na semana seguinte. Sua intenção é ajudá-lo a garantir que isso não ocorra novamente. Mas, ao perguntar a Saul o que aconteceu, você escuta um relato detalhado do que se passou, incluindo os detalhes de cada projeto, as horas extras e até mesmo o tipo de pizza que ele encomendou às duas horas da madrugada. Essas informações podem ajudá-lo de alguma forma a colaborar com Saul? Duvido muito! Na verdade, muito pelo contrário. Talvez fosse melhor dizer algo como: "Gostaria de ser um catalisador útil para você. Qual é a melhor forma de ajudá-lo a aprender algo com o evento da semana passada, sem entrar em detalhes?" É provável que Saul responda algo como: "Bem, acho que valeria a pena verificar os recursos que posso utilizar da próxima vez." Agora, que você está livre dos detalhes, poderá ser muito útil para Saul, e bem mais rápido também.

Estou certo de que você já passou pela experiência de ficar perdido em detalhes. Ao perceber que está perdido, você sempre pode recorrer ao modelo Escolha seu Foco e adotar o pensamento da visão ("Qual era mesmo o objetivo de nossa conversa hoje?") ou o pensamento do planejamento ("Quanto tempo pretendíamos dedicar a essa primeira questão?"). Em geral, a simples percepção de que estamos perdidos nos detalhes é suficiente para nos ajudar a retomar o caminho certo.

Enganados por nossos filtros

Os *filtros* são as estruturas mentais inconscientes, através das quais enxergamos todas as nossas suposições, expectativas, previsões e decisões sobre qualquer coisa. Voltando à história da festa de aniversário, os pais de Ming escutam como a maioria dos pais, com base em sua preocupação geral com seus amados filhos. O médico escuta através da preocupação com o bem-estar físico de Ming, o advogado escuta a partir de uma perspectiva legal, e o psicólogo escuta para verificar se a saúde mental de Ming está bem.

Não há nada de errado em ter filtros. Na verdade, eles são uma parte importante de nossa maquiagem. Os filtros nos ajudam a prever situações, sem precisar processar enormes volumes de dados. O desafio no uso de filtros é que tendemos a não ter consciência deles. E, conforme aprendemos desde pequenos, fazemos o possível para que o mundo se ajuste a nosso modo de pensar.

Quando nossos filtros são precisos, como o filtro que detecta que "as bocas do fogão elétrico estão quentes quando ficam vermelhas", isso é muito útil. Mas, na condição de líderes, desenvolvemos filtros para a maioria das pessoas que gerenciamos e perdemos a consciência deles. E, em geral, esses filtros se baseiam em suposições incompletas ou imprecisas. Como resultado, escutamos pessoas de acordo com decisões que tomamos sobre elas há algum tempo. Retomando a conversa com Saul, se tivéssemos o filtro que ele estava sempre evitando o trabalho, suporíamos que ele não estivesse, de fato, trabalhando até tão tarde assim na empresa. Nesse caso, seria difícil ter uma conversa e abrir os ouvidos para escutar seu potencial.

Ser enganado por nossos filtros é a segunda armadilha mais comum quando escutamos outras pessoas. Quando escutamos através de filtros, estamos ajustando as pessoas àquilo que nosso pensamento predeterminou como certo, em vez de ajudá-las a aproveitar todo o seu potencial. Assim como ocorre com os outros elementos do modelo Clareza da Distância, a alternativa mais rápida de recuar para adotar uma maneira mais eficaz de escutar é identificar o filtro que você possui e, em seguida, optar por uma nova forma de escutar.

Quando temos um plano

Vários convidados da festa de Ming tinham planos bem definidos, em especial o consultor de pesquisa executiva e o vendedor de carros; ambos enxergaram oportunidades de se beneficiar financeiramente da situação de Ming. Um plano encobre nossa capacidade de escutar o potencial das pessoas. De repente, percebemos que estamos perto demais. Ficamos perdidos em nosso próprio plano, em vez de enxergar as possibilidades da outra pessoa.

Ao gerenciar uma pessoa, é natural que você possua vários planos em mente. Talvez você queira que eles sejam bem-sucedidos, para ser visto como um bom gerente. Talvez queira que eles se adaptem à equipe. Você deseja que eles trabalhem e apresentem resultados. Ou talvez não queira que eles sejam mais bem-sucedidos do que você. Todos esses planos podem encobrir sua capacidade de revelar o melhor que as pessoas têm a oferecer.

A identificação de um plano é essencial para que sejamos capazes de deixá-lo de lado. Às vezes, a revelação de seu plano pode ser muito útil. Lembro de ter repetido esta frase várias vezes quando era responsável pelas vendas de nossos programas de treinamento, no passado: "É claro que tenho um plano aqui. Ou seja, quero ver um aumento nas vendas. Mas vou deixar isso de lado e me concentrar na identificação da melhor forma de ajudá-lo a pensar sobre isso na próxima semana."

Pontos ativos

Voltando à situação de Ming, se você tivesse perdido o emprego recentemente, de forma inesperada, e estivesse insatisfeito com o trabalho, teria um *ponto ativo*, uma estrutura mental que o dificultaria a escutar a história de Ming sem trazer sua própria carga emocional à tona. Um ponto ativo é uma questão difícil de ser abordada devido à carga que contém, uma questão em cujas emoções podemos nos perder. Falando novamente sobre o modelo Escolha seu Foco, quando temos um ponto ativo, tendemos a ficar perdidos no *drama* de uma situação. Ficamos envolvidos emocionalmente. Isso deixa de ser apenas um problema.

No livro *Inteligência emocional*,[22] Daniel Goleman conta a história de como nosso cérebro mais primitivo se comporta em determinadas situações. Literalmente, paramos de escutar nossa inteligência normal, de nível superior. Agimos de forma impulsiva e fazemos coisas que, via de regra, não faríamos.

Quando você está tentando escutar o potencial de uma pessoa e a conversa resulta em uma das partes embarcando em uma viagem a um ponto ativo, não há muito o que fazer. A melhor atitude é voltar para casa nesse dia. Quando o assunto envolve emoções, em geral demanda algumas horas até que tudo volte ao normal e sejamos capazes de recuperar a capacidade de pensar direito. A abordagem de um assunto com carga emocional em um outro momento talvez seja uma forma de melhor utilizar os recursos.

Em suma, todos nós temos a capacidade de abrir nossos ouvidos para escutar o potencial de outras pessoas. Mas também é fácil perder-se nos detalhes, ser enganado por nossos filtros ou planos, ou desviar do assunto, atraídos por nossos pontos ativos. É uma questão de compreender essas estruturas e estar consciente de seu posicionamento ao escutar os outros. Quando nos conscientizamos do que está encobrindo nossa clareza natural, estamos no caminho certo para escutar as pessoas de uma forma totalmente nova.

Ter a clareza da distância significa manter a mente em um estado em que nada pode atrapalhar o aperfeiçoamento do desempenho das pessoas. Líderes Tranqüilos sabem que abrir os ouvidos ao potencial das pessoas às vezes exige esforço. E eles têm consciência do que pode tirá-los desse caminho.

■ ■ ■ ■ ■ ■ ■ ■ EXERCÍCIO ■ ■ ■ ■ ■ ■ ■ ■

A Clareza da Distância

Ao terminar este exercício, você deverá ser capaz de distinguir seus estados mentais, e ter maior controle sobre como escuta as outras pessoas. Sugiro que você faça isso com um parceiro, que pode ser um amigo ou alguém com quem você esteja se relacionando. É provável que surjam alguns benefícios adicionais inesperados ao fazer este exercício.

Escreva as quatro palavras a seguir de forma legível e em letras grandes. Escolha um local bem visível para colocá-las; assim, as pessoas poderão vê-las com freqüência durante a semana. Por exemplo, na porta da geladeira, na mesa de trabalho onde está o computador ou em sua agenda:

Detalhes
Filtros
Planos
Pontos ativos

Nos próximos três dias, observe e anote quantas vezes você e outras pessoas utilizam essas estruturas mentais. Isso pode ser feito em casa, no trabalho ou em qualquer outro lugar. Ao final dos três dias, some os números de cada área. O que você observou?

**Insights que tive ao observar o que nos impede
de abrir os ouvidos ao potencial das pessoas**

_____

_____

_____

_____

_____

_____

_____

3º PASSO

SEJA OBJETIVO AO FALAR

Cada vez mais, a prioridade é encontrar colegas que, assim como amantes e amigos, nos inspiram, em vez de nos chatear ou dominar.

THEODORE ZELDIN (2002)

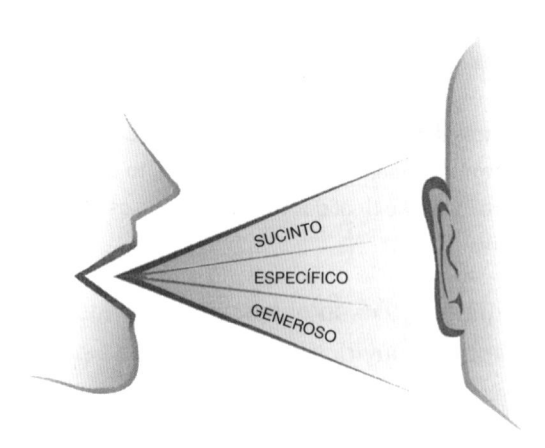

Figura 18 Seja objetivo ao falar

Concluímos, então, os dois primeiros passos da aprendizagem sobre como um Líder Tranqüilo transforma o desempenho. Sabemos que Líderes Tranqüilos pensam sobre o pensamento, e que eles têm os ouvidos abertos ao potencial. No 3º passo, exploramos o que é necessário para falar de forma que você tenha maior probabilidade de aperfeiçoar o pensamento das pessoas. Este conceito é especialmente relevante em um mundo tão saturado de comunicação.

Imagine se nossos registros da Internet, as regras sobre o compartilhamento de idéias entre dois computadores, funcionassem apenas 66% do tempo. O que faríamos? Quando se trata de compartilhar idéias entre pessoas, meu palpite é que temos o mesmo nível de eficácia: nossas idéias estão sendo recebidas pela outra pessoa da forma pretendida apenas durante dois terços do tempo. O impacto de nossa conversa é de alguma forma diferente de nossa intenção. *Intenção versus impacto* é outra distinção útil entre dois termos, que voltaremos a abordar em outras partes do livro.

Como estou fora das empresas, consigo perceber tudo com lentes novas, graças à Clareza da Distância. A meu ver, a qualidade das conversas rotineiras em alguns ambientes de trabalho é muito baixa. Já vi equipes desperdiçarem semanas discutindo idéias que poderiam ter sido decididas em questão de minutos. Vi líderes dizendo coisas que não tinham nada a ver com o que de fato pensavam e, portanto, outras pessoas interpretando mal suas intenções e reagindo a idéias que nem haviam sido pronunciadas. De repente, todos nós estamos envolvidos em conversas desnecessárias, que consomem nosso precioso e muito distendido tempo de pensamento.

Mesmo que sua habilidade de conversação seja fraca, você conseguirá se virar no dia-a-dia da empresa. Mas, para transformar o desempenho das pessoas, é necessário ter um nível de habilidade bem diferente. Isso me lembra os passeios de bicicleta quando eu era mais novo. Enquanto eu estava na rua com meus amigos, não havia maiores problemas em percorrer outras ruas de vez em quando, prestando pouca atenção ao que eu estava fazendo. Mas, se eu pegasse a auto-estrada a 80km/h, com tráfego nos dois sentidos, isso exigiria de mim um outro nível de atenção, e também de habilidade. Caso contrário, o dia poderia acabar mal. E, após feito o estrago, não haveria caminho de volta.

Nessa conversa delicada e muito humana que chamamos de transformação do desempenho, com fortes emoções à flor da pele, se o que estamos tentando dizer for mal interpretado, nossas conversas poderão se perder com facilidade. A meu ver, está claro por que muitos gerentes não fornecem muito feedback: eles têm medo de causar acidentes.

Após alguns anos praticando o coaching de pessoas para levá-las a se comunicar com maior clareza, observei três padrões principais que interferiam no processo. O primeiro deles é que as pessoas gastavam um tempo maior do que o necessário para descrever suas idéias. Como resultado, o ouvinte costumava "sair" da conversa. Ele esperava tanto tempo para falar que, no final, a conversa se reduzia a uma série de monólogos, deixando de ser um diálogo. O segundo padrão era quando o ouvinte não compreendia bem o que o falante estava dizendo. Então, a conversa era interrompida por vários assuntos fora do tema principal e, por fim, o objetivo da conversa não era atingido. O terceiro padrão era quando o ouvinte não compreendia de imediato a linguagem e os conceitos utilizados pelo falante. Portanto, o que deveria ser um diálogo se transformava em uma polêmica. Vamos analisar cada um desses três padrões agora.

SEJA SUCINTO

Quando há uma distância entre os objetivos reais e os objetivos revelados de uma pessoa, ela passa a empregar instintivamente palavras longas e um exagero de expressões idiomáticas, como um polvo que expele um jato de tinta.

GEORGE ORWELL (1903-1950)

Falamos em média cem palavras por minuto, mas pensamos a taxas bem mais elevadas, cerca de seiscentas palavras por minuto.[23] Então, para criar uma real mudança nos outros, primeiro precisamos atrair e manter a atenção das pessoas. Precisamos manter o foco do diálogo, sem falar enquanto a outra pessoa vagueia mentalmente.

Ser sucinto ajuda a envolver as pessoas na conversa que você gostaria de ter. Há dois motivos para isso. Em primeiro lugar, o foco no laconismo leva o falante a ter maior clareza sobre a mensagem central, antes de falar. Isso significa que as próprias conversas serão mais centralizadas. É provável que eles consigam transmitir uma mensagem em apenas duas frases, em vez de levar alguns minutos para concluí-la. Para o ouvinte, a conversa também é bem mais atraente quando o falante é mais autêntico. Segundo Lao-tzu: "Palavras sinceras não são floreadas; palavras floreadas não são sinceras."

Em segundo lugar, o laconismo dá ao ouvinte a oportunidade de processar as informações em pequenas doses, sem precisar digerir vários minutos de idéias de uma só vez. Queremos que as pessoas se sintam confiantes em qualquer diálogo difícil, mas nossa memória funcional não é muito grande. Além disso, nosso computador de dez centavos é facilmente confundido.

Voltando ao que a ciência diz: ao falar, queremos que o ouvinte gere mapas em sua própria mente sobre o que estamos dizendo e, em seguida, compare-os com os mapas existentes, a fim de poder estabelecer conexões entre ambos. Devido à complexidade de nossos cérebros, quanto mais simples e, acima de tudo, mais clara for nossa descrição sobre nossos pensamentos para as outras pessoas, maiores serão as chances de essas conexões ocorrerem.

Ser sucinto nos leva a economizar bastante tempo e energia mental. Quando somos sucintos, utilizamos menos tempo para transmitir nossas idéias, a outra pessoa as compreende mais rapidamente e há menos discussão sobre eventuais pontos que não tenham ficado claros. Assim, dispomos de tempo e energia mental para aprofundar determinados assuntos, ou para abordar uma nova questão. Embora isso possa exigir um pouco de energia extra no início, as vantagens do laconismo são imediatas e tangíveis.

Vejamos duas formas diferentes de descrever uma futura reunião para um colega:

> Temos uma reunião importante na próxima segunda-feira sobre nossas metas. Queremos determinar se é possível ou não atingi-las. Richard apresentará o relatório do último trimestre sobre vendas em relação aos valores exatos do ano anterior. É importante fazer essa comparação para ver a posição atual. Precisamos analisar bem os dois anos e verificar a diferença, se as vendas desse trimestre variam muito em relação ao ano passado, e qual é a diferença. Convém fazer algumas comparações, verificar todas as variáveis e definir exatamente o que mudou e o que permaneceu inalterado.

Este é um exemplo de um daqueles momentos tão comuns de "exagero de informações", quando passamos por uma provação mental. A pessoa não parava de falar sobre o mesmo assunto, fornecendo cada vez mais detalhes desnecessários. Ela estava falando da mesma coisa e repetindo isso de diferentes formas. Ela utilizou a mesma idéia e, em seguida, tentou mostrar vários ângulos... e aquilo que você já conhece, que eu mesmo estou fazendo agora.

Então, o que acontece quando alguém não é sucinto, como em meu caso, no final do parágrafo anterior? Você se sentiu rebaixado? Entediado? Frustrado? Qual é sua reação em resposta a isso? Quase todos nós temos um intervalo de atenção muito curto, embora raramente admitamos isso para os outros e para nós mesmos. Percebo que, quando as pessoas começam a hesitar, uma parte de mim pára de escutar. A hesitação é como um sinal inconsciente de "o que estou dizendo não é verdade mesmo; então, você não precisa me escutar com tanta atenção".

Vamos tornar o exemplo apresentado por último (a descrição da futura reunião) mais sucinto:

> Temos uma reunião importante na próxima segunda-feira, na qual analisaremos em detalhes nosso progresso neste trimestre, comparado ao do ano passado. Certifiquem-se de que estejam bem preparados para essa reunião.

Essa mensagem é transmitida com êxito. Além disso, ela é mais fácil de ser digerida e, portanto, será mais útil para o ouvinte.

Recentemente, ministrei um workshop sobre esse conceito para uma empresa da área tecnológica. A sala estava cheia de pessoas inteligentes que se consideravam excelentes comunicadores. Fiz uma de minhas perguntas favoritas a um cavalheiro bem-vestido chamado Mario: "O que é necessário para que você seja bem sucinto ao se comunicar?"

Mario respondeu: "Não sei. Acho que gosto de falar. Não presto muita atenção se as pessoas estão de fato ligadas no que estou dizendo. A pessoa pode estar olhando para outro lado e eu nem vou notar. Então, acho que devo prestar mais atenção, manter mais o foco principal. Talvez eu devesse me concentrar na expressão facial da pessoa. Mas aí posso me distrair com os traços de cada rosto, já que gosto de ficar observando a constituição das faces. É algo que me agrada. Mas, acima de tudo, acho que seria útil se eu observasse mais as outras pessoas, a maneira como se sentam, como olham para mim. Poderia tentar decifrar sua linguagem corporal e..." Nesse momento, pedi permissão para interrompê-lo. De repente, Mario sorriu e perguntou: "Acho que não fui muito sucinto, não é?" Também respondi com um sorriso.

Com a permissão de Mario, pedi ao grupo para definir o ponto em que já haviam compreendido a mensagem de Mario. A resposta foi unânime: após as palavras "não presto muita atenção se as pessoas estão de fato ligadas no que estou dizendo". Essa foi a primeira frase de Mario.

Mario perguntou: "Então, você está dizendo que devo reduzir tudo a apenas uma frase?"

Respondi: "Às vezes, sim. Quando essa frase é suficiente para que as pessoas realmente compreendam sua mensagem. E isso é muito comum."

Mario disse: "Puxa! Para fazer isso, eu precisaria realmente pensar um pouco." A gargalhada geral tomou conta do recinto. Alguns aplaudiram Mario, em reconhecimento por seu laconismo.

O poder dos recursos visuais

Quando pergunto às pessoas como elas se podem se tornar mais sucintas, uma das respostas mais freqüentes aponta para a ciência em torno dessa idéia. Uma forma simples de ser mais sucinto é criar sua própria "imagem" mental do que você está tentando dizer e, em seguida, utilizar palavras visuais e metáforas para transmitir o que você vê. Ao fazer isso, estamos nos conectando com nossos próprios mapas mentais e, portanto, ajudando outras pessoas a criarem seus próprios mapas mentais para as nossas idéias. Já que o cérebro processa idéias mais rápido visualmente,[24] isso significa que as informações podem ser compartilhadas entre pessoas muito mais rápido.

Compare o impacto destas duas formas de dizer a mesma coisa:

> Queremos aproveitar para investir mais capital nas unidades de negócios na Costa Oeste, que começamos a operar no ano passado, para lhes dar uma chance de se desenvolver. Sabíamos que levaria alguns anos para obtermos bons retornos. Por que, então, ficar impacientes e transferir nossos fundos de investimentos para novas instalações? Ainda não tínhamos nem oferecido recursos suficientes para as instalações originais. É mais eficaz oferecer mais recursos a essas pessoas agora do que abrir novas instalações.

> Queremos regar as sementes já plantadas, e não arar novos campos.

Você compreendeu melhor o conceito que eu estava tentando explicar anteriormente? Conseguiu visualizar um campo em sua mente quando leu o segundo exemplo? Em caso afirmativo, talvez agora você possua seu próprio mapa mental do que quero transmitir quando digo que a utilização de recursos visuais atrai os ouvintes e permite que eles criem seus próprios mapas mentais das idéias apresentadas por você.

Resumindo: ser sucinto exige que você pense para decidir rapidamente sobre a essência do que deseja dizer. E para dizer isso com o menor número de palavras possível, focando a utilização de palavras visuais. Quando vai direto ao ponto principal, você mantém a atenção e o interesse das pessoas. Isso permite que elas criem seus próprios modelos mentais relacionados às idéias que você está tentando compartilhar. Quando estamos tentando transformar o desempenho, como sabemos que isso só ocorrerá se as pessoas tiverem seus próprios insights, o primeiro passo essencial para a mudança é dar às pessoas o espaço necessário para que elas criem seus próprios mapas mentais de nossas idéias.

■ ■ ■ ■ ■ ■ ■ EXERCÍCIO ■ ■ ■ ■ ■ ■ ■

Seja sucinto

Como prática, passe um dia inteiro fornecendo explicações a si mesmo, contendo apenas uma frase. Ou, se preferir, concentre-se no cálculo do número de palavras que você utiliza. Experimente fazer isso em diferentes situações e observe o que acontece. Anote os insights que teve com este exercício. Seja o mais claro possível, pois isso também pode ser utilizado como mais um exercício para verificar se você está sendo sucinto. Faça um resumo de seus insights sobre como ser sucinto. Crie frases visuais, sucintas. Por exemplo: "Percebo que as pessoas prestam mais atenção ao que falo quando sou sucinto" ou "Com um pouco mais de foco, consigo ser mais sucinto".

_____
_____
_____
_____
_____

SEJA ESPECÍFICO

O desafio da utilização de uma linguagem simples é que você precisa saber sobre o que está falando.

JORNAL THE NEW YORK TIMES, SOBRE AS TENTATIVAS
DO GOVERNO ITALIANO DE SIMPLIFICAR SUA LINGUAGEM (2002)

Além de utilizar o mínimo de palavras possível, ainda precisamos ser bastante específicos para que as pessoas compreendam exatamente o que queremos dizer. Precisamos fornecer uma quantidade suficiente de informações para ilustrar nosso ponto de vista. Caso contrário, talvez nos desviemos, sem necessidade, do assunto principal da conversa, a fim de conseguirmos nos expressar melhor.

Suponhamos que você esteja concluindo uma reunião com um novo membro do staff. Se você disser "A reunião foi ótima", talvez isso não surta grande impacto; isso pode ser interpretado até mesmo como superficial ou falso. Compare isso com a seguinte resposta específica: "A reunião foi ótima, em especial pela forma como conseguimos expor nossas idéias uns aos outros, e pela facilidade com que abordamos tantos assuntos em apenas duas horas."

Quando alguém é sucinto e específico, ocorre um evento preciso e observável. Vejo isso ocorrendo a todo instante em meus workshops. Chega a ser divertido compartilhar minha visão com você. Suponhamos que eu esteja de pé, em uma sala de treinamento, diante de vinte executivos. Pergunto a uma pessoa chamada Analise do que ela gosta na casa onde mora, solicitando que seja específica. Analise responde: "É confortável." Parece que ela compreendeu bem o que vem a ser sucinto.

Ao percorrer os olhos pela sala de treinamento naquele instante, você notaria a mesma expressão no rosto de todas as pessoas. Elas se entreolhariam, sem compreender o significado das palavras de Analise. Em seguida, peço a Analise para ser mais específica: se confortável significa algo como um par de sapatos velhos ou algo valendo um milhão de dólares, ou se ela tem tantos empregados que não precisa fazer nada.

Após minha explicação, Analise diz: "Bem, ela é realmente confortável. Temos várias almofadas coloridas e enormes espalhadas sobre grandes sofás macios. É como se você estivesse vestindo roupas confortáveis o tempo todo e descansando."

Agora, imagine que você esteja em meu lugar, de pé na sala, encarando aquelas pessoas. Dessa vez, as pessoas não se entreolham. Elas fazem outra coisa: quase todas balançam a cabeça em sinal de aprovação.

Já presenciei isso centenas de vezes: quando as outras pessoas conseguem criar suas próprias imagens mentais do que nós estamos dizendo, seu cérebro envia um sinal à cabeça para que ela balance um pouco. Isso é inconsciente e universal. Então, se você prestar atenção ao se comunicar, será mais fácil dizer quando foi específico. Basta observar os movimentos de cabeça das pessoas.

Ser específico exige um pouco de esforço, em geral um esforço maior do que o empregado em conversas comuns. Ser específico exige que a gente preste muita atenção ao que outras pessoas dizem. Precisamos fazer um esforço adicional para perceber mentalmente os pontos-chave. Assim, podemos ser precisos e detalhados em nossas respostas. (Observe como fui muito mais específico na última frase, em comparação a me limitar a dizer: "Você precisa parar um pouco para pensar.")

Ser específico é algo que estabelece confiança entre você e a pessoa que você está tentando desenvolver. Ser sucinto *e* específico, ao mesmo tempo, significa incluir em um diálogo tudo o que for relevante, e excluir tudo o que for irrelevante.

■ ■ ■ ■ ■ ■ ■ **EXERCÍCIO** ■ ■ ■ ■ ■ ■ ■

Seja específico

Como prática, passe um dia inteiro sendo específico. Concentre a atenção na apresentação da história completa em cada conversa. Mas procure resumi-la para que continue sendo sucinto. Anote suas observações.

_____

_____

_____

_____

SEJA GENEROSO

Seja profundo, seja engraçado ou fique calado.
FONTE DESCONHECIDA

Após conseguirmos ser sucintos e específicos, resta-nos incluir um último componente para falarmos com intenção: utilizar palavras que tenham o maior impacto positivo possível sobre a outra pessoa. Queremos ser "generosos" em nossas conversas.

Para ilustrar isso, voltemos ao exemplo de Saul, o gerente de produção que supostamente trabalhou até tarde por uma semana. Se você fosse o chefe de Saul e ele tivesse revelado a você, em confiança, as dificuldades que teve para concluir o projeto no prazo, esta seria uma resposta generosa: "Agradeço por ter falado abertamente sobre seus desafios. Sei que deve ter sido um pouco arriscado e estou satisfeito por você me conceder a chance de ajudá-lo nesse sentido."

Dito de forma sucinta, ser generoso significa dar-se por inteiro.

Dito de forma sucinta e específica, ser generoso é falar de forma que a outra pessoa se identifique com o que você está dizendo, utilizar palavras com as quais ela se conecte, e fazer o possível para garantir a total compreensão de seu ponto de vista.

Dito de forma sucinta, específica e generosa, ser generoso é estar comprometido com a pessoa que recebe sua mensagem. Significa colocar-se no lugar da outra pessoa quando você está falando, certificando-se de que cada palavra utilizada seja apropriada, além de destacar as necessidades da outra pessoa na conversa. Significa também compartilhar um pouco de sua humanidade.

Ser generoso é algo sutil. Cheguei à conclusão de que as pessoas precisam encontrar suas próprias palavras para definir esta terceira parte de "Seja objetivo ao falar", mais do que nas duas partes anteriores. Ao ser generoso, você deve ter consciência de alguns processos. Alguns estão listados a seguir.

Escolha as palavras

Ser generoso é utilizar a melhor linguagem possível em cada conversa. Significa diminuir o ritmo para poder ter uma chance de escolher as palavras com cuidado. Assim, as pessoas compreendem exatamente o que você está tentando dizer.

Mostre sensibilidade

Ser generoso significa importar-se com a forma como você aborda as pessoas. Não diga nada dissonante ou desconcertante. Em vez de dizer "Acho que você não deve mais destacar este ponto", diga "Acho que pode valer a pena dar menos ênfase a este ponto". Não se trata de ser esperto; é uma questão de mostrar um pouco de sensibilidade para evitar que suas palavras desestabilizem as pessoas.

Preste atenção

Em um mundo de multitarefas, é raro encontrar um momento em que você possa dar atenção exclusiva a alguém. Ser generoso significa dar atenção total às pessoas, em vez de falar com elas enquanto envia e-mails ou pensa em outras questões (por exemplo, o que vai dizer em seguida).

Demonstre reconhecimento pessoal

Ser generoso também significa oferecer muito incentivo, validação e reconhecimento às pessoas. Não é necessário utilizar muitas palavras; pode ser simplesmente uma questão de como você faz a abordagem, ou da freqüência com que utiliza pequenas palavras como "obrigado". Para ter grandes pensamentos, as pessoas precisam se sentir seguras.

Seja humano

Ser generoso significa ser pessoal, verdadeiro. Significa compartilhar sua humanidade, falar abertamente sobre o que é importante para você. O compartilhamento de informações pessoais pode ajudar as pessoas a se sentirem mais à vontade com você e, portanto, mais dispostas a ter pensamentos desafiadores.

Em resumo, ser generoso é uma forma de mostrar que você se importa com a outra pessoa. Isso ajuda a construir o nível de confiança necessário para realizar a tarefa de aperfeiçoar o pensamento. Ser generoso é convidar a outra pessoa a ter uma conversa em nível mais profundo, fugindo dos fatos e detalhes superficiais, buscando visão e planejamento, pensamentos em nível superior. Ser generoso abre a possibilidade de aprendizagem e mudança.

COMO SER SUCINTO, ESPECÍFICO E GENEROSO NA PRÁTICA

Em workshops, quando solicito aos participantes que digam o que os leva a serem objetivos ao falar, algo engraçado costuma acontecer. Alguém deixa escapar alguma coisa e depois se arrepende. Após refletir em silêncio por algum tempo, esse alguém começa a falar mais devagar e pensa sobre aquilo mais do que o normal. E diz algo como: "Realmente não sei. Nunca precisei fazer isso antes. Preciso de mais foco e comprometimento." Nesse momento, o resto do grupo percebe que essa pessoa acaba de mostrar exatamente o que é necessário para ser objetivo ao falar: ser tranqüilo, reflexivo e dizer a verdade.

Seja Objetivo ao Falar não é um modelo que você possa integrar logicamente, tentando manter tudo em mente ao mesmo tempo. Os elementos desse modelo mais parecem placas de estrada comuns, e não caminhos específicos a serem seguidos. Como uma pessoa é diferente da outra, talvez você precise descobrir o próprio caminho para integrar essas idéias. A meu ver, para falar com objetividade, preciso de tempo para refletir, para me certificar e prestar atenção ao que estou sentindo e percebendo. Em seguida, preciso verificar se disponho de tempo para falar em um ritmo que me permita realmente ser honesto comigo. E então? Você acha que fui sucinto, específico e generoso?

Não estou sugerindo que todas as pessoas, no ambiente de trabalho, falem com tamanha objetividade o tempo todo. O 3º passo aborda a aprendizagem de uma nova forma de se comunicar, quando você aceita o desafio de aperfeiçoar o desempenho. Essas conversas são como descer de bicicleta em uma estrada íngreme: convém diminuir bem a velocidade de seus pensamentos e manter o foco no momento, a fim de evitar danos para você e para as outras pessoas.

Líderes Tranqüilos falam com objetividade. Eles são sucintos, específicos e generosos durante a maior parte do tempo. Isso ocorre especialmente quando eles estão tentando transformar o desempenho. Ao falar dessa forma, eles fornecem a base para uma real mudança.

■ ■ ■ ■ ■ ■ ■ ■ EXERCÍCIO ■ ■ ■ ■ ■ ■ ■ ■

Seja Objetivo ao Falar

Este é um dos exercícios mais desafiadores do livro, pois estamos falando sobre como falar de forma diferente. E falar é algo que está registrado como uma conexão permanente. Lembra do capítulo que explica como o cérebro funciona? O segredo é não tentar mudar o que fazemos, mas fazer algo diferente.

Sugiro que você releia este passo, incluindo todos os três elementos diariamente, para se recordar dos princípios. Descubra oportunidades para se conscientizar de como você está falando. Reflita mais antes de falar. Leve o tempo necessário para pensar em suas palavras antes de proferi-las.

Talvez você queira experimentar isso com pessoas próximas e dizer a elas o que está fazendo; assim, é possível obter feedback delas.

UM MUNDO DE COMUNICAÇÕES DIGITAIS

As idéias contidas em Seja Objetivo ao Falar são extremamente importantes quando se trata de utilizar a forma de comunicação mais comum no mundo dos negócios: o e-mail. O nível de ansiedade gerado pelo uso de e-mails em organizações é algo que precisa ser levado mais a sério. Muitos trabalhadores alegam que essa é a parte mais estressante de seu trabalho. Vamos explorar como as idéias abordadas neste capítulo podem ajudar nesse sentido.

Quase todas as pessoas questionadas sobre o assunto reclamam que estão abarrotadas de e-mails. Escuto frases do tipo: "Isso está me deixando louco", "Não consigo lidar com isso" e "Estou a ponto de perder a cabeça".

Espero que esse assunto em si esteja levando muitas pessoas, apesar de talentosas, a optar por abandonar a vida corporativa.

Como nossos cérebros mudam em resposta a inputs do mundo externo, o incrível volume de informações com o qual precisamos lidar agora, impulsionado pelas comunicações via e-mail, tudo isso está forçando nossos cérebros a fazer conexões a um ritmo alucinante. Para entender melhor isso, considere que, em geral, o número de informações que um francês no século XVII tinha em mente por uma vida inteira se compara ao número de informações que encontramos todo domingo no *The New York Times*. O mundo externo mudou muito desde então, mas talvez nossos cérebros ainda não tenham tido tempo suficiente para acompanhar essa mudança. Há apenas dez anos, as pessoas não tinham de tentar responder de forma inteligente a quarenta questões complexas diferentes num prazo de meia hora. E essa costuma ser a primeira coisa que fazemos toda manhã, após fazer o download dos e-mails.

Qualquer coisa que possa reduzir a quantidade de e-mails é algo positivo. Qualquer coisa que possa torná-los mais claros, humanamente falando, também é bem-vinda. Procure reduzir ao máximo o número de palavras, para que, ao lerem seu e-mail, entre centenas de outros e-mails, as pessoas compreendam rapidamente a mensagem. Você pode até mesmo reler os e-mails antes de enviá-los. Se for um e-mail complexo e longo, deixe-o na caixa de entrada para poder reler algumas horas depois, com a clareza da distância.

Há uma regra que costumo pôr em prática: quando um e-mail ocupa mais de uma tela, não o envio. Em vez disso, pergunto por e-mail qual é o melhor momento para contatar a pessoa e reservo um tempo para falar por telefone. Isso pode economizar tempo e energia. Em primeiro lugar, as pessoas simplesmente não lêem e-mails longos. Em segundo, quando o fazem, sua resposta a um e-mail longo costuma ser tão longa quanto o e-mail recebido, e isso tende a ser contraproducente. Com o custo de telecomunicações despencando, em alguns casos a 1 centavo ou menos por minuto, não há mais desculpas para não pegar no gancho do telefone e ligar.

Em *Business @ the Speed of Thought*, Bill Gates disse que sempre terminava os e-mails com um sorriso, pois havia várias outras emoções circulando pela Internet. E isso nos conduz a uma questão importante: ainda não encontrei uma só pessoa no mundo moderno que não tenha perdido vários dias de produtividade por causa de um e-mail que incomoda. E isso não é um incômodo passageiro para essas pessoas. Elas ficam realmente zangadas e passam horas escrevendo sua resposta por e-mail. Depois, recebem um outro e-mail da mesma pessoa; dessa vez, o tom é ainda mais áspero. E assim o processo parece não ter mais fim. O termo técnico para isso é "incandescente" e revela-se um negócio desagradável. Isso consome a energia de ambas as partes, das pessoas em torno delas e, em geral, é perfeitamente evitável e desnecessário. Se essas mesmas pessoas tivessem tratado o assunto por telefone, é provável que o impacto emocional tivesse sido bem menor.

Desenvolvi uma série de orientações para a utilização de e-mails que consigo cumprir durante a maior parte do tempo. E peço a meu staff para fazer o mesmo. O princípio básico é que e-mails só devem ser utilizados para compartilhar dados e informações, e para programar conversas ao vivo. Isso significa que não enviamos e-mails quando o assunto é de natureza pessoal, a menos que ele seja 100% apenas um feedback positivo. Qualquer mensagem que possa gerar uma resposta emocional por parte do emissor ou do receptor simplesmente não é enviada. Eu me refiro a qualquer assunto pessoal, qualquer tipo de feedback. É como um filtro imaginário que colocamos em todos os e-mails. Às vezes, uma prática útil é escrever o e-mail simplesmente para tirar essa idéia de sua cabeça, mas depois salve-o em uma pasta de rascunhos e apague-o uma semana depois.

Com o passar dos anos, venho observando novos membros de equipes aplicarem esse princípio. E, às vezes, leva certo tempo para criar esses novos hábitos. Tendemos a pensar que, ao enviar um e-mail, não precisaremos lidar com as questões de carga emocional. Na verdade, é exatamente o contrário. Agora, isso faz parte das regras da empresa; é uma política da empresa. E ninguém está disposto a escutar histórias das pessoas quando elas quebram as regras. Trata-se de uma fantástica disciplina que representa uma grande economia anual, em pessoas e horas.

Em uma empresa de grande porte, a prática dessa orientação pode representar uma economia de milhões de dólares por ano. Além de reduzir conflitos, ela também significa que o tipo correto de meio convencional está sendo utilizado para tratar de questões complexas. Isso reduz o número de e-mails inconvenientes que podem acabar expondo as pessoas por várias semanas. Ela também significa que idéias são compartilhadas de uma forma melhor, que as pessoas compreendem umas às outras com mais freqüência e que colaboram com mais eficácia. Trata-se de uma economia de atenção, não apenas no cérebro, mas também nas empresas. Precisamos maximizar a utilização da atenção por todas as pessoas. Ao aplicar orientações tais no envio de e-mails, você consegue utilizar a atenção com mais eficácia, assim como o tempo.

Veja a seguir minha lista completa de orientações sobre como aplicar os princípios deste capítulo à comunicação via e-mail.

1. E-mails devem conter o mínimo possível de palavras.
2. Deixe logo claro seu ponto central; utilize no máximo uma tela.
3. Nunca envie um e-mail que possa afetar outra pessoa emocionalmente, a menos que ele contenha apenas feedback positivo.
4. Questões emocionais devem ser tratadas por telefone; e-mails só devem ser utilizados para marcar um horário para fazer a chamada telefônica.
5. Se por acaso você não cumprir a regra número 4, ligue para a pessoa de imediato; peça desculpas e discuta o assunto por telefone.

4º PASSO

DANCE AO EMBALO DO INSIGHT

Aprender é mudar a forma como você pensa.
Michael Merzenich (1992)

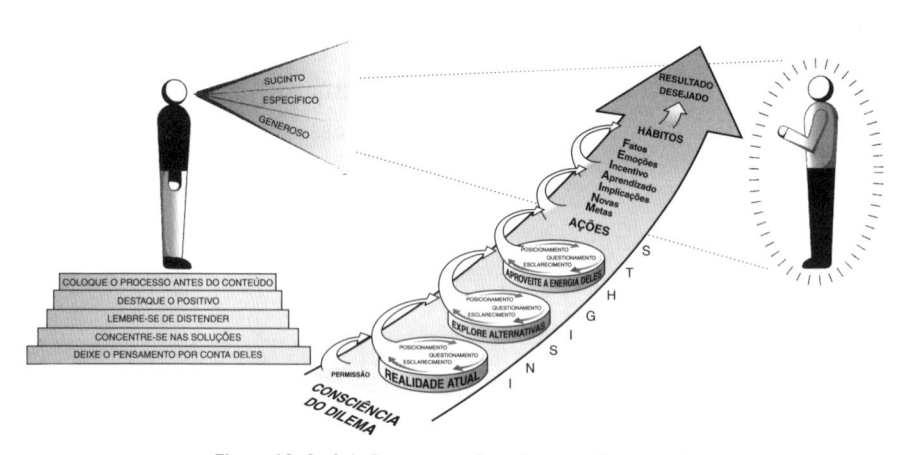

Figura 19 Os Seis Passos para Transformar o Desempenho

O 4º passo, Dance ao Embalo do Insight, é o passo central deste livro. Nele, exploramos uma forma inteiramente nova de conversar com as pessoas, um mapa do processo de conversação quando nosso impacto equivale à nossa intenção – ou a excede.

Grande parte desse passo trata da criação de um ambiente em que as pessoas têm seus próprios insights. Trabalhamos com uma série de elementos que o ajudarão a seguir o caminho mais curto de A a B, que mencionei no início da Parte 2 deste livro. Esses elementos – permissão, posicionamento, questionamento e esclarecimento – trabalham juntos neste novo processo de estabelecer diálogos que ajudem as pessoas a pensar melhor, sem dizer a elas o que fazer, de maneira que realmente transforme o desempenho. Antes de entrarmos em maiores detalhes, apresentarei alguns dados científicos aqui.

Suponhamos que você esteja parado na esquina de uma rua em uma cidade desconhecida. Você marcou um jantar com um amigo, em um restaurante específico. Mas não encontra um táxi disponível naquele momento; então, precisa ir a pé. Você está parado nessa esquina, segurando dois mapas diferentes da mesma área, mas cada um deles fornece uma direção diferente para chegar ao restaurante: um diz para virar à esquerda e o outro diz para virar à direita. O que você deve fazer?

Como a maioria das pessoas, você analisaria melhor os mapas, tentando descobrir quais são as orientações corretas. É provável que fique sem ação e um pouco frustrado. No final, acabaria pedindo informações a alguém. Quando essa pessoa perguntar se você já verificou as datas de edição dos mapas, você terá um momento de grande revelação e passará a enxergar algo ainda não-percebido: um mapa é mais antigo do que o outro, e o restaurante deve ter mudado de endereço nesse ínterim. De repente, parece que você se livrou de um peso e, então, segue em direção ao restaurante.

Quando não conseguimos encontrar sozinhos uma saída para determinada situação, temos a mesma sensação da pessoa que estava parada na esquina da rua: falta um insight-chave para nos ajudar a atingir nossa meta. Líderes Tranqüilos simbolizam aquela pessoa a quem você pediu ajuda. Líderes Tranqüilos são catalisadores de insights: as pessoas têm mais insights quando eles estão por perto. Mas a forma como eles fazem isso é bem diferente. Líderes Tranqüilos não dizem a você onde fica o restaurante, nem que um mapa é mais antigo do que o outro. Eles sabem que as pessoas têm grande poder e motivação quando alcançam seus próprios insights. Então, eles utilizam uma outra abordagem.

Antes de prosseguirmos com essa outra abordagem, vou apresentar a você o último grande embasamento científico deste livro. Falarei sobre a natureza dos próprios insights.

AS QUATRO FACES DO INSIGHT

Novas maneiras de conectar conceitos conhecidos. Esta é a natureza de muitos insights, o reconhecimento de novas conexões dentro do conhecimento existente.

MARC JUNG-BEEMAN ET AL. (2004)

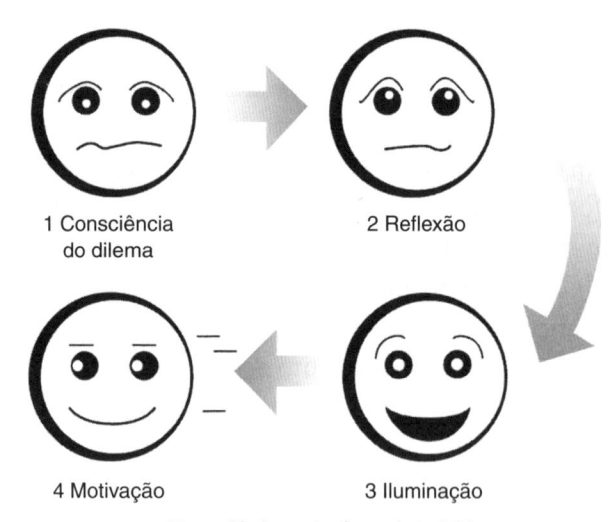

1 Consciência do dilema

2 Reflexão

4 Motivação

3 Iluminação

Figura 20 As quatro faces do insight

Consciência de um dilema

No início de 2005, após vários anos conversando sobre neurociência, fiquei fascinado ao perceber o que ocorria no cérebro quando as pessoas tinham insights usando os modelos que desenvolvi. Consegui obter um pequeno subsídio para realizar um estudo com a fMRI (functional magnetic resonance imaging), a fim de verificar o que acontecia no cérebro durante o coaching. Em seguida, reuni uma equipe de voluntários que haviam concluído meu programa de treinamento.[25] Chamamos o projeto de "A anatomia de uma revelação".

A chefe da equipe era Marisa Galisteo, ex-cientista pesquisadora do centro médico da NYU que trocou a pesquisa sobre câncer pelo coaching de executivos. Ela havia feito a mudança por acreditar que poderia oferecer uma maior contribuição ao mundo, mas não abandonou sua paixão pela ciência ao mudar de carreira. Após vários meses de reuniões e conversas, e após a leitura de uma tonelada de publicações sobre insights, desenvolvemos um bom corpo de conhecimento sobre a área. Também descobrimos que já havia bastante pesquisa em territórios afins, como um estudo do insight[26] com a fMRI, realizado por Marc Jung-Beeman, John Kounios, entre outros, publicado em abril de 2004, e vários outros estudos relevantes.[27] Todos esses estudos eram fascinantes e inovadores, mas não havia uma publicação sequer que reunisse todas essas descobertas de forma relevante e acessível.

Em um vôo de longa duração, ao ler uma série de jornais, de repente tive um flash energizante. Em uma questão de segundos, dei-me conta da grande mudança na expressão facial das pessoas quando elas tinham um insight. Algo me dizia que, se líderes conseguissem reconhecer as diferentes "faces" das pessoas em diferentes momentos, talvez isso pudesse ajudá-los a ser mais eficazes no aperfeiçoamento do pensamento. Então, tentamos aglutinar o conhecimento existente em um modelo simples que definia o que ocorre nos poucos segundos antes, durante e após uma pessoa ter um insight.[28]

O que me fascina sobre esse modelo é que agora temos pistas visuais e auditivas a serem observadas quando estamos tentando ajudar outras pessoas a terem seus próprios insights, o que torna o processo inteiro mais tangível. Vamos verificar cada face em maiores detalhes.

Um insight envolve diferentes fases. Primeiro, identificamos algum tipo de problema a ser resolvido. Quando começamos a ter consciência de um dilema, nosso rosto tem uma expressão de tristeza, perplexidade. Talvez nossos olhos fiquem um pouco entreabertos. Reconhecemos que temos um problema e ficamos paralisados. No exemplo do restaurante, percebemos que não sabemos o caminho; então, parece que esgotamos nossas opções. Ainda não pensamos o suficiente sobre o problema, mas certamente sabemos que há um problema a ser resolvido.

No ambiente de trabalho, a maior parte das conversas sobre desenvolvimento, entre líderes e seus empregados, envolve idéias que alguém ainda não foi capaz de conciliar, como o caso da pessoa à procura do restaurante, apresentado no início de "Tudo se Resume a Insights". Alguns exemplos de dilemas no ambiente de trabalho:

> "Quero descobrir como inspirar o pessoal de vendas mas eles parecem não se importar."
> "Gostaria realmente de concluir todos os meus projetos, mas ainda tenho muitos e-mails para ler."
> "Não quero aborrecer meu chefe, mas preciso de um tempo ocioso."
> "Não gosto daquele novo vendedor e não sei como trabalhar com ele."

No início, as pessoas expressam seus dilemas com maior complexidade do que realmente existe. Mas minha experiência diz que, no centro de qualquer conversa complexa, há um dilema em duas partes esperando ser esclarecido. Voltaremos a falar sobre como fazer isso posteriormente. Por enquanto, quero apresentar a seguinte idéia: as conversas que os líderes têm com seus empregados, conversas que farão grande diferença para o seu desempenho, envolvem a resolução de um dilema. A forma mais eficaz de resolver o dilema é ajudando a outra pessoa a ter seu próprio insight. O primeiro passo para conseguir isso é identificar o próprio dilema.

Do ponto de vista neurocientífico, um dilema significa que temos vários mapas mentais em conflito. Eles possuem valores opostos, exigências de recursos diferentes. E o cérebro ainda não descobriu como resolver esse conflito por meio da criação de um novo metamapa ou da reconfiguração de nossos mapas existentes. Por exemplo, talvez queiramos ser bem-sucedidos, mas achamos que isso significa fazer horas extras demais. Porém, também nos preocupamos com a saúde e a boa forma física. Nossos cérebros ainda não conseguem enxergar como conciliar as necessidades desses desejos distintos. E, apesar de sabermos que há um impasse, ainda não demos atenção suficiente ou apropriada ao problema, que ainda demanda uma resposta útil.

Reflexão

Você consegue perceber claramente quando alguém está refletindo sobre um problema: sua expressão facial muda. A maioria das pessoas olha para cima, ou ligeiramente para cima e para os lados. Elas parecem atordoadas e isso se reflete em seu rosto. Sua boca pode mostrar certa tensão enquanto elas estão refletindo. Quase todo mundo permanece em silêncio por algum tempo. Todos conhecemos esse sentimento. Voltando ao exemplo do restaurante, paramos de andar e olhamos para o céu, refletindo sobre o que devemos fazer, mas ainda sem obter uma resposta.

Jung-Beeman et al.[29] relatam que, quando as pessoas têm um insight, seus cérebros emitem ondas alfa um pouco antes. As ondas alfa estão relacionadas ao fato de as pessoas bloquearem inputs das sensações externas e se concentrarem nos estímulos internos. Restou demonstrado que os cérebros de atletas de elite emitem ondas alfa imediatamente antes de um excelente desempenho.[30] Descobriu-se que as ondas alfa também guardam relação com a liberação do neurotransmissor serotonina, um mensageiro de substância química que aumenta o relaxamento e diminui a dor.[31] Então, quando estamos no processo de reflexão, em geral temos uma sensação boa.

Mas as ondas alfa também diminuem quando fazemos cálculos matemáticos[32] e outros exercícios que exigem o envolvimento da mente consciente, lógica. Minha proposta é que façamos um tipo de reflexão interna que conduza a insights, que não façamos essas grandes conexões por meio de raciocínios dedutivos ou simples cálculos.[33] Talvez nosso computador de dez centavos não dê conta disso.

Estudos mostram que, na reflexão, não estamos pensando logicamente ou analisando dados; estamos empregando uma parte de nosso cérebro utilizada para fazer conexões com o cérebro inteiro.[34] Estamos pensando de uma forma pouco comum, permitindo que nosso cérebro inconsciente funcione. Estamos exigindo um nível de inteligência superior à capacidade máxima (sete vezes) de retenção de informações em nossa memória funcional.

Em termos práticos, parece que, para ajudar as pessoas a terem insights, precisamos incentivá-las a refletir mais e pensar menos, ou, pelo menos, pensar com menos lógica.

Iluminação

A fase da iluminação é a parte do processo mais estudada até agora. Esse é um assunto com o qual todos estamos familiarizados. Nessa fase, as pessoas recebem uma grande dose de energia. Se for uma grande idéia, como o desafio científico resolvido por Arquimedes enquanto tomava banho,[35] isso poderá nos levar a correr pelas ruas pelados, como ele fez. Ou, pelo menos, fazer o equivalente no mundo moderno: enviar dez e-mails.

Até mesmo pequenas iluminações estão carregadas de energia. Pense rapidamente em sua empolgação ao assistir a uma série policial ou a um ótimo filme na TV. Quando chegamos ao final da história, o mistério é desvendado e parece que tudo se encaixa perfeitamente. Também sentimos semelhante empolgação quando resolvemos sozinhos um dilema no trabalho.

No exato momento em que temos um insight, neurotransmissores são liberados, como, por exemplo, a adrenalina.[36] E ela provoca aquela sensação tão conhecida que nos faz avançar. Outros neurotransmissores, tais como a dopamina e a serotonina, também são possivelmente liberados.

Segundo o tratado de Jung-Beeman,[37] no exato momento em que ocorre um insight, o cérebro libera intensas ondas gama. As ondas gama correspondem à única freqüência encontrada em todas as partes do cérebro, e são observadas quando o cérebro processa informações ao mesmo tempo em diferentes regiões.[38] Roger Traub, quando era professor de neurociência matemática na University of Birmingham (Reino Unido), declarou: "Parece que há freqüências gama envolvidas na atividade mental mais intensa, incluindo a percepção e a consciência. Isso parece estar associado à consciência. *Por* exemplo, isso desaparece com a anestesia geral. A falta de ondas gama significa que as pessoas têm dificuldades de aprendizagem."

A presença de ondas gama no cérebro significa que várias partes do cérebro estão formando um novo mapa. Ou, conforme o neurocientista John Ratey diz, "as diferentes partes do conceito são transportadas, em um movimento de ida e volta, entre as regiões que o abrigam, até encontrarem ressonância entre si, sustentada em uma oscilação de 40Hz...".[39]

Quando passamos por uma experiência de iluminação, criamos um supermapa (de outros mapas) que conecta várias partes do cérebro. A criação desse novo mapa libera muita energia, energia que pode ser considerada um recurso valioso. Procure imaginar mil empregados que têm insights uma vez por dia, e não uma vez por ano: pergunto-me qual seria o efeito disso sobre os níveis de engajamento em qualquer ambiente de trabalho.

Motivação

Quando as pessoas estão na fase da motivação, seus olhos ficam vidrados, prontos para a ação. Elas já saíram da inércia e estão fazendo alguma coisa. Observe que os olhos se movimentam para a esquerda no desenho do modelo de motivação.

Entretanto, o intenso nível de motivação é passageiro. Uma hora após termos uma grande idéia, praticamente já esquecemos isso. É possível que você conheça essa sensação: você acabou de ter um grande insight sobre como reorganizar um projeto e está empolgado com novas idéias surgidas. Mas, se você estiver um pouco autoconsciente disso, também perceberá que sua motivação para fazer algo tende a desaparecer rapidamente. Você não precisa agir com rapidez, mas, se não anotar algumas idéias enquanto o conceito estiver fresco na mente, é possível que as perca por completo.

Se você conseguir levar as pessoas a adotarem medidas tangíveis enquanto a iluminação está latente, ou pelo menos se comprometerem a fazer algo mais tarde, isso contribuirá muito para garantir que novas idéias se tornem uma realidade.

As Quatro Faces do Insight são um guia sobre a anatomia da revelação. Isso pode ser útil de diversas formas. Por exemplo, se você estiver conversando com uma pessoa e ela virar os olhos para cima, talvez seja melhor ficar em silêncio por alguns instantes. E, quando as pessoas têm um insight, é importante levá-las a agir logo em relação às suas próprias idéias, pois a energia para executar essa ação some rapidamente. Acho que agora você compreende o que ocorre quando temos uma revelação. Em seguida, vamos explorar uma série de ferramentas de conversação que podem revelar verdadeiros insights nas outras pessoas.

■ ■ ■ ■ ■ ■ ■ **EXERCÍCIO** ■ ■ ■ ■ ■ ■ ■

As Quatro Faces do Insight

Explique o modelo As Quatro Faces do Insight para uma pessoa com quem você tem o hábito de conversar. Em seguida, verifique se você percebe essas quatro faces diferentes durante a conversa. Esse exercício pode ser divertido e exigir muita concentração. Faça algumas anotações sobre suas observações.

A DANÇA DO INSIGHT

As principais atividades do cérebro estão provocando mudanças em si mesmas.

MARVIN L. MINSKY (1986)

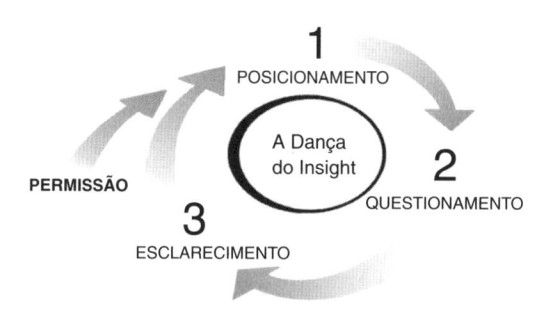

Figura 21 A Dança do Insight

O modelo As Quatro Faces do Insight descreve o que ocorre quando alguém tem um momento de revelação. O modelo A Dança do Insight indica como você realmente faz esses momentos reveladores acontecerem.

A Dança do Insight é uma forma de manter as pessoas completamente envolvidas em sua dança delicada para criar novas conexões. Este modelo ajuda as pessoas a desenvolverem uma consciência maior de seu dilema, conduzindo-as a uma fase reflexiva. Portanto, este modelo incentiva o surgimento dos momentos de revelação.

Vejamos agora o mesmo modelo contextualizado. Em meus workshops sobre habilidades de coaching, percebi várias armadilhas comuns em que as pessoas costumavam cair:

1. Apressar a outra pessoa: ficando muito íntimo de forma rápida demais (sem primeiro pedir permissão à outra pessoa) ou simplesmente não dando espaço para a outra pessoa engajar o próprio cérebro na conversa.
2. Pensar demais no problema, mais do que a própria pessoa que o tem: se alguém tinha insights, essa pessoa era o coach!

3. Os dois lados envolvidos na conversa ficam perdidos: as pessoas faziam uma pergunta atrás da outra e a conversa acabou saindo pela tangente. Ouvi as pessoas perguntarem diversas vezes: "Sobre o que mesmo estávamos falando?"

Com essas armadilhas em mente, construí uma forma de aperfeiçoar o *processo* de ter conversas sobre insight, independentemente do *conteúdo*. Apesar de eu ter criado inicialmente A Dança do Insight para diálogos sobre coaching, este novo modelo tem sido muito útil toda vez que você deseja que outra pessoa se envolva mais profundamente em um processo de pensamento e tenha insights por si mesma. Então, agora ele está sendo aplicado por milhares de líderes, facilitadores, treinadores, consultores, professores e até mesmo conselheiros, em diversas situações.

Quando o modelo A Dança do Insight é bem empregado, o líder fica quase invisível na conversa. O mesmo ocorre com um facilitador em um seminário corporativo. Ele verifica se a programação do dia está bem estruturada: se as metas do seminário estão claras, se todos estão envolvidos e se as conversas mantêm o foco. Mas não é o facilitador que executa o pensamento; isso fica por conta da equipe. Quando utilizamos o modelo A Dança do Insight, estamos ajudando a outra pessoa a manter o foco, mas sem interferir. Somos seu "parceiro invisível na dança".

A Dança do Insight possui quatro partes. Ela começa com o conceito de estabelecer permissão. Depois, há três elementos que seguem um padrão circular: posicionamento, questionamento e esclarecimento. Descobri que convém desconstruir o modelo primeiro para aprender cada passo separadamente. Em seguida, você pode reconstruir o modelo com sua própria linguagem, pois já conhece as partes.

Finalmente, apesar da importância dos elementos permissão, posicionamento, questionamento e esclarecimento para resolver dilemas, cada elemento também pode ter várias outras aplicações. Vamos explorar agora cada elemento a partir de ambas as perspectivas.

PERMISSÃO

*Respeite um homem e ele fará
ainda mais por você.*

JAMES HOWELL (1594-1666)

Figura 22 A Dança do Insight

Você já teve o prazer de experimentar dançar com alguém que não queria dançar com você? Em caso afirmativo, talvez você tenha notado que, por maior que fosse seu entusiasmo, ele não conseguiria compensar a falta de disposição de seu parceiro de dança. (Sim, aprendi isso da forma mais difícil em minha juventude.) O mesmo ocorre nas conversas, quando queremos que as pessoas pensem mais profundamente do que o normal: precisamos da permissão explícita delas para que a conversa fique mais pessoal; caso contrário, poderíamos estar lutando em uma batalha já perdida.

Quando identifiquei pela primeira vez esse conceito de estabelecer permissão em um diálogo, comecei a observar que várias de minhas conversas não tiveram "permissão" para ocorrer. Eu simplesmente começava a falar, sem pedir licença e ignorando os sinais das pessoas. Às vezes, ao falar com as pessoas, parecia que eu estava no meio de uma batalha. Reconhecer isso, a princípio, foi um pouco assustador.

Comecei a aplicar o conceito de estabelecer permissão no coaching de executivos que eu estava ministrando e isso teve um enorme impacto em minhas sessões de treinamento. Ao pedir permissão para iniciar uma conversa mais pessoal com as pessoas, notei que começou a haver menor resistência em participar de conversas mais difíceis e perdemos menos tempo com eventuais desvios do assunto principal. Então, comecei a aplicar esse conceito às conversas com minha equipe. Perguntava às pessoas se elas estavam dispostas a conversar sobre determinado assunto, antes de iniciar o diálogo. Percebi que isso facilitou muito as conversas sobre assuntos mais difíceis, como a avaliação semanal das vendas de determinado empregado.

Desde então, passei a incorporar o estabelecimento de permissão como um hábito inconsciente. Faço isso antes da maioria das ligações telefônicas, reuniões ou conversas. Após vários anos utilizando, ensinando e escrevendo sobre esse princípio, tive vários insights sobre a permissão que gostaria de compartilhar com você.

Há diferentes níveis de permissão

Os territórios em que nos sentimos à vontade para conversar variam de acordo com a pessoa com quem conversamos. Se eu o estivesse conhecendo agora, não teria permissão para entrar em seu banheiro e perguntar por que você usa determinada marca de pasta de dentes. No entanto, se sou seu melhor amigo, tenho esse tipo de liberdade. Como seu sócio, posso pedir para ver seu saldo bancário, coisa que o melhor amigo não deve fazer. É interessante observar que retornamos ao ponto de onde partimos: se dois grandes amigos não se vêem há muitos anos, é provável que os níveis de permissão não permaneçam intactos.

Somos muito adaptáveis à permissão

A maioria das pessoas consegue pensar em pelo menos dez colegas e descrever conversas que surgem naturalmente, sem precisar estabelecer permissão. Meu palpite é que há vantagens evolutivas em saber como interagir com outras pessoas de forma que a harmonia social não seja prejudicada. Apesar de uma pessoa achar perfeitamente natural descrever sua pneumonia a um estranho, esse ouvinte pode achar isso muito inadequado. Os europeus têm o hábito de tocar as pessoas no ombro, como sinal de cordialidade. Mas um em cada dez norte-americanos tem esse hábito.[40] Então, há questões culturais e sociais envolvidas nos níveis de permissão, bem como diferenças individuais.

Lembre-se de que temos uma forte tendência a pensar que o cérebro de todo mundo funciona como o nosso; então, pressupomos que as fronteiras sejam as mesmas. Isso pode estar totalmente incorreto, mas, se ficarmos íntimos demais muito rapidamente, esse caminho não tem volta.

Considerando todos os motivos já apontados, você tem boas razões para pedir permissão antes de ficar mais íntimo de qualquer pessoa. E não há nada mais pessoal do que tentar mudar o pensamento das pessoas. Como nossas percepções são a realidade, pedir às pessoas para que pensem de forma diferente significa que estamos tentando manipular sua própria existência.

Vamos explorar diferentes situações em que você pode utilizar esse conceito de estabelecer permissão antes de iniciar um diálogo.

Iniciando uma nova conversa

No trabalho, as pessoas estão sempre ocupadas. Procure estabelecer permissão sempre que notar que a pessoa precisa interromper o que está fazendo para conversar com você sobre um assunto que exigirá dela um pensamento diferente. Esta é uma forma simples de mostrar que você respeita o espaço mental dela e, portanto, gera muita confiança. Para um colega de trabalho, você poderia dizer: "Gostaria de conversar com você sobre aquele novo projeto. Você tem algum tempo agora?" Quando você pede permissão, deixa a pessoa à vontade para programar um outro horário para a conversa; isso é bem melhor do que simplesmente começar a falar com uma pessoa que não está disposta a conversar.

Quando a conversa fica mais íntima

Mencionei antes que há diferentes níveis de permissão. Há fronteiras bem delimitadas entre cada nível, como se fossem diferentes andares de um edifício comercial. Você pode começar no andar térreo, conversando com alguém sobre a previsão de tempo. Se quiser perguntar sobre um projeto de trabalho, precisa sutilmente verificar se pode fazer isso, o que ocorrerá no primeiro andar. Em seguida, para fazer uma pergunta mais pessoal, algo como, por exemplo, como a pessoa está se sentindo em relação ao trabalho no momento, isso exigirá que você suba um andar. Então, mais uma vez, você estaria pedindo permissão. Para fazer perguntas em relação à saúde da pessoa, suba mais um andar. Sempre que mudar de nível, peça permissão; caso contrário, as pessoas podem ficar na defensiva. Então, elas não escutam mais você e passam a escutar o próprio diálogo interno. Para ser mais exato, se você *realmente* pedir permissão, as pessoas se sentirão seguras, reconhecidas e respeitadas.

Como estabelecer permissão para uma conversa

Raramente emprego a palavra "permissão" quando estabeleço permissão; a palavra em si soa um pouco estranha. Você encontrará suas próprias palavras para esse conceito, que se adaptem a seu estilo natural de conversação. Veja alguns exemplos de palavras que você pode utilizar para estabelecer permissão:

> "Percebo que você tem mais alguma coisa a dizer sobre isso. Posso fazer mais algumas perguntas?"
> "Gostaria de ter um diálogo mais aberto do que os anteriores. Posso fazer algumas perguntas mais específicas agora?"
> "Podemos fazer um brainstorm dessas idéias por mais alguns minutos?"
> "Gostaria de compreender melhor o que você pensa sobre esta área. Você se importa em conversar mais sobre isso?"
> "Gostaria de abordar alguns assuntos mais pessoais... Você tem alguma objeção?"

Alguns gerentes me dizem que, como chefes, não precisam pedir permissão para fazer uma pergunta à sua equipe. Eles estão certos; realmente não *precisam* fazer isso. Mas, quando você ocupa uma posição de poder e estabelece permissão, isso pode surtir um impacto muito positivo sobre os relacionamentos profissionais. Isso ajuda a construir confiança e, por se sentirem mais seguras, as pessoas estão mais propensas à abertura ao diálogo.

Para visualizar melhor o conceito de permissão, vamos analisar o diálogo entre Sally e Paul, que trabalham no banco, e já foram apresentados anteriormente neste livro. Sally quer conversar com Paul sobre um projeto que está passando por uma fase difícil. Ela sabe que esse assunto possui carga emocional, mas deseja revelar isso a Paul mesmo assim, pois sente que ele precisa concentrar-se mais no projeto. (Pelo menos, isso é o que ela acha que Paul precisa fazer, como veremos mais adiante.) Sem o conceito da permissão, a conversa pode ter o seguinte formato:

Sally: *Paul, estou ficando preocupada com esse projeto.*
Paul: *Está tudo bem, não se preocupe com isso. Tudo dará certo. Não vejo motivos para preocupação.*

Neste exemplo, Paul percebe o tom de voz de Sally e fica um pouco defensivo. Sally acaba não conversando com Paul e também há uma sutil quebra de confiança.
Mas poderia ter sido ainda pior:

Sally: *Paul, estou ficando preocupada com esse projeto.*
Paul: *Fiz tudo o que estava a meu alcance. Não me incomode mais com esse assunto, tá?*

Além de se manter na defensiva, Paul está ficando aborrecido. Sally pode reagir à resposta dele, o que resultará em uma quebra de confiança ainda maior entre ambos. Sally não só não conseguiu gerenciar o desempenho de Paul; pior que isso, ela praticamente arruinou o relacionamento deles exatamente por tentar fazer isso.

Este tipo de interação ocorre o tempo todo no ambiente de trabalho. Após uma interação assim, muitos gerentes preferem simplesmente não oferecer feedback às pessoas: é melhor sair do caminho e pelo menos não correr o risco de maiores danos. Acredito que esse seja um dos motivos para duas das principais reclamações dos trabalhadores: "Não recebo feedback de qualidade" e "Não sei o que esperam de mim". Interações para tratar do desempenho das pessoas podem fracassar rapidamente, em especial com pensadores inteligentes e independentes.

Vejamos como Sally pode utilizar o conceito de permissão nesta situação:

Sally: *Paul, gostaria de conversar sobre um assunto um pouco delicado. Isso pode levar 15 minutos ou mais. O local e o horário são apropriados para você? É sobre aquele projeto que não sai de nossas cabeças.*

Paul: Bem... Estou concentrado em outro assunto neste exato momento. Mas, tudo bem, podemos falar sobre isso mais tarde?
Sally: Claro. Obrigada. Que tal nos encontrarmos lá embaixo às três horas para um café?

Em vez de iniciar um diálogo sem avisar, Sally encontrou uma oportunidade de obter a atenção total de Paul. Assim, aumentam as chances de ele se mostrar aberto à conversa. Agora, há uma chance bem maior de o impacto de Sally equivaler à sua intenção.

Você deve estar pensando que tudo isso é óbvio demais. Tem razão. Mas repare no que está acontecendo a seu redor no trabalho. As pessoas pedem permissão antes de começar a falar, verificando se o horário é conveniente para você? Elas respeitam o estado de seu cérebro antes de abordar um novo tópico de discussão? Apesar de esse conceito ser bem básico, as pessoas simplesmente o ignoram.

Pedir permissão aumenta significativamente as chances de sermos bem-sucedidos na dança com nossos parceiros, uma dança que envolve uma conversa de alto nível que aperfeiçoa o pensamento das pessoas. Não faça o que eu fiz algumas vezes no salão de dança, exagerando meu entusiasmo para tentar fazer com que a outra pessoa sorrisse. Pergunte primeiro. Se a pessoa disser não, tente novamente mais tarde.

■ ■ ■ ■ ■ ■ ■ ■ **EXERCÍCIO** ■ ■ ■ ■ ■ ■ ■ ■

Permissão

Como prática, peça permissão sempre que perceber que você ou a outra pessoa tem alguma carga emocional em relação ao assunto a ser abordado. Você pode tentar fazer isso com seus filhos. Isso poderá ajudá-lo a desenvolver novos músculos mentais. Experimente pedir permissão para ter uma conversa difícil antes de iniciá-la: muitos pais dizem que essa experiência transformou sua vida em família! E, se as crianças se recusarem a conversar, respeite isso; caso contrário, a história acabará mal. Contudo, não se esqueça de que você sempre pode perguntar se a pessoa pode falar em outro horário, ou se você pode fazer a pergunta em outro momento.

Caso não tenha filhos, experimente pedir permissão no trabalho uma vez por dia. Adquira o hábito de pedir para ter qualquer nova conversa, qualquer diálogo que exija da pessoa a troca de marchas em nível mental. Muitas vezes, a utilização dessa habilidade irá ajudá-lo a começar a pedir permissão sempre que quiser abordar assuntos mais pessoais. Faça algumas anotações a seguir sobre o que você observou quando começou a pedir permissão.

_____
_____
_____
_____
_____
_____
_____
_____
_____
_____

POSICIONAMENTO

O posicionamento é seu amigo. Quando você se perder na floresta de uma conversação, procure se lembrar da última vez em que conseguiu se situar e posicione-se nesse local.

DAVID ROCK (2003)

Figura 23 A Dança do Insight

Ainda estamos no 4º passo para transformar o desempenho, que é Dance ao Embalo do Insight. Até aqui, exploramos o conceito do que ocorre quando temos uma revelação, com o modelo As Quatro Faces do Insight. Em seguida, apresentei o conceito de A Dança do Insight, um modelo constituído de quatro elementos, que aborda como podemos gerar esses momentos de revelação. Acabamos de falar sobre a primeira parte de A Dança do Insight, a permissão, uma ferramenta útil para iniciar qualquer conversação difícil. Após obter a permissão das pessoas para uma conversa um pouco mais pessoal, o próximo passo é o que chamo de posicionamento. O posicionamento é a âncora em qualquer conversa: definição de sua posição exata e do que acontecerá em seguida, a fim de garantir que as pessoas estejam pensando exatamente sobre as mesmas questões, e a partir de perspectivas semelhantes.

Leia novamente o parágrafo anterior: ele é um exemplo de puro posicionamento, permitindo que você conheça os assuntos abordados, nossa posição atual e nosso próximo passo. Sempre que inicio uma nova conversa, ou mudo o nível de uma conversa existente, ou inicio um novo capítulo, utilizo o posicionamento. Ele ajuda a outra pessoa e a mim mesmo a sabermos onde estamos. Ele nos posiciona melhor na conversa, como o próprio nome já diz.

No ambiente de trabalho, percebo que dois colegas costumam ter conversas paralelas enquanto falam um com o outro. Uma pessoa pode estar falando sobre a necessidade de definir metas, enquanto a outra fala sobre o golpe no orçamento. Não há nada de tão errado assim com isso, exceto quando você deseja ter uma conversa um pouco mais complexa ou difícil, como a interação com um membro do staff para discutir sobre seu desempenho. Nesse caso, precisamos ser muito explícitos quanto ao assunto discutido; caso contrário, a conversa pode girar em círculos, ou pior ainda, acabar perdendo seu valor. Acima de tudo, acredito que, quanto mais sutil e carregada emocionalmente for a conversa, mais fácil será perder-se em detalhes ou problemas. Nesse caso, o posicionamento é ainda mais importante, pois ajuda a manter o foco da conversa e torná-la útil.

Este é um exemplo de como você pode posicionar um membro de equipe antes de iniciar uma avaliação semestral de desempenho:

Antes de iniciarmos a avaliação, deixe-me posicioná-lo quanto ao que irá acontecer. Primeiro, quero que saiba que estou comprometido em tornar essa conversa o mais útil possível para você e, se perceber que isso não está ocorrendo, irei interromper e verificar o que cada um de nós precisa mudar. Em segundo lugar, estou aqui na função de seu avaliador, e não de gerente; então, não entrarei em detalhes. Desejo manter o processo em nível elevado. Em terceiro lugar, quero que você tenha a chance de fornecer a si próprio vários feedbacks antes de receber os meus. E, finalmente, teremos uma hora para responder às perguntas juntos. Você pode acrescentar outros itens à conversa, se assim desejar. Está bom dessa forma para você?

Você consegue perceber como nos importamos com a outra pessoa por meio do posicionamento? Muitas pessoas utilizam naturalmente o posicionamento antes de uma conversa mais difícil. Acho que ele faz diferença na grande maioria dos diálogos no trabalho, e não apenas nas conversas mais complexas.

Ao posicionar as pessoas em uma conversa, você toma cuidado com questões como:

- Definição da situação
- Por quanto tempo deseja falar
- Seu ponto de vista
- Sua meta na conversa
- O que espera das pessoas na conversa
- Como deseja que elas escutem
- O que ocorrerá na conversa
- O que espera alcançar por meio do diálogo

O posicionamento cuida de "por que, quando, como e quem" na conversa. Quando você posiciona bem uma pessoa, a conversa flui melhor. O posicionamento mantém a outra pessoa junto com você durante a conversa e a seu lado na viagem. Ele permite que vocês dancem no mesmo ritmo. Assim, não haverá chance de descompasso. Então, não veremos um par de dançarinos em que apenas uma pessoa dança e a outra é arrastada pelo salão.

Há várias situações em que você pode utilizar o posicionamento: no início de uma reunião, em uma conversa difícil com alguém, ou quando tem pouco tempo e muitos itens a serem discutidos. Você pode utilizar o posicionamento a qualquer hora, como um recurso que ajudará a conversa a fluir bem.

Vamos voltar ao exemplo de Sally e Paul:

Sally: *Paul, gostaria de conversar sobre um assunto um pouco delicado. Isso pode levar 15 minutos ou mais. O local e o horário são apropriados para você? É sobre o novo projeto de vendas.*
Paul: *Bem... Estou concentrado em outro assunto neste exato momento. Mas tudo bem... Vamos conversar. Você quer se sentar?*
Sally: *Muito obrigada por dispor de seu tempo para falar sobre o assunto. Quero conversar sobre o projeto, mas também sei o quanto se tem dedicado a ele, e como está realmente concentrado nisso no momento. Não estou aqui para censurá-lo. Gosto de acompanhar o andamento, e quero saber como você está se sentindo sobre o projeto, a fim de verificar se posso ajudá-lo de alguma forma. Você gostaria de me utilizar como seu catalisador?*

Como alguém poderia reagir negativamente a uma abordagem desse tipo? Sally deixou explícito que estava lá para ajudar, que não iria criticá-lo. Ele começa a sair da defensiva. E isso se deve ao posicionamento de Sally. Observe que há um leve toque de permissão no final de seu posicionamento, algo que geralmente se confunde com o resto, ao utilizar esses modelos.

Quando você consegue posicionar as pessoas de forma eficaz em uma conversação, elas sabem o que irá acontecer. Assim, você pode passar mais tranqüilamente para o próximo passo, A Dança do Insight, fazendo perguntas.

Não basta um só posicionamento

Há lógica em utilizar o posicionamento ao iniciar uma nova conversa. Mas, se você só posicionar as pessoas no início, estará perdendo metade do valor dessa ferramenta. Conversas difíceis têm o hábito de alternar entre posicionar e sair do foco principal. O posicionamento pode ser usado a cada minuto, ou até mesmo com mais freqüência, para orientar uma conversa complexa e manter seu foco. Ao utilizar o posicionamento, estamos posicionando não apenas a outra pessoa, mas também a nós mesmos, quanto ao propósito do diálogo. Estamos ancorando nossos próprios pensamentos na direção que queremos seguir.

Neste exemplo, o posicionamento se torna um resumo dos pontos que você tratou até agora em um diálogo, para lembrar os dois participantes sobre o ponto em que estão, e identificar o melhor caminho a seguir. O posicionamento é uma disciplina que, uma vez aprendida, pode ter um impacto decisivo sobre a velocidade com que uma conversa atinge sua intenção.

Para ilustrar isso, vejamos como Peter, alto executivo de uma grande empresa de consultoria, pode fazer considerações com a chefe de treinamento, Michelle, sobre um treinamento do qual ela participou. Peter deseja que Michelle seja explícita sobre o que aprendeu no treinamento, para saber se valeu a pena o pesado investimento. Peter poderia utilizar o posicionamento de cara e, depois, adotá-lo continuamente, como no exemplo a seguir:

Peter: *Você tem alguns minutos para conversar comigo agora?* [Pedindo permissão.]

Michelle: *Claro.*
Peter: *Gostaria de ter uma conversa mais detalhada com você para obter uma análise sobre o que aprendeu no workshop. Assim, posso compreender o valor disso e ajudá-lo a integrar o aprendizado. Gostaria de entrar em mais detalhes. Você tem tempo agora?*
Michelle: *Sim. Deixe-me apenas afastar esses papéis para não me desconcentrar.*
Peter: *Obrigado.* [Pequenas valorizações são úteis para que as pessoas se sintam seguras.]
Peter: *Estou especificamente interessado em verificar, primeiro, o que você aprendeu. Em seguida, quero saber como acha que pode aplicar seus insights à sua função de chefe da equipe de aprendizagem.* [Sendo sucinto e específico.] *Sei que alguns dos assuntos da conversa podem ser mais pessoais; então, quero que saiba que você não precisa me contar tudo.* [Sendo generoso.] *Talvez devêssemos destacar apenas os pontos principais. O que você acha?* [Verificando se ela foi posicionada e se tudo está claro.]

Em seguida, Peter faria uma pergunta questionadora, assunto abordado no próximo capítulo. Após Michelle falar, Peter faria um resumo do que foi dito. Ele poderia dizer:

Peter: *Então, veja se entendi bem... Você gostou do workshop e teve alguns insights sobre como ser mais eficaz, como realizar as reuniões semanais com mais foco e como organizar sua programação um pouco melhor.* [Bom posicionamento que resume o objetivo do diálogo, levando as duas pessoas a focar também a intenção da conversa.]

Conforme é possível observar ao final do 4º passo, quando associaremos todos esses pontos abordados, o posicionamento é uma ferramenta extremamente útil, que pode facilitar seu trabalho como líder. O posicionamento talvez seja uma de suas melhores ferramentas para manter o foco na meta de transformar o desempenho e evitar muitas conversas desnecessárias, que se perdem em detalhes, problemas ou, pior ainda, drama.

■ ■ ■ ■ ■ ■ ■ ■ **EXERCÍCIO** ■ ■ ■ ■ ■ ■ ■ ■

Posicionamento

Pratique o posicionamento de pessoas uma vez por dia. Você pode experimentar fazer isso no início de uma reunião, falando sobre aproveitamento do tempo, funções, resultados e processo, e observar o que ocorre. Minha experiência diz que basta um pouco de posicionamento para tornar qualquer diálogo bem mais eficaz.

_____

_____

_____

_____

_____

_____

QUESTIONAMENTO

A mente não-criativa pode identificar respostas erradas, mas é necessário ter uma mente muito criativa para identificar perguntas erradas.

ANTHONY JAY

1 POSICIONAMENTO

A Dança do Insight

PERMISSÃO

3 ESCLARECIMENTO

2 QUESTIONAMENTO

Figura 24 A Dança do Insight

Após estabelecermos permissão para ter uma conversa difícil e utilizarmos o posicionamento para apresentar nosso ponto de vista, estaremos em uma posição melhor para começar a ajudar alguém a pensar mais profundamente. A única forma de levar a outra pessoa a pensar sozinha é por meio de perguntas.

Aprender a fazer perguntas poderosas é a principal habilidade apresentada neste livro. Quando fazemos as perguntas adequadas, as pessoas passam para a segunda fase de As Quatro Faces do Insight: elas refletem e seus cérebros entram no estado alfa. Quando fazemos um número suficiente de perguntas adequadas, isso tende a levar as pessoas a seus próprios momentos de revelação.

A dúvida agora é: Quais são os tipos adequados de perguntas a fazer? Para responder a essa pergunta, gostaria de retomar um conceito apresentado na introdução dos Seis Passos: o conceito do dilema. Então, farei algumas perguntas a *você* para verificar se consegue chegar a uma resposta por si mesmo sobre quais são os melhores tipos de perguntas para transformar o desempenho. Se não quiser fazer isso, sinta-se à vontade para pular para a página 131.

Imagine que você esteja conversando com uma colega, enquanto tomam um drinque, após o expediente. Vamos chamá-la de Yvonne. Ao falarem sobre seus respectivos empregos, Yvonne diz: "Gostaria realmente de ficar menos estressada no trabalho, mas parece que há um acúmulo de tarefas a cada semana." A afirmação de Yvonne é um exemplo de dilema comum. Ela vem tentando resolver um problema, mas ainda não encontrou a solução.

Todos nós temos diferentes dilemas que tentamos resolver a qualquer momento. Eles são aqueles pensamentos que não saem de nossas cabeças até serem resolvidos, como músicas que são tocadas repetidas vezes na estação de rádio. Todo mês, temos nossos próprios Dez Principais dilemas, os principais problemas que temos tentado resolver, muitos dos quais não farão parte dos gráficos do próximo mês. Então, é claro que temos nossa própria versão dos maiores problemas por nós enfrentados, os grandes dilemas sem solução que parecemos ter eternamente. (Nem sei mais quantas vezes escutei pessoas dizendo "Estou indeciso entre Rock e um material consistente" quando estão em algum tipo de dilema que envolve minha pessoa.)

Voltando ao caso da Yvonne, como você a ajudaria a ter seu próprio insight aqui? Que tipos de perguntas faria para ajudar a resolver o dilema dela?

■ ■ ■ ■ ■ ■ ■ ■ **EXERCÍCIO** ■ ■ ■ ■ ■ ■ ■ ■

Questionamento

Escreva algumas perguntas que faria a Yvonne. Assim, você poderá comparar sua abordagem com as idéias que apresentarei.

___

___

___

___

___

Voltaremos a falar sobre o que você escreveu daqui a pouco. Primeiro, quero contar como surgiram minhas idéias sobre questionamento. Por vários anos, tive o privilégio de observar centenas de profissionais interagindo com dilemas de outras pessoas, pois participavam de exercícios em meus workshops. Com o tempo, percebi um conjunto definido de abordagens em comum utilizadas pelas pessoas quando tentavam fazer perguntas às outras. Isso inclui dar conselhos em forma de perguntas, concentrar-se nos problemas, focar nos detalhes, agir com pressa e dizer às pessoas como pensar. À medida que eu for ilustrando cada um de nossos padrões de questionamento, dê uma olhada no que você escreveu no exercício anterior e verifique se consegue perceber seu próprio modo padrão aqui.

Apesar de essas abordagens do questionamento às vezes surtirem resultado em conversas úteis, definitivamente elas não estavam percorrendo a distância mais curta de A até B. Após anos analisando essas interações, descobri que havia outra forma de fazer perguntas, que era bem mais eficaz do que todas as outras. E era uma alternativa utilizada naturalmente por um grupo restrito de pessoas. Falarei mais sobre essa abordagem ideal após tratar das demais abordagens.

Como dar conselhos

Um Líder Tranqüilo dá menos conselhos do que qualquer outra pessoa no planeta.

A resposta mais comum ao dilema de Yvonne é dar algum tipo de conselho na forma de pergunta. Podemos dizer "Por que você não conversa com seu chefe?" ou "Você já experimentou fazer meditação ou ioga?"

Infelizmente, nossa abordagem mais comum também parece ser a que menos ajuda, por vários motivos. Primeiro, são poucas as chances de termos uma idéia realmente útil para Yvonne. Aprendemos sobre isso na seção sobre o cérebro. Achamos que sabemos o que Yvonne precisa, mas, na verdade, tudo o que enxergamos ao processar o dilema de Yvonne é o que *nós* precisamos. Nossos conselhos são extraídos de nossas próprias experiências, que variam muito de uma pessoa para outra.

O segundo motivo de o conselho raramente ser útil é que as pessoas estão muito mais inclinadas a agir conforme idéias que descobrem sozinhas. Mas as idéias de outras pessoas tendem a ser automaticamente ignoradas ou contestadas. E é isso que ocorre com pensadores inteligentes e independentes, ou seja, as pessoas que respondem pelo sucesso das empresas de grande porte hoje. Proponho que, se você tem uma idéia clara de que alguém precisa escutar, nunca diga a essa pessoa. Se fizer isso, em vez de prestar um serviço, na verdade você poderá estar anulando o serviço.

O terceiro motivo de o conselho raramente ser útil é que o dilema que as pessoas apresentam primeiro quase *nunca* é seu problema principal, após uma rápida verificação. Isso nos remete à própria natureza de dilemas: se as pessoas estivessem claras sobre o desafio central dentro do dilema, provavelmente já o teriam solucionado.

Pode parecer que o problema de Yvonne aqui seja gerenciamento de tempo; então, você prossegue e sugere que ela lide com as tarefas importantes toda manhã, quando chegar ao trabalho. Mas, quando você a ajuda a pensar, Yvonne começa a fazer conexões que nunca havia feito antes. De certa forma, a resposta ao dilema de Yvonne é que ela precisa comprar novas cortinas para o quarto dela, a fim de dormir melhor, ou outra coisa igualmente inesperada. Minha experiência diz que a resposta ao dilema das pessoas quase nunca está diretamente relacionada ao que elas revelam primeiro como o problema central. Então, enquanto não conseguirmos ajudar as pessoas a fazer mais conexões, nossos conselhos quase nunca serão de grande valia.

Líderes Tranqüilos dão menos conselhos do que qualquer outra pessoa no planeta. Isso não quer dizer que eles não compartilhem idéias nem dêem sugestões. Eles fazem isso com intensidade, mas não necessariamente sem pensar. (Voltaremos a abordar este assunto no 5º passo, CRIE uma Nova Forma de Pensar.)

Há grandes vantagens em não sermos obrigados a ter as respostas o tempo todo: você não pode ser responsável por dar o conselho errado; você não precisa pensar tanto; e, o mais importante de tudo, com o tempo, as pessoas não irão mais procurá-lo para obter respostas, pois aprenderão a pensar melhor por si.

Fazendo perguntas sobre o problema

Líderes Tranqüilos, apesar de respeitarem o fato de que as pessoas têm problemas, não estão tão interessados em discuti-los.

Você pode estar dizendo: "É claro que fazer uma pergunta mais abrangente a Yvonne, em vez de oferecer a ela um conselho específico, funcionará melhor." E, certamente, "faça uma pergunta, não diga o que fazer" é uma frase comum em muitos programas de desenvolvimento de gerenciamento. Uma pergunta abrangente tenderá a ser mais útil do que dar um conselho; mas, por algum motivo, todos nós parecemos partir logo para uma pergunta sobre o problema. São perguntas como "Por que você acha que o trabalho está tão estressante no momento?" ou "Quais são alguns dos principais problemas?". Apesar de esses tipos de perguntas poderem resultar em uma conversa *interessante*, a maior parte do tempo essa abordagem não é tão *útil*.

Ao ser indagada sobre seu nível de estresse, ou qualquer outro tipo de problema, Yvonne traz à mente seus estresses e problemas. Ela não está prestando atenção a essas coisas agora. Então, ela pode conversar sobre prazos que a preocupam, contar sobre uma discussão com um colega e reclamar sobre seu computador que não funciona. Agora, ela encontrou três bons motivos para seu estresse. Será que isso o reduziu? Lembre-se de que há uma economia de atenção no cérebro: nosso foco determina as conexões que criamos.[41]

Perguntar sobre a origem do problema em um diálogo provavelmente resultará em alguém fazendo uma crítica a você. Yvonne pode sentir que alguém se importa com ela e, portanto, ficar um pouco melhor, mas seu dilema raramente será resolvido nesse caso.

> Trata-se de uma rampa escorregadia que conduz ao problema. Se você chegar próximo à extremidade, poderá se pegar envolto em motivos, justificativas e detalhes.

Líderes Tranqüilos, apesar de respeitarem o fato de as pessoas terem problemas, não estão tão interessados em discuti-los. Eles dedicam o mínimo possível de tempo à exploração de problemas; eles simplesmente não dão muita atenção a isso.

Fazendo perguntas para obter mais detalhes
Líderes Tranqüilos ficam longe dos detalhes.

Outra abordagem comum do questionamento é fazer perguntas para obter mais detalhes. Solicitamos a Yvonne: "Conte-me o que tem acontecido no trabalho nos últimos tempos." Apesar de isso ser menos negativo do que perguntar sobre problemas, só há duas possibilidades aqui. Primeiro, podemos ficar perdidos em meio a tantos detalhes dos projetos, prazos e rotinas de Yvonne. Sobrecarregados com informações, estaremos perdidos no problema, junto com Yvonne. A segunda possibilidade é que, ao fazermos perguntas, começamos a fazer nossas próprias conexões sobre o que Yvonne deve fazer. E, portanto, estaremos, mais uma vez, dando conselhos. Talvez essa abordagem seja mais rápida do que simplesmente dar um conselho (ao fazer perguntas, você atinge melhor seu objetivo com o conselho), mas ainda terá de argumentar sobre o fato de que a outra pessoa não teve a idéia: agora, ela estará discutindo com você, em vez de ficar energizada por sua própria revelação.

Líderes Tranqüilos ficam longe dos detalhes. Eles deixam todo o pensamento sobre seu dilema por conta da outra pessoa, enquanto pensam em coisas completamente diferentes.

Então, se Líderes Tranqüilos não dão conselhos, não se concentram em problemas e não perguntam sobre os detalhes, o que eles fazem?

Forçando as pessoas a agir

Líderes Tranqüilos não levam as pessoas a agir apressadamente.

Então, você se pergunta: "Por que não perguntar a Yvonne que ação ela adotará para resolver o problema?" Você pode fazer uma pergunta como: "O que você pretende fazer sobre isso?" Apesar de essa abordagem do questionamento levar a outra pessoa a realizar o pensamento, e certamente ela é centrada em soluções, esse tipo de pergunta incomodaria muita gente. É parecido com o cartão "Saia da prisão", no jogo Monopólio, ou seja, é algo que você só pode utilizar em casos de emergência. Yvonne procurou você porque precisa de ajuda. Você responde dizendo: "O que você pretende fazer sobre isso?"

Líderes Tranqüilos não levam as pessoas a agir apressadamente. Eles se concentram em permitir que o pensamento das pessoas siga seu curso natural.

Dizendo às pessoas como pensar

Líderes Tranqüilos não dizem às pessoas como pensar de forma diferente.

"Aha!", você diz. "Preciso perguntar a Yvonne quais são suas metas, ou qual é sua visão de um dia perfeito de trabalho. Ou talvez ela tenha um problema de autoconfiança e precise acreditar mais em si mesma..."

Tenho más notícias para você. No momento em que você tem essas idéias, seu cérebro faz uma pressuposição errada: a de que é capaz de calcular com precisão o que o cérebro de Yvonne precisa fazer para resolver esse problema. Você está tentando adivinhar a estrutura mental que ela deve adotar para processar a situação com maior eficácia. É o que ocorre quando dizemos "Por que você não pensa em âmbito geral?" ou "Por que você não é mais positivo em relação ao que possui, em vez de se concentrar no que não possui?". Pessoalmente, considero essa abordagem um pouco insultante.

Prever a estrutura mental que ajudará Yvonne a lidar com seu desafio é tão fácil quanto fazer uma previsão do tempo para o ano. Mesmo com o histórico inteiro da vida de Yvonne, várias avaliações psicológicas e o processamento de dados em supercomputadores sobre cada neurônio de seu cérebro (se isso fosse possível), você ainda não seria capaz de prever como Yvonne precisaria pensar para resolver seu dilema. Nossos cérebros são complexos demais. A única coisa que pode fazer é dizer a Yvonne o que *você* faria em uma situação semelhante. É exatamente isso que fazemos, sem perceber.

Líderes Tranqüilos não dizem às pessoas como pensar de forma diferente, nem mesmo quando isso corresponde a uma ótima idéia, como focar as metas, ficar mais relaxado ou ser mais positivo. Eles sabem que há um caminho mais fácil.

O que Líderes Tranqüilos fazem

Sabemos que não daremos um conselho a Yvonne, e não estamos centrados nos problemas dela. Não perguntaremos detalhes sobre a situação no trabalho e não estamos sugerindo outras formas de abordar o dilema.

Observe o diagrama do dilema de Yvonne, apresentado a seguir. Se você eliminar os detalhes e o problema, se literalmente não se concentrar nessas partes da frase (tente cobrir os balões com dois dedos agora), o que restará para perguntar?

(Os Detalhes)

"Gostaria realmente de ficar **menos estressada no trabalho**, mas **parece que há um acúmulo de tarefas a cada semana**."

(O Problema)

Observe essa mesma frase escrita novamente a seguir. Se você não perguntar sobre o detalhe ou o problema, só restará *"Gostaria realmente de ficar..."*.

(O Pensamento) (Os Detalhes)

"Gostaria realmente de ficar **menos estressada no trabalho**, mas **parece que há um acúmulo de tarefas** a cada semana."

(O Problema)

Em outras palavras, a única opção adicional é ajudar Yvonne a reconhecer as qualidades de seu próprio pensamento. Existe melhor forma de ajudar as pessoas a fazer novas conexões do que identificar os padrões em suas mentes? Ao fazer isso, estamos ajudando Yvonne a ficar fora de sua própria floresta mental.

Dito de forma mais simples, significa fazer perguntas contendo a palavra "pensar" e seus derivados e sinônimos. Uma boa pergunta inicial pode ser "Há quanto tempo você tem pensado sobre isso?" Em seguida, você pode perguntar "Com que freqüência você pensa sobre isso todo dia?" E depois, "Qual é a importância desse pensamento para você?", seguido de "Qual é seu nível de satisfação com a quantidade de pensamento que tem dedicado a este assunto até aqui?"

Chamo esses tipos de perguntas de "perguntas questionadoras". Elas estão entre as ferramentas mais úteis que conheço para aperfeiçoar o desempenho.

Fazer perguntas questionadoras significa que agora você está concentrado em uma coisa: o pensamento das pessoas. Se as pessoas são pagas para pensar, não está na hora de ajudá-las a aperfeiçoar seus pensamentos?

Perguntas questionadoras indagam sobre a natureza do pensamento das pessoas, de forma que elas fiquem mais autoconscientes e assumam mais responsabilidades.

Mais exemplos de perguntas questionadoras

"Há quanto tempo você tem pensado sobre isso?"
"Com que freqüência você pensa sobre isso?"
"Qual é a importância dessa questão para você, em uma escala de um a dez?"
"Você tem clareza suficiente sobre essa questão?"
"Que prioridade essa questão tem para você no trabalho e na vida nesse momento: número um, três, cinco?"
"Que prioridade você acha que ela deve ter?"
"Qual é seu nível de comprometimento para resolver isso?"
"Qual é seu nível de motivação para resolver isso?"
"Você consegue perceber lapsos em seu pensamento?"
"Pensar sobre essa questão exerce algum tipo de impacto sobre você?"
"Como você reage quando tem esse pensamento?"
"Como você se sente em relação aos recursos que empregou nisso até agora?"
"Você tem um plano para mudar essa questão?"
"Seu pensamento tem clareza suficiente sobre o plano?"
"O que você está observando sobre seu pensamento?"
"Que insights você teve?"
"Como pode aprofundar esse insight?"
"Vale a pena transformar esse insight em hábito?"
"Você sabe o que fazer para transformar isso em hábito?"
"Você tem clareza quanto a seu próximo passo?"
"Qual é a melhor forma de ajudá-lo mais?"

Nenhuma dessas perguntas focaliza detalhes ou problemas, nem indica como as pessoas devem pensar. Elas levam as pessoas a observarem os próprios pensamentos. Ocorre algo fascinante quando fazemos esses tipos de perguntas: as pessoas começam a pensar realmente, de diferentes formas, com mais clareza e em um nível superior. Elas passam a ter consciência do *background* de seu pensamento e criam novas conexões. Seus olhos brilham porque se concentram em seu interior. Muitas vezes, elas olham para cima. Em outras palavras, elas passam para a fase de reflexão de As Quatro Faces do Insight. Como resultado, elas passam rapidamente para a fase de iluminação, após algumas perguntas.

Voltando à história daquela pessoa parada na esquina de uma rua, ela está pensando em qual das duas direções a levará a um restaurante. Líderes Tranqüilos não dizem "O restaurante fica naquela direção". Eles também não verificam o mapa para descobrir a resposta para você. Eles não perguntam por que você está com dificuldade para descobrir a resposta, nem ficam bravos com você por estar paralisado. E, surpreendentemente, não fazem perguntas capciosas como "Você já pensou em verificar as datas de edição dos mapas?"

Em vez disso, Líderes Tranqüilos fazem perguntas que ajudam a pessoa a pensar mais claramente. São perguntas como "Qual é seu palpite aqui?", às quais você responde "Talvez o restaurante tenha mudado de endereço. Alguém me disse que ele já existe há muitos anos nessas redondezas..." Rapidamente, você pensa em verificar as datas dos mapas. Agora, você se sente mais esperto, energizado com seus próprios insights e claro quanto ao que fazer. Da próxima vez que ficar perdido em algum lugar, você se lembrará de verificar as datas de edição de quaisquer mapas que caiam em suas mãos, inclusive de seus próprios mapas mentais.

Após você se habituar com esse conceito, fica bem mais fácil fazer perguntas questionadoras do que tentar descobrir as respostas para as pessoas. Esta abordagem não é apenas fácil; ela é divertida, inspira as pessoas à ação, gera comprometimento e transforma o desempenho.

Outros tipos de perguntas

Às vezes, fazer perguntas questionadoras pode não revelar insights. As pessoas podem não estar dispostas a analisar profundamente o próprio pensamento. Ou talvez elas não consigam se distanciar o suficiente do próprio problema: elas estão perdidas em detalhes, em um plano ou em um ponto ativo. Voltando ao modelo Escolha seu Foco, as melhores perguntas a fazer são sobre visão ou planejamento. Quanto mais você conseguir permanecer afastado dos detalhes, problemas e dramas, mais rapidamente as pessoas encontrarão as soluções.

Imagine que um colega que se reporta a você na empresa diga: "Não sei como atingir minhas metas este mês." Pressupondo que você havia estabelecido permissão para iniciar esse tipo de conversa, e também havia posicionado essa pessoa, apresento aqui várias formas de enfocar o problema:

FOCO NA PERGUNTA	EXEMPLO
Pensamento:	Há quanto tempo você tem pensado sobre isso?
Visão:	O que você deseja alcançar aqui?
Planejamento:	Qual é seu plano para atingir essas metas?
Detalhe:	Conte-me o que fez até agora em relação ao assunto.
Problema:	O que está impedindo você de atingir suas metas?
Drama:	Que tipo de problema você enfrentará se não conseguir atingir suas metas?

Perguntas de visão e planejamento são úteis em muitas conversas. Mas perguntas de detalhes costumam desperdiçar tempo, sem acrescentar muita coisa ao diálogo. Perguntas envolvendo problema e drama empurram as pessoas rampa abaixo, uma rampa emocional escorregadia que conduz ao problema.

Se você está empolgado com essa idéia de fazer perguntas questionadoras, está no ponto ideal, pois o restante do livro tornará essa idéia ainda mais clara. Por enquanto, vamos ilustrar o que aprendemos sobre o 4º passo, Dance ao Embalo do Insight.

ASSOCIANDO PERMISSÃO, POSICIONAMENTO E QUESTIONAMENTO

Figura 25 A Dança do Insight

Vamos voltar à situação do banco, onde Sally teve uma conversa difícil com Paul.

Sally: *Paul, gostaria de conversar com você sobre um assunto delicado. Acho que levará uns 15 minutos ou mais. Este é um bom local e horário para você? É sobre o projeto que não tem saído de nossas cabeças.*

Paul: *Ah... Eu estava concentrado em outra coisa, mas tudo bem, vamos conversar. Sente-se, por favor.*

Sally: *Obrigada por me conceder esse tempo. Primeiramente, quero deixar claro que sei o quanto você tem se esforçado nesse projeto. Não estou aqui para criticá-lo. Mas quero verificar como está se sentindo em relação a isso, e verificar se posso ajudá-lo de alguma forma.*

Paul: *Claro! Veja bem, quero que esse projeto seja um sucesso. Mas tenho várias outras coisas que demandam meu tempo este mês. Tem sido muito estressante.*

Sally: *Então, posso ajudá-lo de alguma forma?*

Paul: *Sim... Vejamos. Sei que preciso fazer isso sozinho, mas parece haver muitas prioridades diferentes. Tenho gasto meu tempo alternando entre minha equipe, meus e-mails e esse grande projeto, mas não estou certo de que estou empregando meu tempo da melhor forma.* [Paul acaba de expressar seu dilema, o desafio que aparece em sua mente. Agora, Sally precisa interagir com esse dilema.]

Sally: *Parece que você não sabe como priorizar sua atenção.* [Você acaba de ver o primeiro exemplo de "esclarecimento", que abordaremos em seguida.]

Paul: *Sim, é exatamente assim que me sinto.*

Sally: *Então, você está dizendo que gostaria de concluir esse projeto, mas não está encontrando tempo para fazer isso. E não sabe como priorizar o foco de sua atenção.* [Ela está fazendo um contínuo posicionamento para descrever o status da conversa. E, como resultado, acaba de concluir um ciclo de Dança do Insight, passando por todas as fases – permissão, posicionamento, questionamento e esclarecimento.]

Sally: *Posso fazer algumas perguntas mais pessoais?* [Pedindo permissão novamente, apenas por segurança. E ela entrará em assuntos ainda mais pessoais, ao perguntar sobre o pensamento dele agora.]

Paul: *É claro!*

Sally: *Há quanto tempo isso está acontecendo?* [Ela está perguntando sobre o pensamento dele, para ajudar Paul a chegar a seus próprios insights, em vez de perguntar sobre seu problema ou programação, ou dar uma sugestão.]

Paul: *Isso vem acontecendo... há um mês ou mais.*

Sally: *E como se sente em relação à quantidade de pensamento que tem dedicado até aqui para resolver isso?*

Paul: *Bem, vejamos... é como se todo dia, em um segundo plano... Puxa, consigo enxergar agora...* [Ele acaba de ter uma revelação: seu cérebro fez uma série de conexões novas.] *Sabe, é isso mesmo, acho que preciso me sentar e fazer uma lista de todos os meus projetos, e colocá-los em uma ordem clara, e depois reservar um tempo para eles, com base nas prioridades... Obrigado. Você me ajudou.*

Sally: *Fico satisfeita em ter ajudado. Como você se sente em relação ao projeto agora?*

Paul: *Muito melhor... Sei que esse projeto é a prioridade número um. O que não havia percebido é que precisava verificar a lista inteira, incluindo os demais projetos, e ordenar tudo adequadamente. Assim, posso saber qual será meu segundo foco. Sem isso, fico um pouco atrapalhado, preocupado se há alguma outra coisa em que deveria estar pensando.*

Sally: *Posso ajudá-lo em mais alguma coisa?*
Paul: *Posso conversar com você sobre minha lista de prioridades quando concluí-la? Acho que pode ser útil discutir com alguém sobre ela.*
Sally: *Claro que sim! Quer marcar um horário para fazer isso?*

Na conversa anterior, Sally queria saber se o projeto andava bem, e ela percebeu que Paul precisava de uma mudança mental. Sally deixou todo o pensamento por conta de Paul, conseguindo mantê-lo concentrado em soluções e distendendo seu pensamento. Ela sabia que seria útil ajudá-lo a pensar melhor, em vez de dizer o que ele deveria fazer.

Compare essa conversa com outras formas de interação possíveis. Sally poderia ter:

- Evitado tocar no assunto. Nesse caso, Paul continuaria se esforçando, sem sucesso. Talvez Sally se sentisse culpada por ter evitado abordar o problema e, no final, culpar Paul pelo baixo desempenho.
- Iniciado uma conversa falando sobre os problemas do projeto, resultando na concentração da atenção nos problemas.
- Feito perguntas sobre os detalhes do projeto e, em seguida, ter dito a Paul o que fazer. Paul, a contragosto, teria incluído isso em sua lista de tarefas.

Ao utilizar a abordagem de Liderança Tranqüila, Sally conseguiu lidar com o problema em apenas alguns minutos. Paul ficou energizado com a conversa: as substâncias químicas se moviam rapidamente em seu cérebro e corpo para resolver um dilema que consumira energia por um mês e agora o conduziam à ação imediata. Sally também estava energizada pela interação, em parte porque um pouco da nova energia descoberta por Paul se voltava para ela e, em parte, como resultado de saber que sua contribuição fazia diferença.

Tipos de revelações quando Dançamos ao Embalo do Insight

Sally não poderia adivinhar que precisava criar uma lista de prioridades: as revelações que as pessoas têm são amplas e inesperadas. Ao utilizar esse modelo, escutei as pessoas tendo revelações como: devo ligar para aquele cliente; preciso aplicar o mesmo plano do início à reunião com a nova equipe; serei mais compreensivo comigo; não posso mais adiar isso; preciso agendar reuniões semanais com todo mundo; preciso dar mais atenção ao melhor vendedor; preciso fazer aquele exame de saúde rotineiro, pois isso tem afetado minha autoconfiança; não preciso pensar nisso por um mês.

Há um ponto em comum entre todas essas revelações: uma outra pessoa aperfeiçoou o pensamento dessas pessoas. Elas conseguiram fazer isso utilizando um ou mais dos seguintes processos mentais:

- Observar padrões no próprio pensamento
- Elevar o pensamento a um nível superior
- Observar qualidades no próprio pensamento, como baixa qualidade ou a necessidade de maior foco em determinada questão
- Esclarecer a importância de questões
- Reordenar as prioridades
- Programar o tempo de forma mais inteligente
- Prestar mais atenção a determinados pensamentos
- Mostrar maior comprometimento
- Abrir o pensamento

Os efeitos cascata de ajudar alguém a resolver um dilema, como no caso de Paul, que percebeu que precisava priorizar ainda mais, podem ser enormes. Devido à natureza complexa e cheia de interligações do cérebro, o novo mapa criado por Paul tem a chance de se tornar um recurso de longo prazo, que pode ser aplicado a várias outras situações.

Aprender a fazer perguntas questionadoras é um recurso poderoso para transformar o desempenho. Se sua medição se baseia no fato de as pessoas entrarem em ação, em comparação a dizer às pessoas o que fazer, essa abordagem representa uma grande economia de tempo. E, além de economizar energia, ela gera energia.

■ ■ ■ ■ ■ ■ ■ ■ EXERCÍCIO ■ ■ ■ ■ ■ ■ ■ ■

Questionamento

Se você teve alguns insights sobre perguntas questionadoras, esta é a oportunidade de aprofundar seus pensamentos. Tente escrever seus insights, ou conversar com um amigo sobre seus pensamentos, criando um mapa mental, uma colagem, ou alguma coisa que você tenha focalizado por um bom tempo, em seus próprios insights sobre questionamento.

Como essa habilidade é central neste livro, recomendo que você se concentre na idéia de perguntas questionadoras por uma semana. Procure ler este capítulo várias vezes, para digerir aos poucos as idéias nele contidas. Experimente colocar em prática algumas idéias, teste essa abordagem onde puder, converse com as pessoas sobre o que você está fazendo. Tudo o que puder fazer para criar novas conexões ao conceito de perguntas questionadoras contribuirá para que essa idéia se torne parte de quem você é.

_____

_____

_____

_____

_____

_____

_____

_____

_____

ESCLARECIMENTO

O escopo de seu sucesso em qualquer empreendimento depende da clareza de suas idéias.

JAMES ROBERTSONS (1742-1814)

Figura 26 A Dança do Insight

O esclarecimento é o elemento final de A Dança do Insight. Após termos permissão para uma conversa, posicionarmos a outra pessoa e fizermos uma pergunta questionadora, esclareceremos a resposta à nossa pergunta. Ao esclarecer, chegamos ao ponto básico de uma conversa. Verbalizaremos o essencial do que está sendo dito.

Aconteceu algo durante um treinamento que eu ministrava na IBM, que ilustra o poder do esclarecimento. Nos dois primeiros dias, ensinei o conceito de Dance ao Embalo de Insights a um grupo de facilitadores, utilizando posicionamento, perguntas questionadoras e esclarecimento. Tudo saiu bem, mas senti que meu desempenho poderia ter sido melhor. Ao sair da sessão, percorrendo os corredores, comecei a pensar no que poderia mudar na próxima sessão. Encontrei, por acaso, um dos executivos mais experientes. Ele me perguntou o que eu achara de minha sessão anterior e transmiti a ele meus pensamentos ainda confusos. Eu realmente esperava obter vários feedbacks dele sobre o evento, bem como sugestões para o próximo. Em vez disso, ele disse uma única frase, que até hoje representa o tipo de esclarecimento mais poderoso que já tive em minha vida. Ele disse: "Modifique-nos." Depois, sorriu e foi embora.

Os Seis Passos para Transformar o Desempenho   143

Esse executivo, com a claridade da distância, escutou-me dizer que eu estava recuando no primeiro dia, algo de que eu não tinha consciência. A partir do esclarecimento dele, percebi o que estava ocorrendo em um nível mais profundo. Voltei rapidamente para a minha sala, com um milhão de idéias sobre como retrabalhar no dia seguinte, que se revelou bem melhor do que o primeiro.

O esclarecimento oferece um vínculo antes ausente, uma idéia que complementa uma série de conexões, a fim de deixar o cérebro pronto para a próxima idéia. A experiência é algo como esforçar-se para lembrar o título do livro: quando o título ressurge em sua mente, de repente, você se sente bem melhor.

Quando Sally disse a Paul "Parece que você não sabe como priorizar sua atenção", ela estava esclarecendo uma frase longa e complicada. Dessa vez, a frase era bem mais clara. Como resultado, Paul conseguiu enxergar o próprio pensamento com mais clareza e, assim, foi capaz de perceber, sozinho, as lacunas no próprio pensamento. Como nossa memória funcional é pequena, a simplificação de idéias complexas nos permite fazer conexões com outras idéias mais facilmente. Então, o melhor esclarecimento envolve uma frase curta e clara, com menos de dez palavras.

O esclarecimento exige que escutemos as pessoas com objetividade, embora em alto nível, para identificar padrões, e não todos os detalhes. Você está longe da floresta, tentando verificar em que país a floresta está localizada, ou até mesmo a estação do ano. Ao esclarecer, abra os ouvidos para:

- O que a pessoa está tentando dizer?
- O que ela não está dizendo?
- Qual é o contexto emocional de seu discurso?
- O que está "subjacente" às suas palavras? O que ela realmente sente?
- Qual é a essência do que ela está dizendo?
- O que ela está dizendo e que não consegue perceber por si mesma?

Este curto diálogo exemplifica:

Empregado: *Falei com todos os chefes de departamento e tivemos uma clara discussão sobre o que eu esperava deles, inclusive indicando os objetivos específicos deste projeto.*

Líder: *Parece que você conseguiu ser bem abrangente.*

O esclarecimento não é apenas a repetição do que foi dito, com menos palavras; isso é conhecido como "paráfrase". Parafrasear seria dizer: "Então, você falou com todo mundo e verificou se eles sabiam o que poderiam esperar disso." O esclarecimento acrescenta algo, ou seja, posiciona a conversa em um nível superior. O esclarecimento é como peneirar para encontrar ouro no que a pessoa está dizendo, que, nesse caso, foi o fato de o empregado ter sido tão abrangente em seu discurso.

Suponhamos que um colega de trabalho, no início da reunião, tenha dito: "Tive um dia extremamente cansativo. Não sei se conseguirei me concentrar agora. Meu melhor amigo passou o dia inteiro se lamentando nos meus ouvidos, meu parceiro gritou comigo e cheguei atrasado a três compromissos." Como forma de esclarecimento, você diria: "Parece que seu dia não foi nada fácil." Ao oferecer uma resposta curta, você permite que a outra pessoa saiba que você estava prestando atenção ao que ela disse, mas você também agrega valor ao conseguir abstrair o lado dramático da situação.

> Obter esclarecimento está mais para poesia do que para PowerPoint. Você está captando a essência da idéia e conseguindo realmente realimentá-la, levando as pessoas a concordar com você.

Para esclarecer com eficácia, concentre-se na outra pessoa e no que ela pode estar aprendendo. Pensar muito sobre o que ela está dizendo atrapalha, assim como se preocupar em entender tudo com perfeição. Reflita com calma sobre suas palavras, depois se aprofunde e confie em sua capacidade. Se você achou que isso tem alguma semelhança com abrir os ouvidos ao potencial, está certo: é exatamente isso que é necessário a um bom esclarecimento.

Algumas abordagens do esclarecimento têm maior impacto do que outras. Veja estes dois exemplos:

Empregado: *Acabo de voltar de uma reunião e entendi que o Conselho percebeu meu bom desempenho no meu primeiro trimestre aqui.*

Tentativa de esclarecimento de um líder: "Então, você está satisfeito porque o Conselho percebeu seus esforços." Será que isso terá um grande impacto sobre o empregado? Parece mais uma paráfrase; o líder não agregou muito valor aqui.

Tentativa de esclarecimento de outro líder: "Parece que você tem causado um grande impacto por aqui." Isso teria um impacto mais positivo: ele destaca as implicações do que foi dito e o líder consegue destacar o lado positivo.

Para saber se está realizando um bom esclarecimento, basta olhar para a cabeça das pessoas. Elas balançarão a cabeça em sinal de confirmação quando você conseguir esclarecer bem a situação! Mesmo que seu discurso não seja totalmente preciso, as pessoas esclarecerão o que você diz. Seja como for, a conversa poderá avançar.

O esclarecimento exige estar preparado para assumir riscos e confiar em sua intuição. Ele é uma habilidade de alto nível que requer alguma prática. E isso, é claro, nos leva à prática de uma série de exercícios.

■ ■ ■ ■ ■ ■ ■ ■ **EXERCÍCIO** ■ ■ ■ ■ ■ ■ ■ ■

Esclarecimento

Suponhamos que você tenha conseguido captar a essência das conversas em poucas palavras, o que levou as pessoas a se sentirem imediatamente melhor. Essa é a essência do bom esclarecimento. Para construir isso, você precisa se afastar dos detalhes, abrir seus ouvidos ao potencial e se concentrar em emoções e aprendizado. E, é claro, ser sucinto, específico e generoso. Passe alguns dias construindo seus músculos esclarecedores, procurando esclarecer o que as pessoas dizem a você. Ao final de cada dia, escreva sobre suas observações. Esclareça o que você está observando por meio do que escreve também.

___
___
___
___
___

CONSTRUINDO A DANÇA

Figura 27 A Dança do Insight

O 4º passo, Dance ao Embalo do Insight, é o passo central deste livro, com diferentes elementos constituintes. Mencionei, no início do 4º passo, que o ajudaria a compreender cada modelo separadamente. Agora, que já fizemos isso, vamos verificar como tudo isso se encaixa, com dois exemplos diferentes de conversas entre Líderes Tranqüilos e seus empregados.

Michelle e Peter

O primeiro exemplo é com Michelle e Peter, que já foram apresentados anteriormente. Michelle, como chefe de aprendizagem em uma empresa de consultoria de grande porte, acabou de participar de um workshop sobre autogestão. Seu chefe, Peter, deseja saber qual foi o impacto do curso e verificar se ele pode ajudá-la a integrar o aprendizado.

Peter: *Você dispõe de alguns minutos para conversar agora?*
Michelle: *Claro!*
Peter: *Gostaria de saber o que você achou do workshop para ajudá-la a integrar seus insights. Gostaria de obter um pouco de detalhes. Podemos fazer isso agora?* [Permissão e colocação juntas.]
Michelle: *Ok. Deixe-me apenas enviar este e-mail; assim, poderei me concentrar mais... um segundo... pronto. Vamos conversar!*
Peter: *Obrigado. Estou interessado especificamente em saber o que você aprendeu e como você acha que pode aplicar os insights que teve para avançarmos ainda mais.* [Mais posicionamen-

to, sendo sucinto e específico.] *Sei que algumas das questões levantadas no curso podem ser pessoais; então, quero que saiba que não precisa me contar tudo. Talvez seja melhor focarmos apenas os pontos principais. Tudo bem para você?*

Michelle: *Claro!*

Peter: *Então, qual foi seu maior insight nesse workshop?* [Fazendo uma pergunta questionadora de alto nível, em vez de se concentrar em todos os detalhes.]

Michelle: *Vários... Acima de tudo, descobri que estávamos mais envolvidos do que eu imaginava. Pensei que isso fosse envolver ferramentas e técnicas de planejamento, mas, em vez disso, conseguimos entrar em detalhes sobre como gerenciamos cada dia. Observei como poderia ser útil planejar ativamente meus objetivos para o dia e para a semana... Eu realmente não estava fazendo isso...*

Peter: *Então, você tem interesse em desenvolver o hábito de definir metas diárias e semanais?* [Esclarecimento.]

Michelle: *Sim, tenho.*

Peter: *Então, como disse antes, quero identificar a melhor forma de ajudá-la a se desenvolver com base nesse workshop, e você está dizendo que o maior insight foi a necessidade de definir metas diárias e semanais.* [Posicionamento contínuo resume a posição atual do diálogo, que concentrou a atenção das duas pessoas no objetivo da conversa.] *Então, qual é a melhor forma de ajudá-la a transformar esse insight em um hábito?* [Pergunta questionadora.]

Michelle: *Não sei... Se eu pudesse pensar em três metas principais a cada dia, e depois fizesse isso primeiro... Se pudesse tornar isso um hábito... Acho que se eu...* [Ela está fazendo novas conexões.] *Se eu conseguir colocar isso em minha programação e me concentrar nisso por, digamos, uma semana, acho que funcionaria. Posso utilizá-lo como um catalisador e enviar para você a lista todo dia?*

Peter: *Lógico. Fico contente em poder ajudá-la. Posso fazer algo mais por você?*

Observe como Peter teve de intervir pouco na conversa. Ele apenas manteve o foco, primeiro obtendo permissão para aprofundar mais o diálogo e, em seguida, utilizando posicionamento, perguntas questionadoras e esclarecimento, voltando ao posicionamento. Vou destacar a próxima frase, pois ela é um ponto central no livro inteiro:

> Peter se concentrou em ajudar um membro de sua equipe a pensar de forma mais clara, profunda, eficaz. Para isso, bastou que ele se afastasse e não interferisse nesse processo.

Peter atingiu um grande objetivo em apenas alguns minutos: ele queria verificar se Michelle teve a melhor oportunidade de desenvolver novos hábitos a partir do workshop. Após observar por alguns dias como ela estava se saindo com essa nova idéia, acompanhando-a (procedimento que abordaremos no próximo passo), ele pôde verificar sua aquisição desse hábito, estando pronta para distender ainda mais. Em conversas de pouca duração, ele está conseguindo aperfeiçoar o pensamento dela e, sem dúvida, seu desempenho será influenciado positivamente por isso.

Mike e Sam

Se você leu meu primeiro livro, *Personal Best*, deve lembrar-se de Mike. Ele aprendeu muito sobre si mesmo ao ser treinado. Após alguns meses de coaching, ele ficou mais autoconsciente e passou a assumir mais responsabilidade por seu impacto sobre as outras pessoas.

Mike agora é o CEO de sua própria empresa e Sam é o CFO que se reporta a ele. Sam procurou Mike para pedir ajuda em uma unidade de negócios. Esta seria a conversa se Mike tivesse utilizado os modelos deste livro:

> Sam: *Precisamos desenvolver essa nova divisão, mas acho que não temos as pessoas certas.*
> Mike: *Você quer conversar agora sobre isso em maiores detalhes?* [Pedindo permissão.]
> Sam: *Claro!*

Nesse ponto da conversa, a maioria dos líderes apresenta sugestões e faz perguntas, a fim de opinar ou tentar penetrar no problema. Mas Mike adota outro procedimento. Observe o que ele faz:

Mike: *Não quero dizer a você o que fazer na divisão; é uma de suas equipes e é você quem tem de decidir. Mas ficaria contente se pudesse ajudá-lo a desenvolver seus pensamentos ainda mais e verificar se novas idéias irão surgir. Este é um bom momento para fazermos isso?* [Posicionamento.]

Sam: *Isso me parece ótimo! Vou lhe contar o que está acontecendo...* [Observe que as pessoas costumam entrar em detalhes e que, em geral, o líder tem a função de elevar a conversa a um nível superior.]

Mike: *Antes de começar, posso desviar um pouco nossa direção aqui? Acho que não preciso conhecer todos os detalhes agora. Prefiro começar compreendendo seu pensamento e verificando se consigo ajudá-lo nisso.*

Sam: *Tudo bem... Acredito. Vamos tentar.*

Mike: *Então, você disse "Precisamos desenvolver essa nova divisão". Há quanto tempo você vem pensando nisso?* [Pergunta questionadora.]

Sam: *Não sei exatamente, talvez... hummm... Acho que desde que adquirimos aquela nova unidade e assumimos as finanças da outra equipe. Acho que já faz dois anos.*

Mike: *Há muito tempo, então.* [Mike acaba de esclarecer, completando um ciclo de A Dança do Insight.]

Sam: *Sim, é verdade... Eu ainda não havia notado quanto tempo já havia se passado.* [Sam já está fazendo conexões em relação ao fato de que já decorreu muito tempo; em sua mente, ele está transformando comprometimento em ação.]

Mike: *Então, você está dizendo que precisamos fazer com que essa nova divisão dê certo. Você só não sabe se tem o pessoal certo e já vem pensando nisso há um bom tempo.* [Posicionamento.] *E com que freqüência você pensa sobre isso, ou seja, quantas vezes por dia ou semana?* [Outra pergunta questionadora, aprofundando a consciência.]

Sam: *Não sei... Talvez diariamente. Sim, eu diria que isso está presente quatro a cinco vezes por dia no fundo de minha mente.* [Sam acaba de ter outra cristalização importante sobre seus pensamentos, ou seja, que esse assunto está ocupando muito espaço mental.]

Mike: *Então, isso está exigindo muito foco.* [Esclarecimento.]

Sam: *Não estou certo sobre o que devo fazer: contratar mais pessoas ou fazer outra auditoria, ou tomar outra atitude. Quais são suas idéias sobre isso?* [Em geral, as pessoas tentam transferir a responsabilidade para o líder, sempre que percebem que precisam realmente pensar.]

Mike: *Podemos continuar nossa conversa e verificar que idéias você terá primeiro?* [O bastão foi claramente devolvido a Sam.]

Sam: *Sim, claro!*

Mike: *Vejamos onde paramos. Você realmente quer que essa nova divisão dê certo, mas não sabe se tem o pessoal adequado; você tem pensado sobre isso por alguns anos, e isso está consumindo muita energia mental todo dia.* [Posicionamento é importante aqui. A conversa pode tomar muitos rumos nesse ponto: sair pela tangente, desviar-se do assunto principal, retomar pontos antigos, ou até mesmo ser interrompida, pois fica muito difícil. Nesse caso, o posicionamento ajudará o próprio Mike a verificar se está fazendo as perguntas mais adequadas.]

Mike: *Então, como se sente em relação ao que fez até agora para mudar essa situação?* [Observe como é possível perguntar sobre o pensamento de alguém, sobre os detalhes, sem entrar nos detalhes propriamente ditos. Esta é uma mini-habilidade muito útil.]

Sam: *Agora, que consigo enxergar quanta energia mental está sendo consumida, sinto que preciso atacar esse problema de frente.* [Sam fez algumas conexões mais profundas agora.]

Mike: *Então, agora você quer tornar isso uma prioridade?* [Esclarecimento.]

Sam: *Certamente.*

Mike: *Qual é a melhor forma de ajudá-lo a pensar mais sobre isso? Você sabe o que precisa fazer e deseja fixar alguns prazos comigo, ou ainda está na fase de brainstorming? De que forma posso ajudá-lo a pensar sobre isso a partir daqui?*

Ao final desse diálogo, percebemos que há uma fase de mudança. Sam teve uma revelação, que foi "[...] *sinto que preciso atacar esse problema de frente*". Logo após esse insight, a conversa toma outro rumo. Podemos dizer que ela passa a um outro nível. A realidade atual do pensamento de Sam foi explorada. Agora, ele e Mike irão explorar alternativas sobre como resolver o problema.

Vamos recapitular rapidamente A Dança do Insight, para ajudar a cristalizar o que aprendemos até aqui. A Dança do Insight é uma estrutura que pode ser utilizada em conversas para ajudar as pessoas a pensar melhor, sem dizer a elas o que fazer. Os elementos dentro desse modelo podem aumentar a eficácia de muitos tipos de conversas. Vimos que A Dança do Insight é cíclica por natureza. Surge, então, um dilema. Você obtém permissão para iniciar uma nova conversa. Posiciona a pessoa para que ambos os participantes do diálogo pensem sob a mesma perspectiva. Em seguida, você faz uma pergunta questionadora para levar a mente deles a observar os próprios padrões de pensamento. Em seguida, você esclarece suas respostas e retorna ao posicionamento (ou permissão, se estiver iniciando um diálogo mais pessoal). Depois, retorna a uma pergunta questionadora, passa ao esclarecimento e assim por diante.

Apesar de estar em uma conversa real, não há um procedimento passo a passo, mas apenas um padrão que, se for seguido, ajuda a aprofundar as conversas. Se a pessoa seguir mais ou menos essas etapas, conseguirá melhorar muito a qualidade dos diálogos.

Alguns insights de alto nível que tive ao observar pessoas aprendendo essas habilidades:

1. Quando as pessoas se sentem perdidas em uma conversa, isso costuma resultar de uma falta de posicionamento. Se o posicionamento incomodar um pouco, lembre-se de que você está falando com as pessoas sobre elas mesmas, algo que raramente é chato.
2. Quando as pessoas estão perdidas em detalhes ou problemas, posso indicar a pergunta exata que o líder acabou de fazer e que as desviou do assunto principal da conversa. As pessoas respondem à pergunta que fazemos.
3. Quando as pessoas não estão claras quanto à questão central, quase sempre isso ocorre porque o esclarecimento do líder não foi suficiente.

Em resumo, a Dança do Insight é essencial para sermos Líderes Tranqüilos. Trata-se de pedir permissão antes de entrar em questões mais pessoais. Depois, verificar se ambos estão pensando na mesma coisa antes de fazer uma pergunta. Em seguida, fazer perguntas que gerem novos mapas nas mentes das pessoas. Ao conseguir ser o facilitador dessa dança, de forma tranqüila, você perceberá que a expressão facial das pessoas mudará, pois elas passarão a ter consciência do dilema, a refletir, a ter iluminação e, então, estar prontas para entrar em ação. Na condição de líder, os passos dessa dança precisam fazer parte de seu repertório, pois isso fará uma grande diferença na qualidade do pensamento de seu pessoal e, portanto, no desempenho deles.

■ ■ ■ ■ ■ ■ ■ ■ EXERCÍCIO ■ ■ ■ ■ ■ ■ ■ ■

A Dança do Insight

Durante uma semana, pratique as etapas da Dança do Insight. Peça permissão toda vez que se sentir um pouco desconfortável sobre qualquer assunto. Utilize posicionamento em todas as conversas um pouco complexas e desafiadoras. Faça perguntas questionadoras em todas as oportunidades que tiver. Procure esclarecer frases e idéias complexas, utilizando poucas palavras que contenham a essência do que as pessoas estão tentando transmitir. Talvez você perceba que está associando as etapas de forma natural, e voltando ao posicionamento toda vez que se sente um pouco perdido. Transformar idéias em conexões permanentes, no 4º passo, é útil antes de passarmos ao 5º passo.

Se tiver alguém para trabalhar com você, tentem praticar um com o outro. Vocês podem descrever um dilema e permitir que o outro utilize os quatro passos para pensar mais sobre o assunto. Em seguida, alternem os papéis. Você pode fazer isso em pequenos grupos para que aprendam uns com os outros. Testar esses modelos na prática, até mesmo como um exercício com um amigo, fará uma grande diferença em comparação com a simples leitura do livro e sua reflexão individual.

■ 5º PASSO ■

CRIE UMA NOVA FORMA DE PENSAR

Tornamo-nos aquilo que pensamos.
GAUTAMA BUDDHA (563 a.C. ATÉ 483 a.C.)

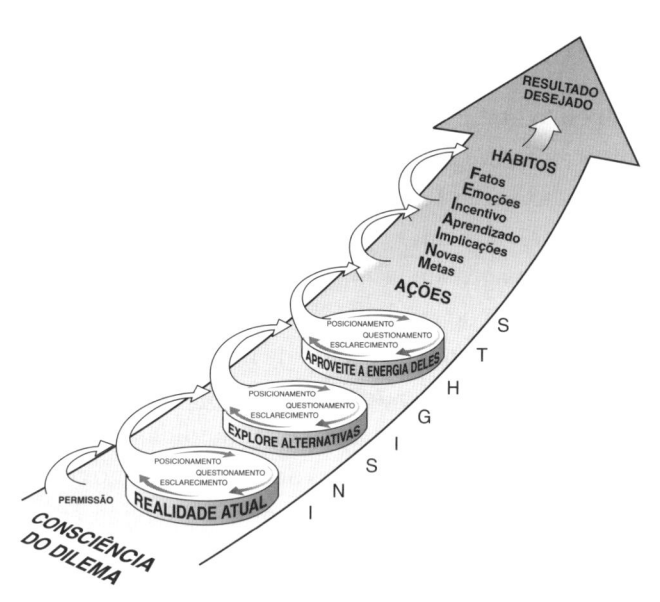

Figura 28 O modelo CRIAR

Dance ao Embalo do Insight é o passo mais extenso deste livro. Ele ilustra como conduzir conversas para que outras pessoas tenham insights. Apesar de A Dança do Insight ser um modelo circular, você não gira sempre nos mesmos círculos. Assim como um elétron que passa para uma órbita superior em torno do núcleo de um átomo, à medida que fica mais energizado, à medida que as pessoas têm insights, novos tipos de conversas surgem naturalmente. Por exemplo, quando alguém tiver a revelação necessária para priorizar um projeto, a próxima conversa será sobre como alcançar isso, seguida de como garantir que isso realmente ocorra. Se você não tivesse o modelo CRIAR, poderia ajudar as pessoas a terem várias idéias boas, mas não necessariamente fazer alguma coisa com isso.

A figura anterior dá uma noção de como os passos 4 e 5 se encaixam perfeitamente. Como é possível observar, cada uma das três partes do modelo CRIAR possui a Dança do Insight como base.

O primeiro elemento do modelo CRIAR é explorar a **R**ealidade **A**tual de alguém, a realidade de seu próprio pensamento. Neste ponto, as pessoas se conscientizam de seu dilema, refletem e, em seguida, se você fizer as perguntas certas, têm algum tipo de insight.

Após, passamos ao segundo elemento, **E**xplore **A**lternativas. A essa altura, as pessoas já tiveram um insight e desejam *fazer algo* com ele, mas ainda não sabem bem o quê. Então, sugerimos diferentes idéias. Aqui, podemos dar sugestões sutis ou fornecer pistas para outras perspectivas ou abordagens. Esse estágio ajuda a garantir que as pessoas não sigam pelo caminho mais fácil quando têm um insight, mas que encontrem a melhor opção de transformar um insight em ação.

O terceiro elemento do modelo CRIAR é **A**proveite a **E**nergia **D**eles. Neste ponto, as pessoas estão no estado de motivação de As Quatro Faces do Insight: estão energizadas para fazer algo, mas sabem que essa energia acabará. Então, ajudamos as pessoas a adotar medidas tangíveis para transformar seus insights de novas conexões delicadas em algo com mais chance de se tornar parte de seu pensamento. Em outras palavras, estamos ajudando as pessoas a transformar insights em hábitos.

Vamos verificar cada um desses elementos e explorar alguns exemplos de diálogos. Dessa vez, não criei séries de exercícios para cada elemento, mas apenas uma no final, incluindo todos os elementos.

REALIDADE ATUAL

*O começo é a parte mais
importante do trabalho.*

PLATÃO (CIRCA 400 a.C.)

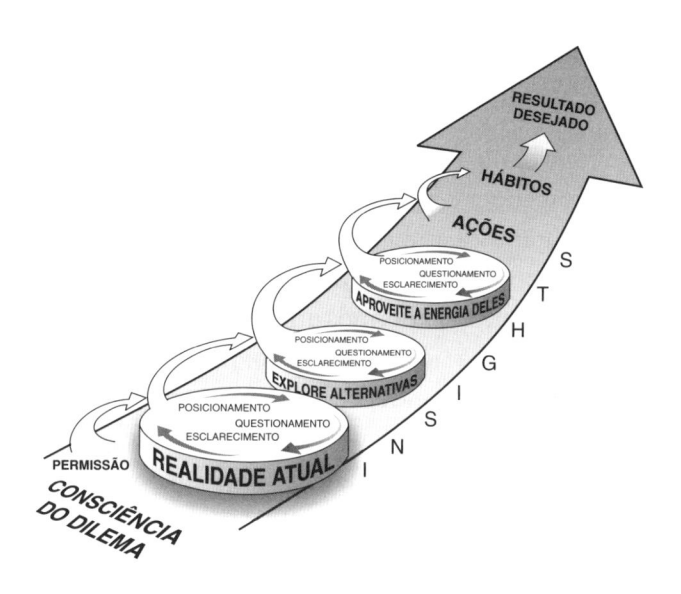

Figura 29 Realidade atual

Quando você deseja aperfeiçoar o pensamento de alguém, o melhor lugar para começar a fazer isso é a realidade atual. Ao partir desse ponto, você permite que as pessoas reflitam sobre seu próprio pensamento, o que, conforme já vimos, é uma forma rápida de gerar insights.

Quando indagamos sobre a realidade atual, pedimos que as pessoas se afastem de seu próprio pensamento e observem sua natureza: que se tornem cientistas do próprio pensamento. Isso também é semelhante à noção budista de atenção plena,[42] o conceito do observador distante que verifica o que está acontecendo, sem envolvimento.

Ajudar pessoas a identificarem a realidade atual de seu pensamento, sem julgamento de valores, permite que elas criem novos mapas para autocorrigir esse pensamento. Como resultado, elas tomam suas próprias decisões sobre a ação seguinte. Seu pensamento realmente é aperfeiçoado e é bem provável que elas tenham desenvolvido novas conexões úteis que poderão ser novamente acessadas.

Vamos explorar isso sob uma perspectiva científica. Nossos pensamentos são uma forma de energia, assim como a luz e o som. Para compreendermos a natureza de qualquer tipo de energia, há perguntas científicas padrão a serem feitas. É útil saber a freqüência da energia, que corresponde ao número de giros durante um intervalo de tempo específico. Além disso, sua duração, que é a extensão de cada ciclo, e sua intensidade, que é a quantidade de energia dentro de cada ciclo, também são dados muito importantes. É útil compreender o impacto da energia sobre nós, como ondas sonoras *versus* ondas gama. Também há questões como a longevidade, a qualidade e as forças comparadas a outras energias.

Quanto mais compreendermos uma fonte de energia, mais descobriremos sua relevância para nós. E, portanto, fica mais fácil saber o que fazer com ela. Isso é verdadeiro, independentemente de estarmos falando sobre a descoberta de uma nova partícula elementar ou de um padrão em nosso pensamento, que ainda não havíamos notado de forma consciente.

Joe, 35 anos, é um controlador financeiro que trabalha em um órgão regional de bem-estar social. Joe já está na empresa há oito anos e é um dos altos executivos mais jovens do departamento. Ele é responsável por uma equipe de vinte pessoas, que cuidam da gestão das finanças do órgão estadual inteiro.

Suponhamos que Joe se reporte a você e, durante uma reunião individual semanal, ele diga: "Não sei como vou terminar todos os meus relatórios este mês." Antes de ler este livro, sua tendência normal provavelmente seria de expressar idéias como: *"Por que você não utiliza seu planejador e programa seu tempo com mais cuidado?"*, *"Você verificou bem suas prioridades?"* ou *"Você já pensou em...?"* Essas perguntas são palpites sobre como ajudar Joe.

Há várias oportunidades para fazer sugestões e compartilhar suas idéias como líder no modelo CRIAR. Mas o melhor lugar para fazer sugestões é durante a fase Explore Alternativas.

Como você já leu este livro, em vez de dizer a Joe o que acha que ele deve fazer, pode dizer: *"Gostaria de conversar mais sobre isso?"* [Permissão]; depois *"Vamos ver se posso ajudá-lo a pensar mais sobre isso."* [Posicionamento]; *"Há quanto tempo você tem pensado sobre isso?"* [Uma pergunta questionadora sobre a realidade atual). Em seguida, você pode fazer mais perguntas sobre o próprio pensamento dele.

Talvez você prefira chamar o primeiro elemento do 5º passo de "realidade cognitiva", pois estamos identificando especificamente o panorama do pensamento de uma pessoa, em vez de identificar o panorama do problema. Estas duas perguntas devem tornar a idéia mais clara:

- Uma pergunta sobre a realidade atual do pensamento de Joe: *"Que importância tem para você entregar todos esses relatórios no prazo previsto, em uma escala de um a dez?"*
- Uma pergunta sobre a realidade atual do problema de Joe: *"Quais são os relatórios a serem concluídos e qual é o prazo?"*

As pessoas também consideram o modelo CRIAR muito útil em situações nas quais precisam entrar em detalhes. Ao trabalhar em um nível de detalhes, é útil começar pela realidade atual de uma situação, a fim de que você consiga enxergar claramente o panorama; é útil explorar alternativas para a ação, em vez de se lançar rápido demais na direção mais óbvia; e, após definir uma ação, convém aproveitar toda a energia disponível. Vou me concentrar em como utilizar o modelo CRIAR para aperfeiçoar o pensamento, em vez de destacar como utilizá-lo para outras funções (por exemplo, gerenciamento de projetos). Você pode encontrar muitas outras aplicações para esse modelo. Mas decidi focar esse ponto. Vou explorar outras alternativas de utilizar o modelo na última seção deste livro, por exemplo, para o trabalho com equipes.

Exemplos de perguntas para explorar a Realidade Atual

Acredito que precisamos fazer pelo menos cinco perguntas nesta fase para que as pessoas tenham insights, embora isso costume variar de seis a dez. Criei uma lista de perguntas freqüentes. Não se trata de uma lista completa. Há muitas variações desses temas e continuo descobrindo novas perguntas sensacionais até hoje.

"Há quanto tempo você tem pensado sobre isso, em dias, semanas, meses ou anos?"

"Com que freqüência você pensa sobre isso? Quantas vezes a cada hora, dia ou semana?"

"Por quanto tempo você pensa sobre isso, em minutos ou horas?"

"Qual é a importância dessa questão para você, em uma escala de um a dez?"

"Essas são as suas três, cinco ou dez principais prioridades agora?"

"Qual é seu nível de comprometimento com esta questão, em uma escala de um a dez?"

"O que você sente em relação ao tempo de pensamento que dedicou a isso até aqui?"

"Quais foram seus principais insights sobre o assunto até agora?"

"Em uma escala de um a dez, qual é seu nível de confiança de que dispõe de todas as informações necessárias para agir?"

"Que insight vem à sua mente em relação a este assunto?"

Se você conseguir facilmente lembrar desses tipos de perguntas, será mais fácil concentrar-se na pessoa com a qual você está falando. Então, algumas pessoas gostam de copiar esta lista e fixá-la em um quadro, ou simplesmente memorizá-la. Com essas perguntas em mente, apresento aqui algumas variações sobre as quais você deve estar consciente nesse processo: a importância dos critérios de mensuração; não desistir logo; observar as expressões faciais das pessoas; e, acima de tudo, confiar em sua capacidade.

Números são importantes

Quando queremos que as pessoas tenham uma revelação, a simplificação de suas idéias é muito útil. Uma ótima forma de fazer isso é por meio da definição do ponto forte de qualquer conceito em termos numéricos. Há dois motivos principais para isso.

Em primeiro lugar, a necessidade de definir pensamentos e sentimentos em números nos faz pensar mais profundamente. Pergunte a alguém: "Qual é a prioridade que a saúde tem para você, expressa em números, comparada a todas as outras coisas importantes de sua vida?" A pessoa precisa parar, refletir e ser realmente honesta consigo e, só então, dar uma resposta precisa a você. Os circuitos mentais específicos envolvidos nesse processo recebem uma atenção bem maior do que se você tivesse perguntado: "Como você se sente em relação à sua saúde?"

Em segundo lugar, como é mais simples utilizar números, nossa memória funcional pode retê-los mais facilmente na mente consciente e, portanto, enxergar com mais facilidade as conexões com outros conceitos. Por exemplo, você pode perceber que não está concentrado o suficiente em um projeto específico. Se precisasse definir a importância desse projeto, provavelmente veria que ele era sua prioridade número um. E, se precisasse definir um número relativo à prioridade desse projeto em sua programação, provavelmente diria que é a quinta, e ficaria clara a disparidade entre os números.

Há várias formas de incluir números em uma conversa. Digamos que a questão central de alguém seja o vinagre balsâmico. (Não estou vendo coisas. Alguém, em algum lugar, gerencia pessoas que fabricam esse produto.) Para ajudar um gerente a identificar a importância do vinagre balsâmico, você pode perguntar:

"Qual é a importância do vinagre balsâmico aqui, em uma **escala de um a dez**?"
"Que lugar ocupa o vinagre balsâmico ocupa em uma lista de importância, **número um, três, cinco ou cinco menos**?"
"Em termos **percentuais**, quanto **tempo** você [utiliza] vinagre balsâmico?"
"Na **escala Richter**, qual seria o nível de dano se você não tivesse o vinagre balsâmico?"
[Você pode ser criativo e utilizar critérios de mensuração de uma forma divertida.]

(Sinto informar.) Números são importantes. Utilize-os sempre que puder, a fim de ajudar as pessoas a obterem mais clareza.

Não fique com medo de investigar mais um pouco. Faça pelo menos cinco perguntas

Ao utilizar esse modelo para treinar as pessoas, percebo que elas tendem a ficar preguiçosas: fazem apenas duas ou três perguntas sobre a realidade atual e interrompem o processo. Talvez elas não queiram distender muito as pessoas. É raro encontrar pessoas que tiveram um insight somente porque foram indagadas sobre a freqüência de seu pensamento sobre algo específico, e por quanto tempo. Lembre-se, desde o início do livro, da importância de se sentir confortável com o fato de deixar as pessoas desconfortáveis. Peça muita permissão, mas também procure fazer várias perguntas.

Observe a expressão facial ou ouça o tom de voz das pessoas

As Quatro Faces do Insight é útil aqui. O processamento interno das pessoas é revelado em sua expressão facial ou, se estiverem ao telefone, no tom de sua voz. Você pode manter os olhos e os ouvidos atentos para encontrar pistas sobre quando está acertando ou errando com suas perguntas. Quando as pessoas estão próximas de um momento de insight, elas ficam quietas, o que é necessário para que consigam descobrir novas conexões. Deixe-as em paz para fazer isso. Quando elas têm uma revelação, isso fica evidente em seu rosto ou sua voz.

Confie em sua capacidade

Deixei por último a mensagem mais importante da fase Realidade Atual. Inicie a conversa com várias perguntas fáceis, a fim de ajudar as pessoas a refletirem mais. Já forneci vários exemplos disso. Após algumas perguntas, você escutará para onde a energia delas está se encaminhando e, se escutar atentamente, intuirá a próxima pergunta a ser feita. Siga as palavras e a energia dessas pessoas. Confie em seus instintos. Se alguém diz "Parece que já passei por *este* dilema antes", com ênfase na palavra "este", você pode dizer "Parece que não é um problema novo... Quantas vezes este mesmo dilema surgiu em sua vida?" Esta pergunta não estava na lista de principais perguntas da realidade atual. Trata-se apenas de minha curiosidade sobre o pensamento da pessoa, com base no que ela disse.

O modelo CRIAR é um guia. Ele só funcionará se você estiver atento à própria curiosidade natural e seguir seu instinto para fazer perguntas de acordo com a orientação da energia da pessoa. Se você confiar em sua capacidade, é provável que se pegue fazendo uma pergunta fantástica como: "Você já tem a resposta e só quer confirmá-la comigo?" Às vezes, é exatamente isso que ocorre com as pessoas. E suas palavras são o que faltava para fazê-las agir rapidamente.

Acima de tudo, confie em sua capacidade e divirta-se.

EXPLORE ALTERNATIVAS

*O teste de uma inteligência de primeira ordem
é a capacidade de manter, simultaneamente,
duas idéias opostas na mente e ainda reter
a capacidade de funcionar.*

F. SCOTT FITZGERALD (1896-1940)

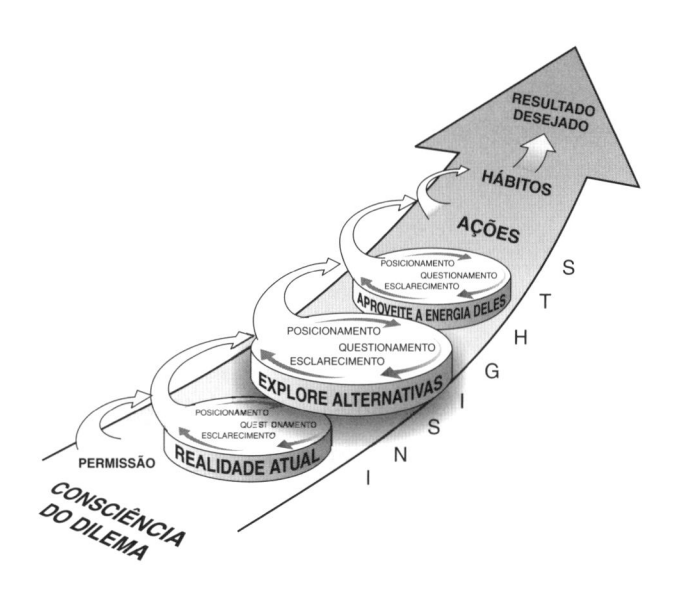

Figura 30 Explore alternativas

Está claro quando devemos começar a explorar alternativas. Isso ocorre quando alguém tem uma iluminação e fica cheio de energia. Por exemplo, quando Joe percebe que precisa dedicar mais tempo ao planejamento, mas ainda não sabe como.

Quando as pessoas têm uma revelação, ficam energizadas, sentem-se inspiradas para agir. Mas as primeiras ações que vêm à sua mente são freqüentemente aquilo com que elas se sentem mais confortáveis, e não necessariamente as melhores idéias. Quando exploramos alternativas, abrimos as pessoas a novas possibilidades. Conseguimos distendê-las um pouco.

Esta parte do modelo CRIAR costuma exigir menos esforço das duas pessoas do que a parte de realidade atual, e tende a ser mais rápida. Estamos simplesmente apresentando várias formas possíveis de colocar um insight em ação. E, a essa altura, as pessoas já estarão energizadas por um insight.

Passar para a fase explorar alternativas significa pedir às pessoas para pensarem mais profundamente; então, precisamos verificar se estabelecemos permissão para fazer isso. Não temos o hábito de pedir permissão de forma tão explícita quanto fazemos ao iniciar um diálogo; isso é mais sutil aqui. Pode ser uma pergunta simples como "Você gostaria de discutir algumas idéias sobre o assunto comigo agora?"

Após obter a permissão, utilizamos novamente um pouco de posicionamento. Podemos dizer apenas "Então, vamos explorar várias idéias possíveis aqui". Depois, faremos uma pergunta para levar as pessoas a pensar, esclarecer suas respostas e voltar ao posicionamento. Acima de tudo, a fase explorar alternativas é menos estruturada do que a fase realidade atual; todos os elementos de A Dança do Insight ainda estão lá, mas menos explícitos.

Exemplos de perguntas para Explorar Alternativas

As perguntas a serem feitas nesta fase incluem:

"Que possíveis caminhos podemos seguir a partir daqui?"
"Deseja explorar algumas idéias diferentes sobre como desenvolver mais isso?"
"Qual é a melhor forma de ajudá-lo a partir daqui?"
"Como você acha que podemos desenvolver esse insight?"
"Quais são algumas das diferentes formas de abordar isso?"
"Você consegue perceber diferentes ângulos de análise par isso?"

Ao explorar alternativas, relaxe e experimente várias idéias, sem se prender a uma específica. Seja flexível e imparcial. Fique atento à energia das pessoas, em vez de se preocupar com a resposta certa.

Vejamos como isso ocorre no caso de Joe. Joe teve um insight sobre a necessidade de reavaliar suas prioridades. A fase explorar alternativas pode ter o seguinte formato:

Líder: *Você está aberto à exploração de algumas idéias sobre como priorizar seu trabalho?* [Permissão.]

Joe: *Claro. Preciso do máximo de ajuda para fazer isso.*

Líder: *Então, vamos voltar um pouco no tempo e verificar diferentes idéias.* [Posicionamento.] *O que você faria normalmente para conseguir priorizar de forma consciente?* [Perguntando sobre o pensamento de Joe. Nesse caso, sobre o software mental existente que ele pode aplicar a esse desafio.]

Joe: *Não sei. Talvez fizesse um rápido cálculo mental. Tudo ocorre tão rápido!*

Líder: *Então, está tudo em sua cabeça.* [Esclarecimento.]

Joe: *Sim. Acho que isso requer uma atenção especial... Não consigo processar isso direito em minha cabeça.*

Líder: *Compreendo... Então, que outras idéias poderiam funcionar aqui e que poderiam ajudá-lo a priorizar?*

Joe: *Deixe-me ver... Talvez escrever uma lista e reservá-la por um dia...?*

Líder: *Isso pode funcionar. Você também está disposto a discutir minhas idéias a esse respeito?* [Pedindo permissão para fazer sugestões.]

Joe: *Claro!*

Líder: *Talvez valha a pena conversar com algumas pessoas para obter outros pontos de vista, ou criar uma planilha para pensar no problema de maneira lógica. Ao aplicar alguns números a seus projetos, você poderá enxergar as coisas como...*

Joe: *Acho que vou fazer isso mesmo, vou criar uma planilha. Isso funcionará para mim. Só preciso descobrir uma maneira de me concentrar e passar dez minutos sendo lógico em relação a tudo o que faço. Tudo parece confuso em minha cabeça agora.*

Líder: *Isso é um plano?*

Da próxima vez em que Joe encontrar um bloqueio semelhante no percurso, talvez se sente e pense em um assunto difícil usando planilha. Agora, Joe tem a possibilidade de criar um novo hábito, algumas conexões nas quais ele pode se basear para ajudá-lo a ter um desempenho melhor no futuro, com relação à tomada de decisões.

Filtros e planos

Quando começamos a ajudar as pessoas a pensar em alternativas, precisamos estar conscientes de nossos próprios filtros e planos. Se Joe queria se ver livre dos relatórios para sempre, você deveria apresentar seu próprio plano, ou seja, dizer a ele que precisava trabalhar de acordo com protocolos-padrão. Não há nada de errado com isso. Às vezes, seus planos são realmente importantes. Mas é necessário revelá-los e, em seguida, discutir sobre o melhor procedimento.

Apresentando sugestões de modo sutil

Durante esta fase, aproveite as oportunidades para oferecer exemplos, alternativas e sugestões. Isso pode ajudar as pessoas a pensar de formas diferentes. O insight de Joe consistia em verificar as próprias necessidades com mais atenção. Se, ao explorar alternativas, ele só conseguisse dizer "Pense em minhas prioridades", você poderia apresentar sugestões como fazer uma análise "urgente *versus* importante", criar algum tipo de gráfico ou solicitar a ajuda de outras pessoas da equipe.

Se você apresentar idéias como possibilidades e permitir que as pessoas tomem a decisão sobre o que funciona para elas, poderá disponibilizar várias ferramentas, abordagens, recursos e sugestões valiosas. Então, pode ajudar as pessoas a decidir qual é a abordagem mais útil, e não apenas a mais fácil. A exploração de formas alternativas de ação, após ter um insight, em vez de apenas aceitar as primeiras idéias que surgem, pode ser de grande valia na transformação do desempenho. Apenas lembre-se de não se fixar em nenhuma idéia específica, pois os cérebros das pessoas são diferentes.

APROVEITE A ENERGIA DELES

Faz parte da natureza do pensamento descobrir como colocar tudo em ação.

CHRISTIAN NEVELL BOVEE (1820-1904)

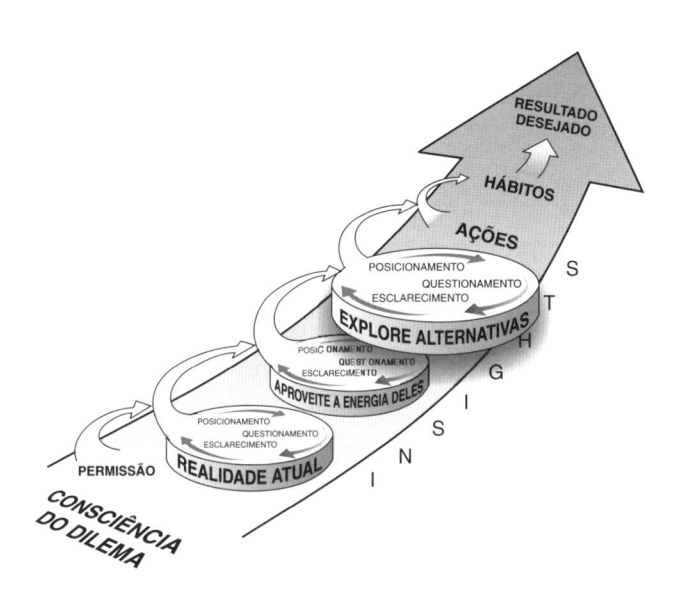

Figura 31 Aproveite a energia deles

Vamos pensar nos três elementos do modelo CRIAR com visão de nível superior. Em geral, a fase realidade atual consome mais tempo e foco. A fase explore alternativas exige menos tempo e esforço. A fase aproveite a energia deles tem vida própria. A energia liberada por meio da criação de grandes conjuntos de conexões novas leva as pessoas à ação e o líder só precisa dar um leve toque nas pessoas para mantê-las na direção certa.

Lembre-se de que a motivação das pessoas é orientada pelos neurotransmissores que foram liberados por intermédio da criação de novos mapas; mas a motivação dura pouco. Com o número de idéias que processamos diariamente, se não ancorarmos um insight na realidade, nossos insights poderão facilmente ficar restritos às nossas caixas de entrada física, mental e digital. Então, a função do líder aqui é verificar se as ações realmente ocorrem, de diversas formas, inclusive ajudando a pessoa a ser mais específica quanto à ação, e estabelecendo alguns prazos. Como minha amiga e colega Elizabeth Guilday, da NYU, diz: "Especificidade equivale a algo como resposta-habilidade."

Vamos voltar ao caso de Joe. Passamos para a fase aproveite a energia deles quando Joe decidiu criar uma planilha. Vejamos como seria isso. Primeiro, estabelecemos permissão, de forma sutil, dizendo algo como "Você se importa se eu distendê-lo um pouco aqui?" Se Joe concordar, poderemos dizer "Quando você pode fazer isso?" ou "Você precisa consultar a agenda?" Também podemos perguntar se ele nos enviará a planilha. Estamos todos ocupados; sem uma estrutura para garantir uma ação, nossos insights, embora importantes, mas não tão urgentes, poderão ficar na lista de espera, após outras prioridades.

Devemos estar conscientes de quatro questões principais: ajudar as pessoas a serem mais específicas; definir prazos; reportar-se a seu superior; e fazer algo tangível.

Seja específico enquanto a energia deles ainda estiver fluindo

Tive um insight hoje sobre a criação de um questionário on-line para líderes em um novo programa de treinamento. Enquanto isso ainda estava fresco em meu pensamento, escrevi uma lista enorme de perguntas. Se eu tivesse deixado de lado a idéia e tentado escrever no dia seguinte, talvez levasse alguns minutos para encontrar minhas outras anotações, e mais alguns minutos para voltar a meus pensamentos, e ainda mais tempo lutando para conseguir escrever as perguntas. Como eu levaria cerca de trinta minutos para completar o exercício, ele correria o risco de ser substituído por projetos mais urgentes. Mas, na verdade, só levei três minutos para escrever as perguntas, acertando logo da primeira vez. Eu estava energizado pelo insight, movido pelo impulso mental em torno do assunto, e as idéias estavam frescas e claras em minha mente. Minha idéia é: leve as pessoas a liberarem suas idéias enquanto elas estiverem frescas. Isso aumentará as chances de realmente mudar muita coisa.

Crie prazos enquanto as pessoas estiverem mais dispostas a se comprometer

Após criar minha lista de perguntas, no exemplo anterior, sabia que precisava de um prazo específico para este projeto; caso contrário, poderia desviar-me do assunto. Então, decidi colocar as perguntas em um formato web em três dias. Como resultado de um prazo específico, meu insight tinha maiores chances de se tornar realidade. Perguntar às pessoas "quando" enquanto elas ainda estão energizadas por suas idéias significa que é mais provável que você obtenha um forte comprometimento. E, uma vez feita uma promessa para elas mesmas ou para os outros, as pessoas estão bem mais propensas a executar suas ações.

Reportar-se ao superior libera mais energia

O ato de precisar reportar-se a alguém aumenta a quantidade de energia que conferimos a uma idéia em nossas mentes; isso nos faz levar a idéia mais a sério. As impressões de outras pessoas a nosso respeito são importantes. Não queremos desapontá-las. Você pode aproveitar esse gesto até mesmo solicitando que Joe envie para você um e-mail contendo a planilha. Exploraremos mais esse conceito no 6º passo, Acompanhamento.

Realizando qualquer tipo de atividade tangível vinculada ao insight

Escrever uma ação (por exemplo, "Tomar minha decisão em uma planilha") aumenta as chances de essa ação ocorrer. E não é apenas porque essa ação agora faz parte de sua programação, embora isso ajude, é claro. A aplicação de qualquer tipo de atividade física a um insight fortalece os circuitos que sustentam o insight. As atividades físicas incluem andar, escrever, ler, desenhar e arquivar qualquer coisa que concentre nossa atenção em um insight por certo tempo.

Do ponto de vista dos neurônios, agir em vez de apenas pensar sobre algo cria diversas outras conexões que aprofundam a onda de vínculos que sustentam o insight original. O ato de prestar atenção ao pensamento "Criarei uma planilha" por um minuto, enquanto escrevemos, em oposição a apenas pensar sobre criar essa planilha em seis segundos, aumenta, de forma significativa, o número de conexões envolvidas nesse circuito. A atenção cria novos circuitos.[45] Segundo Jeffrey Schwartz: "O poder da atenção... sempre nos permite mudar, de forma cientificamente comprovável, o funcionamento sistemático de nossos próprios circuitos neurais."

Quando escrevemos a ação "crie uma planilha", significa que agora temos conexões entre a ação e nossos centros motores, desde o ato físico de pegar uma caneta e escrever. Agora, também temos vínculos com nossos centros de memória: conseguimos nos lembrar da ação de escrever, bem como onde deixamos essa anotação, como escrevemos e até mesmo nosso sentimento quando da escrita. Todas essas partes de nossos cérebros agora possuem vínculos com nosso insight original. É como um lençol de algodão com quinhentos fios por metro quadrado *versus* outro lençol com duzentos – as tramas ficam mais justas, como resultado de todas as atividades vinculadas a nosso insight.

Exemplos de perguntas para aproveitar a energia deles

"Devemos nos concentrar em x e obter mais detalhes?"
"Como posso ajudá-lo a pensar sobre o que fazer para isso dar certo?"
"Você quer pensar mais sobre o que fazer para isso acontecer?"
"O que você faria especificamente nessa situação?"
"Quando você pensa em fazer isso?"
"Como posso apoiá-lo para transformar este insight em um hábito?"
"Você deseja adotar uma ação específica para resolver isso?"

Note que a linguagem empregada nessas perguntas é moderada e cortês. Não estamos dizendo "O que você vai fazer sobre isso?". Queremos distender as pessoas, mas também mostrar que temos sensibilidade a elas. Um novo hábito é uma criação delicada e frágil; assim como uma jovem semente, ele precisa de um ambiente acolhedor e aconchegante no qual possa germinar.

Vamos passar agora para construindo o modelo CRIAR, em que há exemplos de diálogos.

CONSTRUINDO O MODELO CRIAR

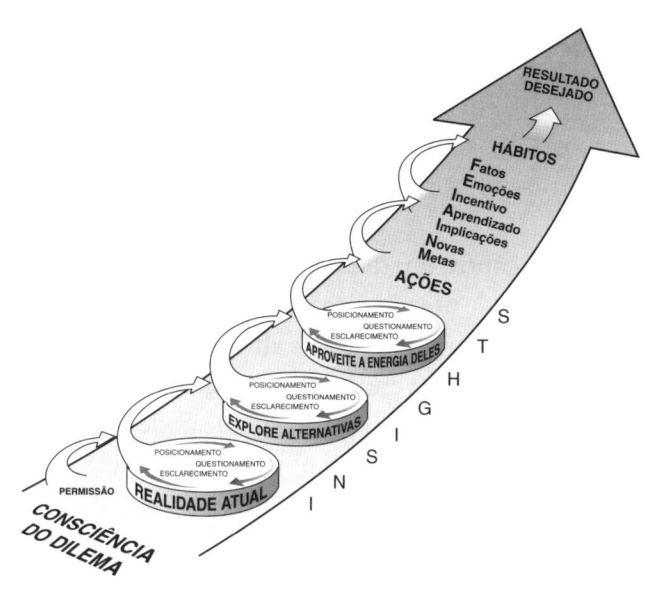

Figura 32 O modelo CRIAR

Apesar de o modelo CRIAR descrever três fases distintas em um diálogo, em conversas reais, isso não é assim tão linear. Em geral, começamos com a realidade atual, mas podemos nos movimentar para cima e para baixo, circulando entre as demais fases. Após aproveitarmos a energia das pessoas para um insight, podemos voltar à realidade atual, a fim de verificar outro aspecto de uma questão. Embora esse processo não seja totalmente linear, minha experiência mostra que, quando as pessoas compreendem essas três fases, podem perceber mais facilmente para que fase irão migrar em seguida.

Vamos reunir as fases realidade atual, explore alternativas e aproveite a energia deles, com um exemplo retirado de um problema de desempenho de vendas. Um dilema comum é "Desejo realmente melhorar as vendas de minha equipe, mas não sei ao certo o que fazer". Líderes costumam interpretar essa pergunta como um sinal de que você deseja dizer às pessoas o que elas devem fazer; o modelo CRIAR descreve uma abordagem inteiramente nova.

Ao iniciarmos o diálogo, não fique desconcertado com as palavras utilizadas pelos personagens. Se as palavras não forem de seu agrado, lembre-se de que todas as pessoas que utilizam os Seis Passos encontram palavras diferentes com as quais se sentem confortáveis para designar os mesmos conceitos. Então, concentre-se mais no processo. Além disso, algumas pessoas disseram que essas conversas pareciam "irreais", que elas não retratam um tipo de discussão que de fato ocorra no ambiente de trabalho. Minha resposta é: não podemos nos basear no fato de que as pessoas não se comunicam assim para determinar que não podem se comunicar de tal forma.

A seguir, você encontra um diálogo entre dois líderes da alta gerência, em um grupo de edição de uma revista. Ellen é a gerente-geral, responsável pelo desempenho em diversas revistas de alto perfil. Ela gerencia Sue, que é responsável pelas equipes de vendas de propaganda em diversas revistas. Retirei toda a parte irrelevante da conversa, que pode ter ocorrido antes do esclarecimento do dilema, já que meu objetivo aqui é voltar a atenção para os modelos centrais.

Sue: *Eu realmente gostaria de melhorar as vendas, mas todos parecem estar com baixo desempenho agora. Seria bom contar com sua ajuda para fazer isso.*

Ellen: *Sem problemas. Mas, em vez de eu dizer a você o que acho que deve fazer, deixe-me fazer algumas perguntas e observar que idéias surgem daí. Você diz que quer realmente aperfeiçoar as vendas da equipe, mas que todos estão com baixo desempenho agora. Então, quando você diz que deseja "realmente" melhorar as vendas, o que quer dizer com "realmente"? Qual é a importância disso para você, em uma escala de um a dez?*

Sue: *Onze. Quer dizer, dez, em uma escala de um a dez, pois estou utilizando meu cérebro inteiro. Não posso perder o foco. Ainda temos dez semanas no período deste orçamento, mas ainda temos muito pela frente para poder atingir nossos objetivos.*

Ellen: *Então, esta é sua principal prioridade?*

Sue: *Certamente!*

Ellen: *Deixe-me ver se compreendi bem... Você realmente quer melhorar as vendas, mas todos estão com baixo desempenho. E agora isso é sua prioridade número um. Então, qual é a clareza de seu pensamento sobre isso? Você está totalmente perdida? Ou sabe o que pre-*

cisa fazer, mas precisa de apoio? Você está clara quanto aos próximos passos?

Sue: *Acabo de ter uma idéia. Tentei obter incentivos, tentei marcar mais reuniões com a equipe, tentei utilizar ameaças sutis, nada parecia funcionar.*

Ellen: *Parece mesmo que você está sem idéias.*

Sue: *É isso mesmo.*

Ellen: *Então, você tem este projeto que é sua prioridade número um e está sem idéias... Como se sente em relação ao tempo dedicado ao pensamento sobre esse assunto até aqui, já que essa é sua prioridade número um?*

Sue: *Boa pergunta... Acho que fiquei ruminando as mesmas idéias por um bom tempo...*

Ellen: *Por quanto tempo exatamente?*

Sue: *Deixe-me pensar... Talvez quatro ou cinco meses.*

Ellen: *E com que freqüência você calcula que tenha pensado sobre essa questão, nesse período?*

Sue: *Acho que todo dia, talvez umas 12 vezes por dia. Puxa! Tenho realmente pensado muito sobre isso... Eu me pergunto...*

Sue fica em silêncio por alguns instantes, para refletir, e depois solta esta:

Sue: *Sabe de uma coisa? Acabei de ter um insight: fico pensando em como preciso levar a equipe a atingir esse alvo, mas não acho que a equipe não aceite os próprios alvos... Aposto que eles não sabem nem mesmo o que são. Acho que preciso conseguir o comprometimento de todos. Parece que sou a única a pensar sobre isso na equipe inteira.*

Ellen: *Parece ser um insight útil!*

Chegamos ao final da fase realidade atual. Há uma mudança perceptível na conversa agora:

Ellen: *Você gostaria de explorar mais essa idéia e verificar se posso ajudá-la a esclarecer sobre a melhor forma de abordar a equipe?* [Obtendo permissão para passar para a fase explore alternativas.]

Sue: Certamente. Por que não?

Ellen: Então, você deseja obter um maior comprometimento da equipe com esses alvos. [Dessa vez, o posicionamento começa no início da fase explore alternativas.] De que outras formas você poderia fazer isso?

Sue: Não sei... Talvez marcando uma reunião, mas... durante as reuniões, ninguém parece dizer muita coisa. Além disso, já tentei fazer isso antes.

Ellen: Vamos explorar algumas idéias, então. O que mais você pode fazer?

Sue: Talvez possa falar pessoalmente com algumas das pessoas-chave e verificar o que elas pensam.

Ellen: Ótimo! Mais alguma idéia?

Sue: Não sei bem. O que você acha?

Ellen: Bem, não quero dizer a você como fazer seu trabalho, mas pensei em duas possibilidades: deixar esse assunto surgir em um evento informal ou reunir pequenos grupos nos quais as pessoas possam se sentir mais à vontade para falar. Há várias maneiras de fazer isso [Lembre-se de que a fase explore alternativas é uma ótima ocasião para lançar boas idéias como gerente. O segredo é não se envolver; assim, as pessoas ficam mais propensas a aceitar uma idéia como sua própria opção.]

Sue: Acho que já sei. Seria ótimo um evento social onde pudéssemos discutir sobre isso informalmente. Já estava pensando em marcar uma saída com o pessoal, então, esse evento pode representar a conquista de várias coisas ao mesmo tempo. Excelente idéia! Obrigada.

Acabamos de concluir a fase explore alternativas, pois Sue tomou uma decisão sobre o que deseja fazer. Porém, vale a pena avançar mais um pouco, a fim de aumentar as chances de sucesso de Sue.

Ellen: Parece que você chegou à resposta certa. Posso fazer mais algumas perguntas para verificar se posso ajudá-la ainda mais? [Permissão para passar para a fase aproveite a energia deles.]

Sue: Claro.

Ellen: O que você precisa fazer para garantir o sucesso do evento?

Sue: Boa pergunta... Imagino estar um pouco preocupada com a questão do tempo... e que as pessoas não apareçam.
Ellen: *O que você precisa fazer para garantir a presença delas?*
Sue: Bem, acho que o principal ponto é garantir que seja uma atividade durante o trabalho, para permitir que as pessoas saibam que isso é necessário, mas, ao mesmo tempo, conseguir transmitir a mensagem. Acho que será divertido. Posso pedir algumas sugestões à minha equipe; eles são muito bons nisso.
Ellen: *Parece ótimo. Então, qual é seu alvo específico?*
Sue: Preciso de um prazo... Eu me comprometo a enviar um e-mail a todos em 48 horas e marcar um evento durante a semana. O que você acha?
Ellen: *Bem, o que você acha? Seu pensamento indica claramente que isso é o suficiente para garantir o sucesso do evento?*
Sue: Agora, que estou pensando melhor sobre isso, talvez seja conveniente ligar para as pessoas, e não apenas enviar e-mails... Vou pedir a ajuda de uma pessoa de minha equipe para me ajudar com as ligações também.
Ellen: *Parece uma excelente idéia! Como se sente em relação à situação como um todo agora?*
Sue: Bem melhor. Muito obrigada pelo apoio.

Gostaria de destacar alguns insights aqui. Em primeiro lugar, a conversa fica um pouco menos estruturada à medida que você passa de uma fase para a outra. Apesar de permissão e posicionamento continuarem sendo usados, não podemos dizer que seja propriamente um ciclo, pois nos movemos para cima, em direção às últimas partes do diálogo. Em segundo lugar, começamos a entrar em mais detalhes à medida que avançamos, mas o diálogo é detalhado em termos de soluções alternativas, de ações que Sue irá adotar. Em terceiro lugar, considere a diferença que as perguntas aproveite a energia deles fizeram aqui: apesar de Sue ter um insight útil, se Ellen não tivesse distendido seu pensamento, talvez ela não tivesse percebido que precisava de um prazo, nem teria o insight de pedir ajuda nas ligações para convidar as pessoas para o evento. Como resultado, há poucas chances de esse encontro não acontecer.

Ao utilizar o modelo CRIAR aqui, Ellen aperfeiçoou o pensamento de Sue, sem dizer o que ela deveria fazer. O impacto dessa conversa sobre a empresa poderia ser substancial. Em uma conversa de apenas cinco minutos, abriu-se a possibilidade de uma transformação real no desempenho.

Líderes Tranqüilos criam uma nova forma de pensar nas pessoas que eles gerenciam. Para fazer isso, eles seguem todos os cinco passos abordados até aqui: pensar sobre o pensamento, abrir os ouvidos ao potencial, ser objetivo ao falar, dançar ao embalo do insight e CRIAR uma nova forma de pensar. Eles fazem isso iniciando conversas em que identificam o panorama do pensamento de uma pessoa e explorando amplamente alternativas para a ação, além de aproveitarem sua energia e suas motivações.

Mas há uma última coisa que Líderes Tranqüilos também fazem: acompanhamento.

■ ■ ■ ■ ■ ■ ■ **EXERCÍCIO** ■ ■ ■ ■ ■ ■ ■

CRIE uma nova forma de pensar

O modelo CRIAR é o modelo central que constitui um elo entre os cinco primeiros passos dos Seis Passos para Transformar o Desempenho. O modelo CRIAR descreve o caminho da menor resistência, o caminho mais curto e mais fácil a ser seguido quando desejamos ajudar alguém a pensar melhor, a fim de produzir um real impacto sobre seu desempenho. Trata-se também de uma idéia de alto nível, bem conceitual. Então, uma ação útil nesse caso é que você mesmo realize algo tangível para ancorar esse modelo em sua forma de pensar. Algumas maneiras possíveis de fazer isso incluem explicar o modelo a outras pessoas, criar seu próprio diagrama do modelo ou escrever algo sobre ele. Tudo o que você puder fazer para dar alguma atenção aos circuitos que sustentam esse conceito em seu pensamento fará uma real diferença.

_____

_____

_____

_____

_____

_____

_____

■ 6º PASSO ■

ACOMPANHAMENTO

*Células que se queimam juntas
conectam-se juntas.*

CARLA SCHATZ (1992)

Fatos
Emoções
Incentivo
Aprendizado
Implicações
Novas
Metas

Figura 33 O modelo SENTIR

O emprego do modelo CRIAR com uma pessoa cujo pensamento não esteja claro a ajuda a ter insights úteis e, portanto, a se comprometer em se encarregar de ações específicas para transformar esses insights em realidade. Mas, sem o acompanhamento, essas ações podem não ter o impacto de longo prazo sobre o desempenho que é possível.

Vamos retomar o caso de Joe. No início, ele estava preocupado com a conclusão de todos os relatórios no mesmo mês. Seu líder utilizou o modelo CRIAR para gerar uma nova forma de pensar. Essa nova forma de pensar surgiu sob a forma de um novo insight: "Criarei uma planilha incluindo todos os meus projetos, a fim de analisar a importância de cada um deles."

Se você parasse por aí, meu palpite é que só haveria 50% de chance de êxito.[44] Joe faria a planilha se soubesse que você faria um acompanhamento com ele. Fazer um acompanhamento de Joe é, certamente, uma forma de garantir que ele agiu com boas intenções. Mas verificar se uma ação foi executada é uma pequena parte do valor do acompanhamento. O principal motivo do acompanhamento após criar uma nova forma de pensar é o apoio à criação de novos hábitos de longo prazo, que aperfeiçoarão o desempenho das pessoas.

Exploramos a forma como criamos novos hábitos no capítulo intitulado "É fácil criar novas conexões" (Parte 1). Descobrimos que criamos novas conexões o tempo todo, e que não é tão difícil transformar essas conexões em circuitos que permanecem conosco por algum tempo. Só precisamos de atenção, tempo, repetição e feedback positivo.

Vamos recordar alguns pontos. As ações que as pessoas definem são originadas por seus próprios insights. No momento da iluminação, um novo conjunto de conexões entre nossos neurônios, um novo mapa, passa a existir. Ele não existia antes (ou, se existia, não tinha a mesma proporção). Esses novos mapas são frágeis, entidades delicadas: eles são conexões com o potencial para se tornar parte de nossas conexões permanentes. Mas também são apenas um entre milhões de novos mapas que criamos todos os dias. Para que um novo mapa faça parte de nós, precisamos dar atenção a ele.[45]

Os novos mapas gerados quando conversamos usando o modelo CRIAR costumam ser importantes para a eficácia geral das pessoas, no trabalho e até mesmo na vida. Eles nos ensinam como pensar melhor, como operar de forma mais eficaz. São idéias como "Preciso escutar mais meus palpites" ou "Preciso definir melhor minhas prioridades". Você pode comparar esses insights a *patches* de um programa de computador, ou a miniprogramas que podem ser elaborados com outras finalidades, posteriormente.

O ponto que quero discutir é: os insights das pessoas são recursos potencialmente valiosos. Como qualquer outro recurso útil (como uma nova ferramenta que um construtor pode adquirir para remover pregos), deve-se ter algum conhecimento sobre ele. Assim, saberemos onde mais ele poderá ser útil e o colocaremos em um local onde possamos encontrá-lo facilmente de novo. Como fazemos isso em nível mental? Oferecemos a esses novos circuitos atenção suficiente.

Como líderes, nossa função é dar atenção e feedback positivo aos novos mapas das pessoas, independentemente do que tenha acontecido, pois elas já tiveram seu insight inicial. Se Joe volta uma semana depois e diz: "Sabe de uma coisa? Criei aquela planilha e acho que ela foi realmente útil", devemos nos concentrar em ajudá-lo a aprofundar quaisquer novas conexões que ele tenha desenvolvido. Se ele não conseguir concluir a planilha, ou mesmo que não esteja criando uma planilha, ainda queremos descobrir formas de aprofundar qualquer conexão útil que tenha sido criada.[46]

Descrevemos como fazer isso na última grande idéia deste livro: o modelo SENTIR. Ele inclui: **F**atos, **E**moções, **I**ncentivo, **A**prendizado, **I**mplicações e **N**ovas **M**etas.

Fatos
Emoções
Incentivo
Aprendizado
Implicações
Novas Metas

Figura 34 O modelo SENTIR

FATOS

A primeira coisa a fazer quando acompanhamos o progresso da planilha de Joe é conhecer os fatos. Tente permanecer emocionalmente neutro nesta fase. Obtenha apenas as informações sobre o que já foi feito, em comparação ao que foi planejado. Faça perguntas como: "Você concluiu isso exatamente conforme planejado?" Peça às pessoas para serem específicas nesse momento. Se Joe disser: "Ela está praticamente concluída", solicite um esclarecimento: descubra a porcentagem da planilha que está realmente concluída, em relação aos planos originais dele.

Uma vantagem de se conhecerem os fatos é que as pessoas percebem o que já fizeram, o que costuma ser mais do que elas imaginavam ser capazes de realizar.

Se Joe simplesmente não criou a planilha, ainda assim queremos conhecer os fatos. Mas, como somos orientados a soluções, não precisamos perguntar por que ele *não executou* a tarefa. É muito mais útil (para Joe, para você e para que Joe aprenda com esta situação) conhecer os fatos sobre o que ele *executou*. Por exemplo, quanto tempo ele levou pensando na tarefa, mesmo que não tenha concluído. Ou o tempo de pesquisa, o tempo de discussão sobre o assunto com outras pessoas. Nessa situação, ajude a outra pessoa a ser o mais específica possível, fazendo perguntas como: "Quanto tempo você gastou planejando isso?"

É fácil perguntarmos diretamente "O que atrapalhou você?", mas esse caminho raramente acrescenta algo a alguém. A maioria dos adultos não precisa ser criticada por seu erro quando não cumpre uma promessa. Eles sabem fazer isso muito bem sozinhos. O que eles precisam é de diálogos para ajudá-los a aprender.

Então, a primeira parte do modelo SENTIR é conhecer os fatos do que é observável: o que foi realizado, e não o contrário. Isso exige um pouco de conscientização e prática. Para muitas pessoas, esse é um novo hábito.

EMOÇÕES

Após conhecer os fatos sobre o status de uma ação, o próximo passo é verificar como a pessoa *se sente* em relação ao que conseguiu alcançar até então. Observe que já estamos no segundo passo e ainda não solicitamos nenhum detalhe. Manter o alto nível da conversa facilita um aprendizado mais rápido.

Uma pergunta útil aqui é: "Como você se sente em relação à forma como conduziu este projeto?" No caso de Joe, parece que ele executou totalmente a ação, e estava orgulhoso de sua decisão de prosseguir. Ao separar suas emoções de suas ações, você está dando maior atenção aos novos circuitos que estão sendo criados, de uma forma bem diferente. Você também está aproveitando o poder das emoções, que muitos acreditam ser um recurso-chave quando se trata de criar memória de longo prazo. Lembramos das coisas que sentimos com maior intensidade.

Outro motivo para verificar as emoções das pessoas logo no início da conversa é que precisamos lidar com eventuais emoções intensas que possam interferir em conversas mais profundas. Por exemplo, se Joe não tivesse concluído a planilha, talvez tivesse se sentido culpado e frustrado, o que dificultaria a conversa sobre seu aprendizado. Quando as pessoas não concluírem uma ação planejada, ajude-as a deixar as emoções de lado. Para fazer isso, você pode escolher uma emoção e conversar sobre ela. No caso de Joe, convém dizer a ele que você não irá criticá-lo pelo erro e solicitar que ele não seja tão severo consigo.

Então, a segunda parte do modelo SENTIR é verificar as emoções das pessoas. Se elas tiverem concluído com sucesso suas ações, você poderá aprofundar suas conexões, concentrando-se nesses sentimentos positivos. Caso elas tenham encontrado alguns problemas, procure ajudá-las a deixar as emoções de lado, a fim de permitir que a conversa seja mais útil.

INCENTIVO

Ao utilizar o modelo CRIAR, você está ajudando as pessoas a pensarem de forma diferente. E essa ajuda permite que elas realizem coisas que, sozinhas, nunca imaginaram poder fazer. Então, você está distendendo essas pessoas, levando-as a utilizar diferentes partes do cérebro. A utilização de uma planilha para tomar uma decisão complexa pode parecer uma solução muito óbvia para você, mas, para alguém que nunca fez isso antes, pode parecer um grande desafio.

Como as pessoas estão sendo distendidas aqui, é importante incentivá-las de forma generosa, para ajudar a transformar a experiência em algo positivo. Você pode reconhecer seus esforços, valorizar o que elas precisaram fazer de forma diferente, ou identificar os desafios que enfrentaram e superaram, procurando validar isso.

Isso parece bem evidente quando as pessoas concluem suas tarefas conforme planejado. Nesse caso, lembre-se de ser específico em relação a seus reconhecimentos. Não diga apenas "Parabéns pela autodistensão", mas sim "Parabéns pela autodistensão e por ter pensado sobre isso com mais atenção do que provavelmente desejava no início". (Para obter mais informações sobre como incentivar as pessoas, consulte Destaque o Positivo, na página 58.

Mas é ainda mais importante incentivar as pessoas quando elas não conseguem concluir alguma tarefa. Se Joe não tivesse terminado a planilha, você deveria encontrar formas de incentivá-lo mesmo assim. Se, em vez disso, você se lamentasse, o que aconteceria da próxima vez que tentasse criar uma nova forma de pensar em relação a um outro dilema?

Para incentivar as pessoas que não conseguiram concluir plenamente uma ação, ou nem tentaram iniciá-la, concentre-se no que elas *realizaram*, e não no que não realizaram. Descubra qual é o tempo de pensamento dessas pessoas, a energia que elas empregam na ação de outras formas e incentive-as a fazer isso. Talvez Joe não tenha concluído a planilha, mas passou uma hora pensando em como poderia fazer isso (quando estava a caminho do trabalho), o que significa que ele utilizou mais energia do que em qualquer outro processo de planejamento antes executado. Essa é uma importante descoberta. Comemorá-la pode ajudar a sedimentar esse novo hábito. Comemorar significa identificar, nomear e reconhecer a descoberta. Você poderia dizer: "Você fez um belo trabalho esta semana, enfrentando tamanho desafio! Sabia que você tinha isso em mente desde o início, e fico satisfeito em ver que você pensou mais sobre o assunto. Isso representa um grande salto em relação a tudo o que fez no passado."

Quando você fizer o acompanhamento, descubra formas de incentivar as pessoas, pois você as estará ajudando a transformar seus novos circuitos delicados em hábitos de longo prazo.

Na próxima seção do livro, discutiremos mais sobre como fornecer feedback positivo. Por enquanto, quero me concentrar no incentivo e no reconhecimento, tão essenciais quando você faz um acompanhamento. Quero destacar o que foi executado, e não a razão pela qual outras coisas não ocorreram.

APRENDIZADO

Descobrir o que as pessoas estão aprendendo é um elemento central do acompanhamento: desejamos ajudar a identificar novas conexões e novos hábitos desenvolvidos pelas pessoas assim que eles são formados. E não apenas identificar novas conexões, mas nomeá-las, compreendê-las, manipulá-las, verificá-las sob diferentes ângulos. Isso merece maior atenção.

No caso de Joe, você poderia perguntar: "O que você aprendeu sobre si mesmo ao criar esta planilha?"

Neste ponto, podemos ficar tentados a nos perder em detalhes. Mas por que perguntar o que havia na planilha de Joe se você pode perguntar o que ele aprendeu com ela? O que mais interessa saber é o que ele aprendeu sobre seu próprio pensamento. Então, pergunte especificamente isso. Ao concentrar sua atenção em novos hábitos, e não em detalhes, você está levando as outras pessoas a darem maior atenção a esses novos circuitos; você está regando um novo tipo específico de semente, em vez de abrir a mangueira para regar o jardim inteiro.

Se você também puder incentivar um pouco Joe em razão das novas conexões que ele está desenvolvendo, estará ajudando ainda mais. Agora, você conseguiu fornecer, ao mesmo tempo, atenção e feedback positivo aos novos mapas de Joe. Dessa forma, você não está apenas regando essas sementes, mas também oferecendo nutrientes a elas.

Algumas perguntas que você pode fazer para aprofundar o aprendizado das pessoas:

Qual foi seu grande insight esta semana?
O que você descobriu sobre si mesmo?
Que outros insights foram revelados?
O que você descobriu sobre seu pensamento e seus hábitos?
Que novo hábito você percebeu que estava despontando?

Ao fazer um acompanhamento, concentre-se no aprendizado. É a melhor forma de aperfeiçoar o pensamento das pessoas.

IMPLICAÇÕES

Após conhecer os fatos, verificar as emoções, incentivá-las e identificar qual foi o grande aprendizado, o próximo passo é explorar as implicações do aprendizado. Quanto à Joe, ele deve ter concluído a planilha e está muito satisfeito consigo mesmo. Além disso, ele aprendeu que vale a pena deixar de lado os detalhes da semana e olhar para a programação sob uma perspectiva de nível superior. Esse aprendizado é extremamente útil. Não seria ótimo para Joe se ele conseguisse incorporar isso às suas práticas de trabalho? Então, faça uma pergunta como: "Quais são as implicações desse insight?"

Perguntar sobre as implicações do aprendizado de uma pessoa significa que você está dando maior atenção às novas conexões dela. Isso também possibilita que essa pessoa fique mais centrada em seu foco e faça conexões com outras partes do cérebro. Esses novos circuitos são ainda mais incorporados.

Outras perguntas que você pode fazer para definir as implicações do aprendizado de uma pessoa:

> Quais são as demais implicações do fato de ser capaz de fazer isso agora?
> Você acha que esse novo hábito pode ser útil de outras maneiras?
> Qual foi o impacto desse aprendizado sobre você?
> Onde mais esta nova habilidade pode ser útil?
> Você consegue enxergar outras aplicações para o que aprendeu aqui?
> De que outras maneiras você pode utilizar esse tipo de pensamento novo?

NOVAS METAS

Presumo que você já tenha trabalhado essa etapa final. Joe teve um insight a partir de um diálogo com você na semana passada. Ele percebeu que precisava priorizar seus projetos. Ele teve a idéia de fazer isso utilizando uma planilha como uma forma melhor de pensar. Ele trabalhou e concluiu a planilha. Você fez um acompanhamento alguns dias depois para saber como ele se saiu na tarefa e descobriu que ele havia completado a ação, estava satisfeito consigo mesmo e aprendeu que valia a pena adotar essa prática como parte de seu trabalho.

Mas surgiu um outro grande dilema, acerca do fato de que Joe precisava ser mais organizado. De certa forma, esse dilema é muito mais interessante. É algo como: "Gostaria de me abstrair dos detalhes com mais freqüência, mas receio que isso não ocorra pois estou muito ocupado." Após uma nova rodada do modelo CRIAR, talvez Joe consiga pensar em uma ação para definir uma sessão semanal "Faça algo diferente", com duração de meia hora, em que conversará com um colega para que eles consigam ajudar um ao outro a priorizar mais o próprio pensamento.

Então, a parte final do modelo SENTIR é identificar a próxima meta a ser destacada.

Vejamos um exemplo do modelo SENTIR em ação, voltando ao caso de Ellen e Sue. Sue queria vender mais, mas achava que todos estavam com baixo desempenho. Com a ajuda de Ellen, ficou claro para Sue que inspirar os membros da equipe era sua prioridade número um, mas ela percebeu que estava sem idéias, após passar seis meses tentando inspirá-los. Foi então que Sue teve um insight: ao verificar há quanto tempo ela estava pensando sobre o assunto, percebeu que seu pessoal simplesmente quase não pensava sobre os alvos. Ela percebeu que não havia, por parte deles, um alto nível de comprometimento com a tarefa. Sue decidiu marcar uma reunião com todos, e Ellen a ajudou a cuidar dos detalhes da reunião, aproveitando que o assunto ainda estava fresco na memória, incluindo a definição de prazos e a ajuda necessária para que a reunião fosse um sucesso.

Vejamos como seria essa conversa entre Sue e Ellen, após a reunião, usando o modelo SENTIR:

Ellen: *Então, você conseguiu reunir todo mundo para a reunião? Conseguiu obter o número esperado de participantes?* [Buscando os fatos.]
Sue: *Foi melhor do que eu esperava. Apareceram vinte pessoas e o resultado foi ótimo.*
Ellen: *Parabéns. Isso superou suas expectativas. Você fez um bom trabalho. Como se sente em relação a si própria agora?* [Perguntando sobre seus sentimentos.]
Sue: *Estou muito satisfeita com o resultado. A reunião foi extremamente importante. Agora, sinto que não estou pressionando tanto as pessoas; elas estão mais comprometidas.*
Ellen: *Fantástico. Então, preciso parabenizá-la por ter conseguido realizar o evento em tão pouco tempo... e por ter percebido que precisava utilizar uma abordagem diferente, conseguindo, assim, pensar em um plano sólido para a reunião. E também, é claro, por ter ganho o dia. Parece que valeu a pena.* [Vários reconhecimentos.]
Sue: *Obrigada!*
Ellen: *Então, você me permite fazer uma pergunta?* [Uma pequena permissão.] *Qual foi seu grande insight a partir dessa experiência? O que você aprendeu?*

Sue: *Acho que foi o fato de eu não precisar ser tão exigente. É importante sentir-me como se estivesse lutando para parar, enquanto todos os demais estão em operação.*

Ellen: *Parece ser um insight útil.* [Outro reconhecimento.] *Você se importa se eu fizer uma pergunta um pouco mais detalhada?... Você considera este insight importante, com implicações para outros projetos em que está trabalhando? Você percebeu alguma mudança desde que teve essa revelação?*

Sue: *Para dizer a verdade, sim... Acho que a idéia como um todo abriu um pouco mais minha mente para as outras pessoas, e comecei a ficar mais relaxada nas entrevistas com novas pessoas.*

Ellen: *Parece que está surgindo um novo hábito...*

Sue: *Certamente. E gostaria que ele permanecesse em mim...*

Ellen: *Posso ajudá-la de alguma forma?*

Sue: *Claro... Gostaria de estar mais consciente sobre como as pessoas a meu redor se sentem, mas fico tão presa a meus próprios pensamentos...*

É exatamente neste ponto que um novo dilema surge, um dilema mais interessante e útil do que o dilema inicial.

Em suma, a etapa final para transformar o desempenho é fazer um acompanhamento junto às pessoas para ajudá-las a reconhecer e incorporar ainda mais os hábitos em desenvolvimento. Ao fazermos isso de forma positiva e solidária, oferecemos às pessoas o incentivo necessário para transformar seus novos circuitos delicados em conexões permanentes sólidas. Não é um processo difícil; bastam alguns minutos. Mas isso pode fazer total diferença.

■ ■ ■ ■ ■ ■ ■ ■ **EXERCÍCIO** ■ ■ ■ ■ ■ ■ ■ ■

Acompanhamento

Descubra oportunidades para praticar este modelo. Isso precisa ser feito após alguém decidir aceitar uma tarefa desafiadora. Então, uma boa maneira de fazer isso é junto com um amigo. Um pode utilizar o outro nessa prática. Pensem juntos para resolver um dilema, utilizando todos os modelos dos Seis Passos. Em seguida, reservem um tempo para o acompanhamento. Na fase de acompanhamento, pratiquem cada um dos elementos apresentados anteriormente. Convém ter o livro à mão, para rápida referência. Outra boa opção é criar seu próprio desenho ou gráfico do modelo SENTIR, para ajudá-lo a lembrar dos elementos.

UM RESUMO DOS SEIS PASSOS

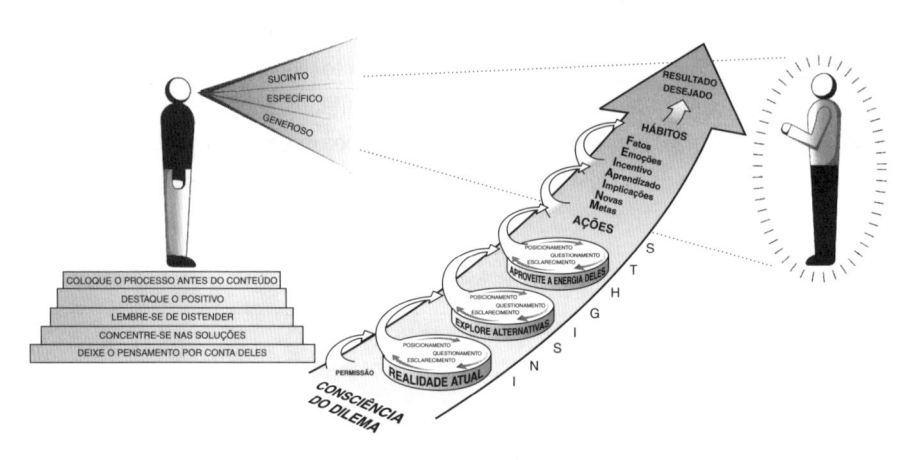

Figura 35 Os Seis Passos para Transformar o Desempenho

Os Seis Passos para Transformar o Desempenho são uma nova série de ferramentas para aperfeiçoar o pensamento das pessoas e melhorar muito seu desempenho. Esses seis passos são a essência de um Líder Tranqüilo e representam uma forma inteiramente nova de se comunicar no ambiente de trabalho.

O 1º passo é pensar sobre o pensamento, que inclui: deixar o pensamento por conta das pessoas, mantê-las concentradas nas soluções, distender o pensamento delas, destacar o positivo e seguir um bom processo. O 2º passo é abrir os ouvidos ao potencial e manter certa distância. O 3º passo é ser objetivo ao falar, sendo sucinto, específico e generoso. O 4º passo aborda as conversas: dançamos ao embalo do insight, obtendo permissão para entrar em conversas mais difíceis, posicionando as pessoas para que conheçam nossa visão, utilizando perguntas questionadoras para que outras fiquem por conta do pensamento e, depois, esclarecendo suas respostas.

Após aprendermos como dançar dessa forma, prosseguimos para o 5º passo, no qual criamos uma nova forma de pensar: levamos as pessoas a se conscientizarem de seus dilemas mentais e a refletirem mais profundamente sobre eles. Para conseguir isso, fazemos perguntas sobre a realidade atual. Após a verificação do fato de as pessoas terem tido um insight, exploramos alternativas sobre como transformar esses insights em ação. Em seguida, aproveitamos a energia liberada pelas novas conexões.

Finalmente, no 6º passo, sabemos que o acompanhamento pode fazer uma grande diferença para o aparecimento de novas conexões. Então, focamos os fatos e os sentimentos das pessoas; incentivamos, mantemos os ouvidos abertos à sua aprendizagem, buscamos implicações e, em seguida, procuramos a próxima meta a ser destacada.

Há dois temas principais na abordagem dos Seis Passos. O primeiro tema é sobre como ter uma conversa para resolver qualquer tipo de dilema. Isso representa a maioria das interações diárias entre líderes e seus empregados. O segundo tema é como você pode utilizar mais amplamente os diversos modelos dentro dos Seis Passos. Por exemplo, permissão, posicionamento e esclarecimento podem ser ferramentas muito úteis em diversas situações.

Na próxima seção do livro, inverteremos um pouco a situação. Vamos explorar as atividades mais comuns em que líderes se envolvem, junto com seu pessoal. Verificaremos como os Seis Passos podem ser aplicados para ajudar a tornar tudo isso ainda mais presente em sua vida.

Parte 3

Colocando em prática os Seis Passos

Não basta ter idéias.
Elas não permanecem.
É necessário colocá-las em prática.

MARVIN BOWER, EX-DIRETOR DE GESTÃO
DA MCKINSEY & COMPANY (2001)

Quando se trata de interagir com seu pessoal, líderes se engajam em atividades que podem ser divididas em apenas algumas categorias: eles criam visão e estratégia; eles definem expectativas claras; eles ajudam seu pessoal a resolver problemas e tomar decisões; e, finalmente, fornecem feedback sobre desempenho para promover a aprendizagem e o desenvolvimento.

Os Seis Passos para Transformar o Desempenho podem ser aplicados a todas essas atividades, de diferentes formas. Nesta seção do livro, destacaremos três das atividades mais desafiadoras: como ajudar os outros a resolver problemas; como apoiar as pessoas para que tomem decisões melhores; e como oferecer feedback em diversas situações. Também incluí um capítulo sobre a utilização dos Seis Passos com equipes. Há um capítulo adicional que aborda a utilização dessas idéias com crianças. Em seguida, você encontra um guia com recursos adicionais, um glossário de termos e várias notas de referência.

COMO USAR OS SEIS PASSOS PARA AJUDAR ALGUÉM A RESOLVER UM PROBLEMA

O maior desafio para qualquer pensador é apontar o problema de forma a permitir uma solução.

BERTRAND RUSSELL (1872-1970)

Uma das interações mais desafiadoras que líderes têm com seus empregados é quando algo não está dando certo: uma equipe precisa ser substituída; um sistema de computador não está funcionando; um lançamento não atingiu seu alvo. Isso ocorre quando o empregado não consegue encontrar a solução para um problema. É aí que o líder entra em cena para ajudar.

Na abordagem de liderança padrão, diz-se às pessoas o que elas devem fazer. No novo modelo, o Líder Tranqüilo aperfeiçoa o pensamento das pessoas. Vejamos como isso pode ser aplicado para resolver problemas.

Mark era controlador financeiro em uma empresa de tecnologia de grande porte, responsável pelas finanças do setor de manufatura, o maior setor do negócio. Mark queria demitir Jeff, um antigo membro do staff, devido a seu mau desempenho nos últimos dois anos. O problema era que Mark estava preocupado com o impacto disso sobre o moral de sua equipe; muitos dos membros da equipe exerciam funções-chave. Se a notícia fosse mal recebida, o desempenho da divisão inteira seria afetado. Parte do dilema de Mark era que, apesar de seu mau desempenho, Jeff era muito querido por todos e já estava no negócio há quase vinte anos.

Mark foi conversar com um de seus chefes, Richard, responsável pelas finanças na sede da empresa. Ele compartilhou seus pensamentos com Richard por alguns minutos. É claro que ele estava diante de um dilema. Ele realmente queria se livrar de Jeff, mas também sabia que isso poderia ter graves repercussões.

Se Richard fosse como a maioria dos altos executivos, faria várias perguntas a Mark para entender melhor a situação e, em seguida, ofereceria algumas sugestões. Como Mark era uma pessoa de personalidade forte, qualquer sugestão de Richard seria amplamente discutida. Então, a conversa levaria várias horas. E, no final, é provável que Mark ainda não soubesse como agir.

Por outro lado, se Richard estivesse familiarizado com os Seis Passos, a conversa só duraria dez minutos. Em vez de sair confuso quanto à próxima ação, Mark terminaria a conversa sabendo o que precisava ser feito e energizado com a idéia de tomar uma providência. Em seguida, ele resolveria rapidamente o problema. Esta seria a principal parte do diálogo entre Mark e Richard:

> Mark: *Estou sem saber o que fazer com um empregado. Ele já está há muitos anos na empresa, mas não apresenta mais um bom desempenho. Acredito que ele não esteja mais envolvido no trabalho. Há alguns anos, venho notando que seu desempenho está piorando cada vez mais. O problema é que ele é uma peça central na equipe. Todos gostam dele. É ele quem organiza e cuida de todos os eventos sociais. Meu receio é que sua substituição exerça um forte impacto sobre o moral do grupo. Eles têm uma ótima integração.*
>
> Richard: *Agradeço sua consideração em vir me procurar para discutir sobre o assunto. Você gostaria de levantar algumas questões sobre o assunto?* [Pedindo permissão.]
>
> Mark: *Sim, preciso obter o máximo de ajuda possível. O que você acha que devo fazer?* [Em geral, as pessoas iniciam uma conversa querendo que você forneça as respostas. Isso não significa que você deva fazer isso!]
>
> Richard: *Gostaria de fazer algumas perguntas para verificar se posso ajudá-lo a organizar seus pensamentos, em vez de dizer o que acho que você deve fazer. Se isso não ajudar, é claro que também darei minha opinião. Há vários problemas em potencial que poderiam ocorrer, mas desejo me concentrar mais nas solu-*

Colocando em prática os Seis Passos

	ções. *O que você acha?* [Ótima colocação aqui, para verificar se a outra pessoa sabe exatamente o que vai acontecer.]
Mark:	*Isso significa que você não deseja obter maiores detalhes?*
Richard:	*Pode parecer estranho, mas, quanto menos detalhes eu souber, mais poderei ajudá-lo. Para ser mais exato, quero verificar se compreendi bem seu desafio... Você quer demitir Jeff, mas está preocupado com o impacto disso sobre as pessoas. Estou certo?* [Compreendendo o dilema.]
Mark:	*Bem, talvez eu não esteja tão certo de que demiti-lo seja a melhor coisa a fazer neste momento...*
Richard:	*Então, como posso ajudá-lo? Qual é seu foco de atenção? Demitir ou não Jeff? Adotar ou não outra abordagem? Ou como gerenciar o impacto sobre a equipe? Você precisa priorizar um assunto a ser destacado neste momento.*

Observe que ainda estamos tentando chegar ao principal dilema, utilizando permissão, colocação, questionamento e esclarecimento. Se você conseguir definir o principal dilema antes de se aprofundar no assunto, economizará tempo e energia. Quando não fazemos isso, esse é um dos fatores que levam as conversas a girarem em círculos. Procurei reduzir esse diálogo; senão, o livro teria quinhentas páginas. Mas, na vida real, eles se estenderiam mais na discussão.

Mark:	*Enquanto você falava, acho que as coisas ficaram mais claras para mim... Eu realmente estou decidido a demiti-lo. Estou apenas evitando fazer isso porque conheço as prováveis conseqüências. Será doloroso e talvez até dramático. Alguns membros de minha equipe me procuraram na semana passada para dizer isso.*
Richard:	*Então, você quer dizer que precisa demitir Jeff, mas deseja pensar em uma forma de fazer isso com o mínimo de sofrimento para todos?*
Mark:	*Sim, acho que é isso. Preciso ser honesto comigo mesmo. Sei que isso precisa ser feito, mas fico adiando.* [Agora definimos o principal dilema.]

Richard: *Você quer discutir mais sobre esse assunto?* [Obtendo permissão novamente, pois uma nova conversa será iniciada.]
Mark: *Claro.*
Richard: *Então, você quer demitir Jeff, mas deseja fazer isso com o mínimo de sofrimento para todos.* [Nova colocação para verificar se ambos estão bem focados no principal dilema.] *Há quanto tempo você vem pensando nisso?* [Esta é a pergunta clássica sobre pensamento, a fim de ajudar Mark a começar a perceber o próprio pensamento.]
Mark: *Não sei, talvez... deixe-me ver...* [Mark reflete um pouco e pensa melhor. Ele passou para a fase da reflexão das quatro faces do insight; provavelmente ele está olhando para cima.] *Acho que isso não sai de minha mente há alguns meses, como um pensamento que vem e vai, mas quase sempre ele está lá no* background... *embora eu já saiba que Jeff precisa deixar a empresa há mais de um ano.*
Richard: *Então, este pensamento vem ocupando sua mente de forma bem intensa há alguns meses.* [Esclarecendo.]
Mark: *Acredito que sim.*
Richard: *Então, qual é a importância de tirá-lo da equipe, em uma escala de um a dez, onde dez significa vital?*
Mark: *Sabe de uma coisa? Agora que estou pensando sobre isso, provavelmente a resposta é sete em uma escala até dez. Definitivamente, não é dez; caso contrário, eu já teria feito isso.*
Richard: *Então, você sabe que é importante fazer isso, mas não tão importante a ponto de não poder ser adiado.*
Mark: *Sim... Isso é verdade, acredito.*
Richard: *Como você se sente com a idéia de adiar mais um pouco essa decisão?*

Agora, você deve estar pensando que a forma como Richard fez a última pergunta foi intencional, pois ele tem um plano por trás disso. E, dependendo da maneira como fez a pergunta, isso pode ser verdade. Mas ele apenas perguntou "Qual é o impacto desse pensamento sobre você?" Ele só está ajudando Mark a enxergar seu próprio pensamento com mais clareza.

Colocando em prática os Seis Passos

Mark: *Nunca pensei nisso antes... esta é uma boa pergunta... sabe de uma coisa? Acho que esse adiamento está sugando minha energia. Eu realmente não havia percebido isso... já está mais do que na hora de resolver esse assunto.* [Mark acaba de fazer rapidamente novas conexões. Ele passou para a fase de iluminação das quatro faces do insight. Agora estamos envolvidos na fase de realidade atual das perguntas e começando a explorar alternativas.]

Richard: *Parece que algo ficou mais claro para você. Acha que vale a pena conversar mais um pouco sobre isso? Você sabe o que fazer em seguida?* [Trata-se de uma forma de permissão, já que estamos nos movendo entre as fases.]

Mark: *Veja bem. Tenho uma noção do que preciso fazer, mas isso está ficando mais claro. Conversarei sobre o assunto com alguns membros da equipe antes de anunciar a decisão a todos. Ao obter a aceitação de cada membro do grupo, tornarei a situação menos dramática.*

Richard: *Parece uma ótima idéia! Você gostaria de discutir sobre diferentes opções de abordagem?* [Esta pergunta trata da exploração de alternativas.]

Mark: *Sim, pensei em marcar outra reunião, mas acho oportuno discutir mais sobre isso agora.*

Richard: *Então, você quer descobrir uma forma de obter a aceitação de algumas pessoas sobre o caso de Jeff?* [Ele está passando para a fase de colocação; dessa vez, trata-se de uma nova conversa para explorar alternativas.] *Qual é a melhor forma de ajudá-lo a pensar sobre isso? Gostaria de indicar algumas opções e discutir sobre algumas idéias? Ou talvez conversar com outras pessoas para tentar obter algumas sugestões? Ou ler algum material sobre o assunto? O que funciona melhor para você?* [Agora, ele está fazendo perguntas com o objetivo de explorar alternativas, sem entrar em detalhes sobre cada opção.]

Mark: *Acho que sei o que preciso... Só preciso marcar um almoço de negócios com três pessoas. Farei isso agora. Na verdade, farei algumas ligações telefônicas em seguida.* [Ao explorar opções, Mark obtém a clareza necessária sobre o que precisa

fazer; ele estava pronto para encarar os fatos e tomar uma decisão.]
Richard: Ótimo. Você precisa de meu apoio de alguma forma para resolver isso? [Pergunta relacionada à colocação aproveite a energia deles.]
Mark: Não. Você já me ajudou bastante. Muito obrigado por seu input.
Richard: Que bom. Então, nossa conversa foi útil?
Mark: Certamente. Agradeço mais uma vez. Acabei de tirar uma nuvem que estava sobre minha cabeça há um ano.

Nesse caso, nada poderia ser feito na fase aproveite a energia deles. A conversa poderia facilmente ter se encaminhado para a exploração de alguns itens, por alguns minutos: como ele desejava realizar as reuniões individuais com sua equipe, quando programar essas reuniões ou se ele desejava estipular um prazo para concluir isso. Às vezes, basta utilizar uma ou duas partes do modelo CRIAR para ajudar as pessoas.

Façamos agora um resumo da situação. Mark procurou Richard com um problema, querendo obter algum tipo de conselho. Richard poderia, tranqüilamente, ter aconselhado Mark a ter uma conversa franca com sua equipe, por exemplo. Nesse caso, é provável que Mark não aceitasse logo essa idéia, pois ele não fez as conexões por si mesmo. Talvez Richard sugerisse a Mark a utilização de um feedback de 360° com sua equipe e que tentasse convencer Jeff a deixar a empresa por sua própria vontade. Isso seria discutido. Em seguida, ele poderia sugerir a Mark que levasse em conta os perfis de competência do trabalho de Jeff, para verificar se havia alguma chance de fazer uma revisão formal de desempenho, a fim de tentar mostrar a Jeff que deixar a empresa seria a melhor solução.

Richard poderia ter oferecido diversos conselhos a Mark. Mas, no exemplo apresentado, ele não sugeriu nada; apenas limitou-se a ajudar Mark a pensar melhor sobre o assunto e ver tudo com mais clareza, com mais objetividade. Assim, Mark poderia fazer suas próprias conexões. Esse processo foi muito rápido, energizante e extremamente simples. E o resultado, melhor ainda: Mark tomou sua decisão e conseguiu lidar rapidamente com o problema.

Será que Mark teria tomado essa decisão sozinho? É muito provável que sim, mas não se esqueça de que ele passou quase um ano pensando nisso. E a situação poderia ter permanecido assim por muito mais tempo. Se Mark tivesse deixado a situação se prolongar, ela poderia se transformar em um grave problema, resultando na necessidade de demitir Jeff de uma forma negativa. Em vez disso, por meio da liderança tranqüila de Richard, Mark tomou logo decisões difíceis. E, então, todos se sentiram melhor com isso.

Vamos explorar outros tipos de problemas e como os Seis Passos podem ser aplicados a cada um deles. Em vez de apresentar diálogos inteiros, optei por fornecer algumas perguntas que você pode fazer para cada dilema, a fim de ajudar a ilustrar os padrões que ocorrem no processo. Não incluirei as perguntas utilizadas normalmente para iniciar uma conversa. Em vez disso, procurarei me concentrar nas perguntas que me parecem mais úteis, que podem ajudá-lo de alguma forma.

Dilema: Preciso ser mais organizado, mas estou assoberbado com tudo o que está acontecendo

"Qual é seu nível de comprometimento para resolver isso imediatamente?"
"Como você se sente em relação a seu nível de reflexão sobre este desafio até agora?"
"Você tem uma clara visão do nível de organização que deseja alcançar?"
"Em uma escala de um a dez, qual é seu nível de clareza sobre essa visão?"
"Em uma escala de um a dez, você sabe exatamente do que precisa para se tornar organizado?"
"Qual é a melhor forma de ajudá-lo a pensar mais sobre o assunto?"

Dilema: Preciso substituir um integrante do staff, mas não consigo descobrir o tipo de pessoa que precisamos para colocar em seu lugar

"Até que ponto isso é uma prioridade neste momento?"
"Como você se sente em relação a seu nível de reflexão sobre o assunto até agora?"
"Como você se sente em relação à qualidade de seu pensamento sobre o assunto até agora?"
"Quais são os recursos necessários para ajudá-lo a pensar melhor sobre o assunto?"
"Que parte do desafio está dificultando mais sua ação?"
"Você imagina qual será o próximo passo?"

Dilema: Preciso reduzir nossos custos, mas não sei onde posso fazer cortes.

"Qual é a importância disso para você?"

"Qual é a importância disso para a empresa?"

"Como você se sente em relação ao nível de atenção que tem dedicado ao assunto até agora?"

"Que tipos de processos funcionaram para você anteriormente para resolver um desafio semelhante?"

"Como você se sente em relação à forma como está lidando com esse projeto como um todo – organizado, caótico, disciplinado?"

"Você imagina o tipo de vínculo que pode estar faltando aqui?"

Resumindo, os Seis Passos para Transformar o Desempenho são muito úteis para ajudar as pessoas a resolver problemas. Basta definir uma questão como um dilema e, em seguida, acompanhar o processo. Por meio dos Seis Passos, você resolverá problemas em uma questão de minutos, e não de horas. De repente, você poderá se ver com tempo de sobra e nem saberá o que fazer com ele. Mas, agora, *existe* um dilema mais interessante a ser resolvido.

COMO USAR OS SEIS PASSOS PARA AJUDAR ALGUÉM A TOMAR UMA DECISÃO

A verdadeira linha divisória entre aquilo que chamamos de trabalho e aquilo que chamamos de lazer é que, no lazer, mesmo que sejamos muito ativos, fazemos nossas próprias escolhas e tomamos nossas próprias decisões. Sentimos que nossas vidas nos pertencem, ao menos por alguns instantes.

AUTOR DESCONHECIDO

Vimos como os Seis Passos podem ser úteis para resolver um problema. Da mesma forma, eles podem ajudar alguém a tomar uma decisão. Vamos explorar isso por meio de um novo estudo de caso. Em seguida, fornecerei outras perguntas úteis para ajudá-lo nessa arena.

Rebecca era diretora de Recursos Humanos em um banco de investimentos de médio porte. Ela estava enfrentando um problema: precisava decidir entre duas contratações para uma nova função sênior. A posição envolvia a gestão de programas de aprendizagem para centenas de pessoas muito inteligentes. Ela conseguiu reduzir o número de candidatos a apenas dois: um deles parecia ter mais habilidade para lidar com pessoas, enquanto o outro tinha mais experiência. Ambos eram ideais para a função e Rebecca estava indecisa. Ela levantou essa questão em uma reunião mensal com seu CEO, Robert.

Se Robert não estivesse se baseando nas idéias apresentadas neste livro, provavelmente ele tentaria adivinhar diferentes estruturas mentais que

Rebecca poderia experimentar, tais como dizer a ela para não se acovardar ou verificar os dados cuidadosamente. Essas sugestões não seriam ruins por si sós; mas é pouco provável que fossem úteis.

Ou Robert poderia tentar tomar a decisão por ela, fazendo perguntas sobre os candidatos e, em seguida, oferecendo sua recomendação. Mas, mesmo que sua decisão fosse ótima, em relação a níveis de alta gerência nas empresas, isso abala a credibilidade das pessoas e sua autoconfiança. O melhor a fazer é aperfeiçoar a capacidade de Rebecca de tomar decisões difíceis.

Como um Líder Tranqüilo, o primeiro passo de Robert é identificar o dilema central no mínimo de palavras possível. Nesse caso, por meio de perguntas rápidas, o dilema central foi expresso em uma única frase: "Preciso contratar o melhor entre os dois, mas não sei como fazer isso."

Em seguida, Robert utilizaria a estrutura de A Dança do Insight para fazer perguntas questionadoras. Neste exemplo, ele ajudou Rebecca a obter seu próprio insight com apenas cinco perguntas. A seguir, você encontra um esboço do que ocorreu.

Pergunta 1: Como você se sente em relação a seu nível de reflexão sobre o assunto até agora?
A resposta foi: "Exausta." Ela passou semanas lidando com isso.

Pergunta 2: É muito importante para você chegar rapidamente a uma resposta?
A resposta foi: "100%." Ela precisava tomar uma decisão nas próximas 24 horas, mas não sabia o que fazer.

Pergunta 3: Você sabe definir claramente a parte de seu pensamento que precisa ser mais aperfeiçoada?
Após refletir por algum tempo, ela respondeu que precisava se concentrar em convencer a equipe a apoiá-la, embora coubesse a ela a decisão final.

Pergunta 4: Até que ponto (em uma escala de um a dez) você sabe como envolver sua equipe na tomada de decisão?
Ela respondeu: "Seis." Mas descobrir o número real não era o mais importante aqui. O que mais ajudou foi o fato de Rebecca ter recebido aju-

da para aperfeiçoar o pensamento. E, nesse caso, isso envolveu a rápida reflexão sobre as seguintes idéias:

- Como ela conseguiu envolver a equipe na tomada de decisões anteriormente.
- O que funcionou quando ela conseguiu envolvê-los, utilizando, dessa vez, abordagens semelhantes.
- Como ela se sentia ao conseguir envolvê-los utilizando, dessa vez, abordagens semelhantes.

A partir desse conjunto de conexões rápidas, Rebecca ficou mais próxima de seu momento de grande revelação.

Pergunta 5: Como posso ajudá-la a envolver mais sua equipe para atingir o valor 10 na escala?

Neste ponto, Rebecca já chegara a seu grande insight. Ela já havia passado pela experiência de ficar paralisada, sem saber como convencer a equipe a tomar uma decisão. E, agora, precisava tomar uma decisão em 24 horas. Seu grande insight foi perceber que o medo de ficar novamente paralisada estava congelando seu pensamento.

Assim que Rebecca percebeu claramente o que ocorria com seu pensamento, não teve mais dúvidas sobre o que precisava fazer: em vez de começar a trocar vários e-mails com as pessoas, ela precisava fazer algumas chamadas telefônicas tradicionais para discutir isso com seu pessoal em tempo real. No final, isso exigiu sua disposição para acordar mais cedo uma manhã, mas, após uma hora de chamadas, a decisão foi tomada e todos se sentiram envolvidos.

Robert ajudou Rebecca a perceber os processos de seu próprio pensamento. Conseqüentemente, ela foi capaz de resolver seu próprio dilema e tomar sua decisão. Na próxima vez em que ela percebesse que havia parado de pensar com clareza, talvez voltasse a utilizar esse músculo mental. Ou seja, ela reservaria um tempo para observar seus próprios processos de pensamento. Portanto, seu pensamento foi aperfeiçoado.

Outras perguntas úteis para ajudar as pessoas na tomada de decisões

"Há quanto tempo você vem pensando sobre essa decisão?"
"Você costuma utilizar um processo específico para tomar decisões importantes?"
"Como você se sente em relação a seu nível de reflexão sobre o assunto até agora?"
"Que parte dessa decisão é a questão central?"
"Qual é a importância dessa decisão, em uma escala de um a dez?"
"Você tem um prazo para tomar essa decisão?"
"Você acha que está próximo do momento de tomar a decisão?"
"Você sabe o que precisa fazer para tomar essa decisão?"
"Que parâmetros você está utilizando para tomar essa decisão?"
"Que processo seria ideal para tomar a decisão *versus* a própria decisão?"
"Qual é a melhor forma de ajudá-lo a tomar uma decisão?"

Ao utilizar os Seis Passos para ajudar pessoas a tomar decisões, deixe que elas conduzam o pensamento. É como utilizar os modelos para resolver um problema. Vamos explorar dois outros modelos que devemos ter em mente para aperfeiçoar decisões.

TOMANDO DECISÕES COM A CLAREZA DA DISTÂNCIA

Às vezes, as pessoas responsáveis pela tomada de decisões importantes são as menos indicadas para fazer isso. Elas estão próximas demais do alvo: a quantidade de detalhes em suas mentes as impossibilita de enxergar os padrões, ou seus próprios filtros ou planos as impedem de processar informações com precisão. Rebecca, por exemplo, estava focada em um ponto ativo que a ajudaria a levar sua equipe a tomar uma decisão com rapidez. Seus sinais elétricos internos estavam consumindo toda a capacidade que seus neurônios deveriam estar utilizando para analisar os problemas e fazer novas conexões.

O que ajuda nesse momento é identificar os elementos do modelo Clareza da Distância que estão atrapalhando. Se Rebecca tivesse sido interrompida por um filtro, e não por um ponto ativo (por exemplo, contratar um dos candidatos em potencial com base em seu *background* cultural), ela seria capaz de pensar com mais clareza. Para fazer isso, bastaria que ela identificasse esse filtro.

Estas são algumas das perguntas adicionais que podem ajudar as pessoas a tomar decisões utilizando o modelo Clareza da Distância:

"Você tem um pensamento claro sobre esse assunto?"
"Que parte dessa decisão é mais difícil de processar?"
"O que poderia tornar essa decisão bem mais fácil?"
"Do que você precisa para conseguir tomar essa decisão com mais facilidade?"

Após identificarmos o que está atrapalhando o bom pensamento, podemos desenvolver estratégias para garantir a tomada de uma decisão mais equilibrada. Como líderes, podemos apontar sugestões após o insight das pessoas sobre o fator inibidor de seu pensamento. Estas são algumas das estratégias que podem aperfeiçoar a tomada de decisão:

- Obter a visão de várias pessoas diferentes.
- Utilizar um processo de decisão lógico e bem estruturado (por exemplo, desenvolver classificações para diferentes qualidades).
- Dar uma volta. De acordo com o neurocientista John Ratey, qualquer tipo de atividade física ajuda o cérebro a processar idéias.[1]
- Ficar deitado por algum tempo. Sei que isso não parece muito prático, mas um estudo recente mostrou que algumas pessoas conseguiram ter idéias melhores na posição horizontal![2]

TOMANDO DECISÕES COM BASE NO MODELO ESCOLHA SEU FOCO

Muitas pessoas se lançam em novos projetos sem se preocupar precisamente em criar uma visão. Em outras palavras, elas não definem os objetivos ou não dedicam tempo suficiente ao planejamento.

Ao incluir o modelo Escolha seu Foco nas conversas, as pessoas se lembram de começar pelo ponto de partida de seu pensamento. Isso é especialmente útil quando as pessoas se perdem nos detalhes. Estas são algumas das perguntas que você pode fazer:

"Qual é sua meta geral aqui?"
"Qual é sua visão do resultado perfeito aqui?"

"Você sabe aonde está tentando chegar?"
"Você está certo quanto ao plano a ser utilizado para atingir essa meta?"
"Seu plano está bem detalhado?"
"Você acha que vale a pena dedicar mais tempo à visão ou ao planejamento?"

Em suma, tomar decisões pode ser um processo difícil. A presença de uma caixa de ressonância pode fazer uma grande diferença. Isso ocorre especialmente quando a pessoa pode ajudá-lo a aperfeiçoar o processo por meio do qual decisões são tomadas. Os Seis Passos são uma excelente ferramenta de ajuda.

COMO USAR OS SEIS PASSOS PARA FORNECER FEEDBACK

O entusiasmo e o incentivo amoroso ajudam a estabelecer e cultivar novas sinapses.

THOMAS B. CZERNER (2001)

O feedback é a arte delicada de permitir que as pessoas saibam sua pontuação. O feedback fornece informações que permitem às pessoas aprender e crescer.

A boa liderança envolve o fornecimento de feedback. Isso é algo que os líderes podem fazer a cada hora, dia, semana, mês, trimestre, ano, ou após determinado número de anos. Líderes precisam estar cientes de que fornecer feedback implica conversas difíceis, em que há uma enorme possibilidade de as coisas darem errado. Uma pesquisa realizada em 2003, por uma instituição australiana voltada para negócios, encontrou "staff de coaching" nos cinco principais desafios de gestão, logo após "manter-se sereno sob pressão".[3] Em parte por causa desse resultado, muitos líderes fornecem feedback detalhado apenas uma vez por ano.[4]

Os Seis Passos, apresentados neste livro, podem ser aplicados a quase todas as situações de feedback no ambiente de trabalho, com exceção da gestão de desempenho realizada tardiamente (quando é necessário fazer uma advertência). Nesse caso, em geral há uma excessiva carga emocional em ambas as partes, para que haja um diálogo de mão dupla produtivo. Vamos nos concentrar aqui em três dos tipos mais comuns de situações de feedback: fornecer feedback para ótimo desempenho, desempenho limitado e baixo desempenho.

FORNECENDO FEEDBACK PARA ÓTIMO DESEMPENHO

A maioria das pessoas adora receber feedback positivo. Temos a sensação de que estamos um pouco mais altos e de que o mundo é maravilhoso; essa pode até mesmo vir a ser a melhor coisa que nos aconteceu em um ano inteiro. Como a sensação provocada é muito boa, além do fato de essa ação ser legítima, ética e isenta de efeitos colaterais, você poderia pensar que as pessoas naturalmente adotam isso como uma prática no trabalho. Mas isso ainda está longe de ser verdade. Em uma pesquisa realizada em 2004, o Gallup descobriu que 65% dos trabalhadores norte-americanos não receberam qualquer tipo de reconhecimento no ambiente de trabalho no ano anterior.[5]

Qualquer empresa que queira melhorar o desempenho de seu pessoal deveria começar verificando se há um fluxo de feedback positivo suficiente entre os empregados. Sem o feedback positivo, realmente não sabemos como está nosso desempenho e, portanto, não podemos apresentar o melhor resultado. Outra pesquisa realizada pelo Gallup, com quatro milhões de pessoas, apontou que as pessoas que receberam constante reconhecimento e elogios aumentaram sua produtividade individual, aumentaram o engajamento entre seus colegas de trabalho e estavam mais propensas a permanecer na empresa.[6]

Veja uma idéia que, a princípio, pode parecer maluca: é amplamente aceito que trabalhadores precisam de descanso para apresentar um ótimo desempenho; então, os governos da maioria dos países desenvolvidos regulamentaram leis que determinam que trabalhadores têm o direito a um longo período de férias anuais. Será que esses governos não deveriam pensar também em criar leis para que trabalhadores venham a receber feedback positivo suficiente todo ano?

Vamos explorar algumas das principais questões que devemos ter em mente quando fornecemos feedback positivo. Em seguida, esmiuçarei uma nova abordagem para o fornecimento de feedback positivo que aproveita oportunidades para o aperfeiçoamento do pensamento das pessoas.

Seja específico

Há uma grande diferença entre dizer "Você se saiu muito bem" e "Você se saiu muito bem, pois conseguiu realizar essa reunião em tão pouco tempo e quase sem recursos". O primeiro feedback teria pouco impacto, enquanto a segunda abordagem teria uma chance bem maior de causar um impacto positivo sobre a pessoa. Se desejarmos equiparar o impacto de nosso discurso e nossa intenção, é importante ser o mais específico possível ao fornecer feedback positivo.

Às vezes, isso significa que devemos pensar mais profundamente, tomar mais cuidado ao fornecer feedbacks e refletir mais.

Digamos que um colega de trabalho tenha criado um relatório excelente e que você queira ser mais específico em seu feedback. Você poderia fazer perguntas como:

- Qual foi o ponto de destaque no relatório?
- Qual foi o nível de esforço empregado para obter esse resultado?
- Que desafios ele enfrentou para concluir essa tarefa?
- Que tipo de impacto o relatório tem sobre você e outras pessoas?
- Que ação pode ser considerada como seu diferencial?

Seja generoso

Poucas pessoas se sentem confortáveis ao receber feedback positivo. Então, ao fazer isso, procure falar de forma que a outra pessoa compreenda o que você está transmitindo no âmbito da empresa. Meça bem suas palavras; senão, pode parecer que você não está sendo sincero, ou o tiro pode sair pela culatra. Reflita um pouco antes de falar. Pense sobre como transmitir seu feedback de forma que as pessoas realmente levem em conta o que você está dizendo.

Utilize permissão e posicionamento

Quando as pessoas ficam sabendo que receberão algum tipo de feedback, automaticamente temem o pior. Então, é sempre bom pedir permissão para oferecer um feedback a alguém, antes de fazer isso; permitir que as pessoas saibam o que esperar também pode ser muito útil. Pode ser uma simples declaração como "Quero compartilhar com você um feedback positivo sobre seu desempenho naquele projeto. As notícias são boas. Este é um bom momento para falarmos sobre isso?". Até mesmo quando oferecemos feedback positivo, a permissão e o posicionamento podem ser úteis. A maioria das pessoas não se sente confortável ao aceitar feedback positivo; então, talvez seja bom dizer: "Sei que você tentará negar isso, mas quero que realmente leve a sério o que vou dizer..."

Busque a aprendizagem autodirecionada

Se você deixar que as pessoas forneçam a si mesmas um feedback positivo, isso as ajudará a fazer conexões em suas próprias mentes. Você pode fazer isso antes ou depois de dar seu próprio feedback. Utilize o modelo Dança do Insight para ajudar a pessoa a identificar o que tenha feito bem. Essa é uma ótima forma de conduzir as pessoas a um nível maior de autoconsciência. Além disso, elas também podem se divertir. Estes são exemplos de abordagens que você pode fazer:

> "Conte-me seis coisas que tenha realizado muito bem."
> "Conte-me três coisas que aprendeu sobre si mesmo aqui."
> "Conte-me dois grandes desafios que você enfrentou e venceu."
> "Conte-me os recursos que você precisou encontrar, interna e externamente, para concluir essa tarefa."

Uma nova abordagem para fornecer feedback positivo que representa um avanço

Quando alguém faz um bom trabalho, você está diante de uma grande oportunidade de identificar novas conexões desenvolvidas por essa pessoa. Além disso, você precisa dar a essas conexões a atenção necessária para ajudar a torná-las parte dessa pessoa. É claro que é muito mais fácil fazer isso quando a pessoa está se sentindo bem do que quando ela está com baixo desempenho. Mas nossa tendência é fornecer feedbacks apenas para interagir sobre algum detalhe quando as coisas saem mal. Eu chamo isso de fenômeno "por que se importar com o que está dando certo?". É como um jogador de beisebol que só rebate a bola quando as bases estão carregadas, e pega arremessos alternados.

Colocando em prática os Seis Passos

Vamos tornar isso mais real por meio de um diálogo. Em vez de incluir notas após o diálogo, ofereço a você uma oportunidade de aprofundar suas conexões recorrendo a um exercício: à medida que for lendo o diálogo, anote os modelos encontrados ao lado do texto.

Gerente: *Gostaria de conversar com você por alguns minutos sobre seu ótimo trabalho ao fazer aquelas novas contratações. Não se preocupe. Tenho boas notícias. Você tem algum tempo disponível agora?*

Subordinado direto: *É claro.*

Gerente: *Acho que você fez um excelente trabalho ao contratar aquelas pessoas e eu gostaria de dizer o que observei... Não tinha noção de como você conseguiria encontrar profissionais de qualidade para ocupar aquelas funções, em um prazo tão curto. Quero que saiba que seu comprometimento e foco foram excepcionais. Você não desistiu quando todos diziam que isso era impossível. Além disso, sua liderança foi revelada na forma como você conseguiu obter o apoio da equipe inteira. E sua criatividade foi realçada na forma como conduziu todos a apresentarem diferentes idéias. As pessoas estão me dizendo que você está exercendo um impacto positivo sobre o departamento. Eu queria apenas registrar meu reconhecimento pelo excelente trabalho.*

Que tal se todos os gerentes de sua empresa tivessem o hábito de fornecer feedbacks assim, sempre que a situação pedisse isso? Que diferença isso faria no moral, no comprometimento e na dedicação das pessoas? Este é um exemplo de ótimo feedback positivo, mas a tendência é estacionarmos neste ponto. No entanto, há muito mais por fazer. Veja o que mais poderia acontecer:

Subordinado direto: *Puxa. Fico muito agradecido pelo ótimo feedback... Não tinha idéia do impacto que eu estava exercendo fora de minha pequena equipe.*

Gerente: Bem, você tem realmente causado esse impacto. Para a sua informação, várias pessoas apontaram o excelente trabalho que você tem desenvolvido, sem que eu precisasse perguntar. Você gostaria de aproveitar a oportunidade para fornecer a si mesmo um feedback sobre seu desempenho?

Subordinado direto: Claro... Acho que sim. Mas, na verdade, não gosto muito de falar sobre mim mesmo.

Gerente: Você não gostaria de tentar?

Subordinado direto: É claro. Acho que eu estava ansioso com o projeto, especialmente com um prazo tão apertado. Mas decidi apostar em 100% de êxito. Estou satisfeito e também um pouco aliviado em saber que tudo deu certo.

Gerente: Você se importa em responder a algumas perguntas para ajudá-lo a identificar o que aprendeu com isso?

Subordinado direto: Claro que não!

Gerente: Quais foram as novas habilidades e músculos que você acredita ter desenvolvido ao assumir esse projeto? O que aprendeu sobre si mesmo?

Subordinado direto: Acho que aprendi sobre a importância de pedir ajuda e de poder contar com uma equipe. Eu não poderia ter feito isso sozinho. Procurei um colega de trabalho e discutimos algumas idéias. Foi então que percebi que a equipe poderia me ajudar muito. Normalmente, eu tentaria fazer isso sozinho, mas, dessa vez, experimentei uma nova abordagem...

Gerente: Trata-se de um hábito que você deseja desenvolver? Você precisa do meu apoio para desenvolver esse novo músculo mental?

Subordinado direto: Sabe... isso seria ótimo. Eu gostaria muito de... mas não seja muito severo comigo se eu esquecer!

Gerente: Prometo que só abordarei isso de forma positiva. Não o atacarei quando você não fizer isso. Por que não me diz o que funciona para você? Qual é a melhor forma de ajudá-lo a transformar isso em um hábito?

Subordinado
direto: *Se você pudesse mencionar o assunto em nossa reunião semanal... isso seria ótimo.*
Gerente: *Combinado, então. Agradeço por sua honestidade e permissão para que eu possa desenvolvê-lo mais ainda. Sinto-me gratificado de poder trabalhar com você nesse nível. Obrigado.*

É claro que a abordagem anterior é diferente de grande parte dos feedbacks fornecidos no ambiente de trabalho. Esta é a abordagem do Líder Tranqüilo. Trata-se de uma abordagem que a empresa de Cingapura, apresentada no início do livro, poderia utilizar para treinar seus gerentes, em vez de deixá-los ficar atrás das pessoas dizendo o que elas devem fazer.

As pessoas precisam de feedback positivo.[7] Daniel Goleman, em seu livro *Inteligência emocional*,[8] descobriu que o isolamento social é quase duas vezes tão prejudicial para a nossa saúde quanto o fumo. O oposto do isolamento social é o convívio social. E existe melhor forma de estar conectado do que obter continuamente feedback direto sobre o impacto que exercemos sobre os outros? Talvez a gente leve um tempo para se acostumar a dar e receber esse tipo de feedback positivo. E também para superar nossa paranóia sobre os planos das outras pessoas. Mas acho que o esforço vale a pena.

Para concluir meus pensamentos sobre o feedback positivo, apresento aqui outro episódio ocorrido em Cingapura. Eu estava concluindo uma palestra cujo tema era "Reinventando o gerente" e discutia sobre a importância do feedback positivo. Ao final da discussão, uma mulher se levantou e disse com convicção: "Isso tudo parece ser muito bom, mas realmente não funcionaria em nosso caso. O feedback positivo não faz parte de nossa cultura." Muitas pessoas pareciam concordar com isso. Refleti rapidamente sobre a melhor forma de responder a essa pergunta. Pedi para as pessoas que tinham filhos se levantarem. Cerca de dois terços da platéia se levantou. "Agora, pensem na época em que seus filhos eram mais novos e que fizeram algo pela primeira vez, como andar ou falar uma palavra nova. Vocês conseguem se lembrar de alguma coisa?" Todas as pessoas que estavam de pé balançaram afirmativamente a cabeça. "Agora peço às pessoas que deram automaticamente um feedback positivo ao filho, naquele exato momento, que se sentem novamente." E todos se sentaram. Aquela mesma mulher se levantou novamente. Seu rosto parecia estar iluminado com a energia de uma revelação: "Então, você está dizendo que temos as conexões necessárias para fornecer feedback positivo. O problema é que não estamos habituados a fazer isso no trabalho."

■ ■ ■ ■ ■ ■ ■ EXERCÍCIO ■ ■ ■ ■ ■ ■ ■

Fornecendo feedback para ótimo desempenho

Há muitos anos venho aplicando este exercício a centenas de gerentes. Soube que ele provocou uma rápida mudança na cultura de muitas equipes. O exercício pede que você forneça feedback positivo uma vez ao dia, durante uma semana, procurando ser sucinto, específico e generoso. Em seguida, faça algumas anotações sobre o impacto disso sobre você e sua equipe, no final da semana. Ao fazer suas anotações, procure ser o mais específico possível.

FORNECENDO FEEDBACK PARA DESEMPENHO LIMITADO

Fornecer feedback quando alguém apresenta um ótimo desempenho é uma boa idéia e parece ser bem simples. Mas lidar com uma pessoa cujo desempenho não foi dos melhores pode ser um pouco mais complexo.

Em geral, quando uma pessoa tem um desempenho limitado, nossa tendência é apontar seu erro. Mas, em um estudo mencionado anteriormente, chegou-se à conclusão de que os empregados reagem negativamente às críticas mais da metade das vezes e que eles reagem positivamente às críticas apenas uma vez (em uma escala de 1 a 13). Ou seja, a resposta mais provável às críticas será negativa e a próxima resposta mais provável será a ausência de impacto. A chance de que as críticas sejam úteis é de uma em cada três semanas, se o empregado for exposto a essas críticas todo dia.

Quando nosso desempenho não é bom, ficamos na defensiva, sentindo-nos culpados, aborrecidos, frustrados, zangados, ou um pouco de tudo isso. Tentar detectar a causa do problema contribui para exacerbar essas emoções, o que não é útil para ninguém. Somos todos mestres na autocrítica e não precisamos de muita ajuda nessa área.

Conforme vimos no capítulo "É quase impossível desconstruir nosso sistema de conexões" (Parte 1), quando focamos o erro e sua causa, podemos encontrar vários motivos para a falha, mas é pouco provável que isso nos ajude a obter êxito no futuro. Ao mesmo tempo, estamos aprofundando os circuitos que nos levaram a falhar da primeira vez. Compreender o motivo da falha é muito útil para gerenciar processos, mas a gestão de pessoas requer uma abordagem diferente.

Quando as pessoas apresentam um mau desempenho, em vez de fornecer um feedback negativo ou tentar descobrir o que deu errado, utilize os Seis Passos para ajudá-las a ter insights por si mesmas. Permitir que as pessoas cheguem a seus próprios insights quando as coisas não saem tão bem é mais confortável para todos. Além disso, é mais provável que consigamos atingir o resultado esperado por todos: aprendizagem e mudança de comportamento em uma próxima oportunidade.

Alison é gerente de marketing em uma empresa de marketing especializada na área de álcool. Ela se saiu bem em um de seus principais projetos anuais, um grande evento de marketing para uma das principais marcas. Mas seu chefe, Enrico, acha que seu desempenho poderia ter sido melhor, comparado a anos anteriores. Ele foi sábio ao programar conversas individuais: no início da semana (quando ela estaria mentalmente menos cansada), no meio da manhã (quando ela teria mais energia) e em um bar bem tranqüilo (onde eles teriam liberdade para conversar abertamente). Talvez seja interessante anotar os modelos utilizados por Enrico.

Enrico: *Obrigado por aceitar conversar sobre isso. Pela forma como você respondeu a meu pedido, percebi que provavelmente você não se sente à vontade para conversar sobre o assunto. Portanto, agradeço por ter reservado um tempo para isso.*

Alison: *Tudo bem. Não estou satisfeita com o que ocorreu, mas acho que é melhor conversar do que deixar o assunto de lado.*

Enrico: *É provável que sim. Primeiramente, gostaria de me certificar de que você está se sentindo bem para ter esse tipo de conversa agora. Trata-se de um assunto bem pessoal. Você acha que está em condições de fazer isso agora?*

Alison: *Claro.*

Enrico: *Ótimo, obrigado. Também quero verificar mais duas coisas. Em primeiro lugar, você dispõe de 45 minutos? Segundo, que tal desligarmos os celulares, para evitar distrações?*

Alison: *Sem problemas, para as duas perguntas.*

Enrico: *Obrigado. Quero que saiba que não há motivos para maiores preocupações. Você não corre o risco de perder o emprego e, mais importante do que isso, não estou aqui para averiguar o que ocorreu. Na verdade, não irei tocar muito nesse assunto. Quero verificar qual é a melhor forma de ajudá-la a aproveitar todo o seu potencial em sua função, se isso for de seu interesse.*

Alison: *Agradeço por me dizer isso logo de início. Não sabia bem o que esperar... Já faz uma semana que não paro de pensar no assunto e me censuro pelo que ocorreu.*

Até aqui, podemos reduzir tudo a muitas permissões e posicionamentos. Enrico está colocando o processo antes do conteúdo, pensando no sucesso da conversa em si. Essa conversa só levou dois minutos, o que pode parecer um desperdício de tempo; contudo, sem uma quantidade suficiente de permissões e posicionamentos, provavelmente Alison ficaria na defensiva. E, conseqüentemente, eles poderiam ter perdido muito tempo desviando-se do assunto principal. Como regra, quanto maior a probabilidade de algo dar errado, mais tempo deve-se dedicar para obter permissões e posicionar as pessoas.

Enrico: *Ótimo. Só quero ajudá-la a desempenhar sua função da melhor forma. Sei que seu desempenho não foi tão bom quanto no passado, mas não estou aqui para censurá-la. O evento já faz parte do passado e estou aqui para ajudá-la a melhorar. Para começar, quero dar a você a oportunidade de fornecer a si mesma algum feedback sobre o evento, a fim de que você possa auto-avaliar-se, bem como avaliar seu desempenho. Em uma escala de um a dez, como você classifica seu desempenho nesse projeto?*

Enrico está entrando em detalhes sobre o evento. Então, ele não está mais se concentrando apenas no pensamento de Alison. Mas está utilizando critérios de mensuração para manter a conversa em um nível alto. Isso ajuda a manter o foco na aprendizagem, e não nos detalhes. Se ele perguntasse "Como isso ocorreu?", ela poderia interpretar isso como uma solicitação para que descrevesse todos os problemas. Lembre-se de que essa é uma rampa escorregadia que conduz ao problema.

Alison: *Dou nota seis a meu desempenho, em uma escala de um a dez...*
Enrico: *Então, um pouco acima da metade de seu real potencial.*
Alison: *Isso mesmo! Não fiquei satisfeita com meu desempenho.*
Enrico: *Obrigado pela honestidade... então, sem entrar em maiores detalhes sobre o ocorrido, você é capaz de me dizer o que aprendeu com a experiência?*
Alison: *Acho que ainda não pensei nisso. Tenho passado a maior parte do tempo me censurando.*
Enrico: *Você gostaria de ter aquela conversa comigo agora?*
Alison: *Acho que esperava que tudo fosse mais fácil e transcorresse normalmente, como em outros eventos. Em caso de problema, eu tentaria resolver tudo sozinha. Não queria que ninguém*

	soubesse que havia um problema, talvez para não me expor... Então, não pedi ajuda.
Enrico:	*Isso certamente dificultaria as coisas, especialmente porque, na verdade, o evento é um projeto de equipe. Você gostaria de discutir mais sobre isso comigo? É um assunto bem pessoal.*
Alison:	*Claro! Já começamos a tocar no assunto.*
Enrico:	*Minhas indagações são bem simples: Qual é a melhor forma de ajudá-la a transformar este insight em um hábito? Como posso ajudá-la a criar uma conexão permanente do que você aprendeu aqui sobre si mesma? Antes de mais nada, você tem interesse em fazer isso?*
Alison:	*Certamente. As últimas semanas têm sido um pesadelo. Estou começando a perceber que uma parte disso foi imposta por mim mesma. Então, quero discutir sobre isso. Acho que você me ajudaria ao fazer perguntas sobre isso nas reuniões semanais, lembrando-me sobre o assunto, perguntando se tenho procurado pedir ajuda. Detesto fazer isso, mas, se eu não resolver isso agora, provavelmente nunca o farei.*

A conversa termina aqui, com Enrico concordando em fazer um acompanhamento semanal, durante seis semanas, para verificar se Alison pede ajuda. Depois, eles aproveitam o resto do tempo de que dispõem para se conhecer melhor, inclusive discutir as metas profissionais de Alison, algo que ainda não haviam feito.

Nessa conversa de dez minutos, Alison deixou de lado seu sentimento de culpa e revelou um hábito que foi um dos grandes motivos de seu baixo desempenho. Durante o processo, ela também desenvolveu maior empatia e confiança em seu chefe. É provável que Alison jamais se esqueça desse projeto, dessa lição e, é claro, desse gerente. Enrico a ajudou a melhorar o desempenho, sem oferecer sugestões, idéias, conteúdo ou conselhos específicos. Bastou que ele deixasse seus próprios planos de lado, se afastasse dos detalhes e a deixasse pensar. Portanto, ele se concentrou nas soluções e a ajudou a transformar seus insights em hábitos.

FORNECENDO FEEDBACK PARA BAIXO DESEMPENHO

Francesco é gerente em uma seguradora de grande porte. Um de seus subordinados diretos, Andrew, fez uma transação no valor de seis dígitos com um fornecedor. Ele não deveria ter feito isso sem a autorização de Francesco, de acordo com as regras da empresa.

Interagir com o baixo desempenho é como lidar com o desempenho limitado. A principal diferença é a quantidade de carga emocional à qual as duas partes podem ser submetidas. Francesco poderia confrontar Andrew e dizer que ele agiu de maneira equivocada. Ele faria isso, a fim de evitar que o erro se repetisse. Mas, como ambos são homens teimosos, confrontar Andrew de forma direta provavelmente resultaria em uma enorme tensão emocional. Embora isso possa levar Andrew a se lembrar de não repetir o erro, ele não terá aprendido nada de útil sobre si próprio. Além disso, o relacionamento entre os dois ficaria abalado.

Lembre-se de que a quantidade de carga emocional aqui significa que Andrew poderá se sentir atacado caso Francesco pergunte apenas: "O que aconteceu?" Então, para interagir de forma que isso não gere briga, primeiro Francesco precisa lidar diretamente com o fato de que essa é uma conversa difícil: ela não fluirá bem sem a presença de várias permissões e posicionamentos. Vale a pena ser estratégico quanto ao momento adequado de discutir o assunto, escolhendo aquele em que Andrew esteja menos propenso a reagir negativamente (como uma sexta-feira no bar, após o expediente).

Após verificar que a conversa está bem encaminhada, Francesco precisa desvincular a forte carga emocional que acompanha o baixo desempenho. É difícil conversar sobre aprendizagem ou soluções quando há tantos sentimentos subjacentes envolvidos, como culpa, autoflagelação, frustração, medo, tristeza ou raiva.

Após definir o ambiente correto, Francesco precisa estabelecer permissão, utilizar muitos posicionamentos e tomar providências para deixar de lado emoções fortes. Depois, o restante da conversa não será muito diferente de qualquer outra situação em que esse modelo seja utilizado. A parte mais difícil está por vir.

Algumas das perguntas que Francesco deve fazer:
"Como podemos conversar sobre isso focando as soluções?"
"Como tornar essa conversa o mais útil possível para você?"
"Qual foi seu grande insight a partir do que aconteceu?"
"O que você aprendeu com tudo isso?"

Quando se trata de lidar com baixo desempenho, se estivermos comprometidos com o aprendizado das pessoas, quanto maior a carga emocional aí presente, mais essencial será a utilização de uma abordagem autodirecionada. Isso exige a vontade de deixar de lado sua própria resposta emocional a determinadas situações e se concentrar em como tornar a experiência do feedback de extremo valor para a outra pessoa.

Em suma, se nossa meta como líderes é aperfeiçoar o desempenho das pessoas, então é essencial fornecer muitos feedbacks, independentemente do que tenha ocorrido. Sem feedback, não podemos aprender. Mas precisamos nos distanciar do paradigma atual de feedback de desempenho construtivo, uma forma mais branda de dizer: "Conte às pessoas o que elas fizeram de errado!" De forma consciente e respeitosa, pergunte às pessoas o que elas aprenderam e qual é a melhor forma de ajudá-las a se aperfeiçoar ainda mais. Para ser mais preciso, quando as pessoas apresentarem um bom desempenho, forneça vários feedbacks positivos, seja específico e encontre maneiras de aprofundar novos hábitos originados por seus sucessos. Quando as pessoas apresentarem um baixo desempenho, expressar seus sentimentos como líder talvez não contribua muito para melhorar o desempenho dessas pessoas. A melhor forma de trazer um diferencial é deixá-las pensar e estar por perto para ajudá-las a aprender tudo o que puderem sobre si mesmas, a partir da situação. Essa abordagem construirá confiança e respeito. E as pessoas serão motivadas a querer ter um bom desempenho. Isso aperfeiçoará o pensamento das pessoas e, com o tempo, transformará seu desempenho.

COMO USAR OS SEIS PASSOS COM EQUIPES

Você desenvolve uma equipe para que ela atinja o que uma pessoa sozinha não consegue realizar. Todos nós somos muito mais fracos quando agimos sozinhos do que em grupo.

MIKE KRZYZEWSKI, TREINADOR DE
BASQUETE DA DUKE UNIVERSITY (2001)

Recentemente, quando eu passeava no parque com minha filha, encontrei um novo vizinho, também em companhia de sua pequena filha. Conversamos sobre nossas respectivas profissões, enquanto dávamos voltas no parque com as meninas. Seu nome era Antoine e ele trabalhava como jornalista em uma estação de TV a cabo. Antoine adorava escrever, mas acabara de ser promovido para uma função de gerência e agora era responsável por uma equipe de escritores e operadores de câmera. "É como se eu fosse o coach de uma equipe de futebol", disse ele, balançando a cabeça. "A diferença é que uma pessoa não tem braços, uma tem medo da bola, outra não consegue correr e as outras simplesmente não querem mais participar da equipe. Como posso trabalhar com pessoas assim?", ele perguntou, lançando as mãos para o ar.

Antoine não é o único a enfrentar esse desafio. O salto de um especialista em conteúdo para uma função de gerência é um passo decisivo no desenvolvimento de qualquer líder, e essa transição não costuma ser fácil. Os Seis Passos podem ser muito úteis nesse estágio. Eles fornecem um mapa sobre como melhorar o desempenho de uma equipe por meio do aperfeiçoamento da forma como a equipe pensa.

Sem um líder de equipe eficaz, o pensamento da equipe pode se tornar muito ineficaz. Perde-se muito tempo em conversas demoradas e desnecessárias, que não agregam valor a ninguém. Conseqüentemente, as pessoas que oferecem as melhores contribuições podem acabar optando por não ter mais qualquer tipo de participação. Se um líder de equipe se distanciar dos detalhes, mantiver o grupo focado em soluções e ajudá-lo a estruturar seu pensamento, esse líder realmente conseguirá aperfeiçoar a comunicação da equipe e, portanto, melhorar seu desempenho.

Quando a forma como o grupo pensa é bem gerenciada, o pensamento é como um processamento em paralelo: a forma como dois chips de computador trabalham duas vezes mais rápido em conjunto, cada um sendo responsável por uma parte diferente do processo. Vamos explorar em maiores detalhes como alguns dos modelos deste livro são relevantes para equipes.

Deixe o pensamento por conta deles

A função de um líder de equipe é facilitar o pensamento dos membros da equipe, ajudá-los a pensar de forma mais produtiva e eficaz, melhor do que se estivessem sem o líder. Mas é a equipe que deve pensar, e não o líder. Se você ignorar esse princípio, as pessoas até poderão fazer sua vontade por certo tempo, mas você acabará gerando atritos, em vez de sinergia. Como líder, você deseja aproveitar a capacidade de pensamento coletivo da equipe, e não tentar convencê-los sobre suas idéias. Peça permissão, faça vários posicionamentos e perguntas questionadoras. Acima de tudo, fique longe de detalhes e problemas. O modelo CRIAR também é uma ótima forma de organizar os processos de pensamento do grupo. Em primeiro lugar, leve o grupo a se concentrar na realidade atual de qualquer situação (o conhecido, os fatos reais), antes de explorar outras alternativas. Em seguida, aproveite a energia do grupo, alavancando a especialização e as motivações de cada pessoa.

Concentre-se nas soluções

Se você tivesse um desafio de retenção, uma equipe poderia passar um dia inteiro dissecando o problema ou tentando descobrir o que fazer. Noto que as equipes tendem a se concentrar primeiro nos problemas. A discussão de problemas requer menor comprometimento do que a discussão de soluções. E, em equipes nas quais as pessoas não desejam assumir responsabilidades por seus atos, é bem mais confortável para todos focar os problemas.

Como líder, sua tarefa é orientar cuidadosamente a equipe para que ela adote uma direção mais útil, baseada em soluções e, em seguida, deixar o pensamento por conta dela. O modelo Escolha seu Foco pode ser útil nesse caso. Converse sobre isso. Você pode até mesmo escrever o modelo em um quadro para manter acesa a idéia de que não devemos nos perder em detalhes, problemas ou dramas durante uma reunião. Falaremos mais sobre isso posteriormente.

Forneça feedback positivo

As equipes precisam de feedback positivo como qualquer outro ser humano, ou talvez até mais. Quando as pessoas se reúnem, suas emoções são amplificadas. Podemos comparar isso às ondas rasas que se juntam na praia; a água é jorrada para cima com enorme força, como resultado dos picos de todas as ondas. Uma pequena dose de feedback positivo pode ter um grande impacto, pois isso é ressaltado entre os membros da equipe.

Crie oportunidades para o feedback positivo, definindo expectativas claras em todos os níveis. Assim, todos saberão as regras do jogo. Para termos expectativas claras, primeiro precisamos ter metas bem definidas. Também é importante decidir como a equipe trabalhará em conjunto, explorando questões como políticas e padrões operacionais, as "regras do engajamento". A própria equipe pode gerar isso, orientada pelo líder. Quanto mais explícitos forem o jogo e suas regras, mais fácil será conseguir a participação plena de todos. E também será mais fácil fornecer feedback positivo quando as pessoas tiverem um bom desempenho.

Lembre-os de distender

A maioria de nós já passou pela experiência de estar em uma equipe com uma grande missão a ser cumprida, com uma meta que exige um pouco de distensão. Isso costuma ocorrer durante uma emergência. Por exemplo, quando acaba a luz, as famílias precisam trabalhar juntas para lidar com a situação. Nos tempos de guerra, os soldados vivenciam um nível de trabalho em equipe que talvez seja único em suas vidas; muitos deles sentem falta da experiência e do vínculo que passam a ter com os outros soldados.

Ajudar as equipes a distender metas, o que Jim Collins, autor de *Empresas feitas para vencer*,[9] chama de "grandes metas difíceis e audaciosas", é essencial para levar uma equipe a querer trabalhar em conjunto e, em seguida, fazê-la entrar em ação. Uma equipe com uma meta distendida tem um propósito em comum: é mais fácil descobrir como utilizar os talentos de cada um e os membros do grupo podem incentivar uns aos outros por meio dos desafios e também compartilhar as vitórias. Uma equipe sem uma meta distendida é como um barco sem leme. As pessoas se perguntam por que devem se importar em trabalhar em equipe, já que poderiam perfeitamente trabalhar sozinhas com mais eficácia. É necessário haver um desafio maior que elas só sejam capazes de enfrentar em equipe.

Como líder, você tem uma visão externa da equipe; portanto, essa é uma posição ideal para distender o grupo. Você pode enxergar do que é capaz a equipe como um todo, melhor do que aqueles que estão dentro da equipe. A definição de metas distendidas internamente pode gerar controvérsias, pois as pessoas tendem a discutir sobre o que é realista ou que exige um excesso de distensão. O modelo CRIAR é uma maneira fantástica de definir metas distendidas em um grupo: é uma forma de estruturar o pensamento das pessoas. Assim, as metas são originadas no grupo. E você, como líder, pode ficar de fora, ajudando a equipe a distender as metas, à medida que a conversa se desenrola.

Escolha seu foco

Esta é uma das ferramentas mais úteis deste livro para trabalhar com equipes. Dois exemplos de como utilizar este modelo:

- No início de todas as reuniões de equipe, você pode escrever este modelo em um local bem visível. Comece falando sobre a visão ou meta da equipe. Em seguida, recapitule o estágio atual do processo de planejamento. Faça tudo isso antes de entrar em detalhes.
- Poder visualizar este modelo em uma reunião ajuda as pessoas a reconhecerem sozinhas quando se perderam em um problema ou drama. Quando as pessoas conseguem perceber isso sozinhas, rapidamente deslocam o pensamento para o planejamento ou os detalhes, dependendo de qual é o mais relevante.

Pratique o posicionamento

O posicionamento é uma habilidade muito útil para facilitar conversações em equipes. As equipes consistem em vários cérebros, com diferentes expectativas, medos ou filtros. Quanto maior for o número de pessoas trabalhando na equipe, maior será o uso de posicionamentos. Dessa forma, as pessoas conseguem acompanhar o fluxo da conversa. Quando lidero uma equipe, percebo que faço vários posicionamentos no início e, em seguida, faço pequenas pausas durante a reunião para abordar os seguintes tipos de questões:

- O tempo da reunião.
- A meta da reunião.
- A função do líder.
- A função de cada participante.
- O tipo de conversa que pretendemos ter (por exemplo, brainstorm ou definição de uma meta).
- Acordos prévios sobre o trabalho em conjunto.
- Algum assunto abordado na última reunião para que todos saibam a posição da equipe neste momento.

É necessário incluir vários posicionamentos ao liderar equipes; caso contrário, a conversa pode se perder. Com seis pessoas integrando a equipe, um assunto completamente irrelevante na discussão poderia ser levantado e consumir vinte minutos do tempo de reunião. Por meio da utilização de posicionamentos, as reuniões podem ser bem mais eficazes e levar um tempo bem menor do que o normal.

Esclarecimento

Discussões em equipe são interações complexas, caóticas. Alguém pode lançar a pergunta: "Qual é a solução para o nosso problema de retenção?" Uma pessoa pode se incomodar com o assunto e conversar sobre a forma como a empresa negligencia seu pessoal. Essa pessoa não pode ser interrompida; caso contrário, corremos o risco de deixá-la ainda mais chateada. Alguém pode reclamar sobre o capital investido em recrutamento. Uma outra pessoa está preocupada com o moral. Outra quer parecer inteligente, a fim de obter uma promoção que está surgindo e apresenta vários dados do setor sobre o assunto que, embora interessantes, são irrelevantes. Cada pessoa acha que seu ponto de vista é o mais importante. As pessoas começam a discutir sobre as diferentes visões e, de repente, tudo se transforma em uma grande confusão. A utilização contínua de posicionamentos serve para ajudar todos os membros do grupo a não perderem o foco, mas o mesmo ocorre em relação aos esclarecimentos. O esclarecimento sobre a conversa do grupo em andamento ajuda as pessoas a enxergarem o objetivo de cada discussão. E isso ajuda a equipe a fazer autocorreções e acompanhar o processo.

O esclarecimento completa um ciclo em qualquer diálogo; ele conclui uma série de idéias complexas, pois simplifica a conversa ao apresentar o que está sendo discutido, no final das contas. O bom esclarecimento realizado por um líder de equipe, quando as pessoas estão envolvidas em conversas complexas, pode ajudá-lo a avançar bem mais na conversa, dedicando menos tempo a detalhes e mais tempo ao que realmente importa. Ao esclarecer, utilize o mínimo de palavras possível e se concentre no fundamental, na essência do que é dito. Declarações sobre o andamento da conversa podem ser úteis. Eis alguns exemplos: "Parece que saímos completamente do foco aqui", "Este assunto parece interessar muita gente" ou "Acho melhor retomarmos o plano inicial de nossa reunião".

Siga o modelo CRIAR

O modelo CRIAR é tão útil para aperfeiçoar a forma como uma equipe pensa que raramente o excluo de uma reunião. Imagine uma equipe discutindo sobre um novo organograma que está sendo preparado. Ao seguir o modelo CRIAR, comece fazendo perguntas como:

"Qual é o status atual do projeto?"
"O que sabemos sobre isso até aqui?"
"Podemos listar tudo o que sabemos para definir o status atual do projeto?"
"Vamos criar um relatório de status para identificar o que ocorreu até aqui?"
"Qual é mesmo nossa meta? O que pretendemos com esse plano?"
"Qual é o objetivo específico desta reunião?"

Ao começar do princípio, fica muito mais fácil fazer escolhas bem orientadas sobre o caminho que o pensamento do grupo deve seguir. Percebi que, quando inicio uma reunião sem incluir perguntas desse tipo, o caminho a seguir deixa de ser o foco, dando lugar a problemas e dramas.

Assim que você tiver uma clara compreensão da realidade atual, a próxima etapa será a exploração de diferentes alternativas de como a equipe pode pensar.

Exemplos de perguntas a serem feitas neste momento:

"Qual é a melhor forma de atingirmos nossa meta nesta reunião?"
"Será que convém fazer um brainstorm? Cada um de nós deve compartilhar o que já preparou? Alguma outra sugestão?"
"Qual é a melhor forma de pensarmos sobre isso como grupo, a partir daqui?"
"Vamos pensar na melhor forma de avançarmos, sugerindo algumas opções?"

A partir daqui, fica claro que há uma abordagem que o grupo deseja seguir; então, seguimos nessa direção e aproveitamos a energia liberada pelo grupo. Podemos fazer perguntas como:

"Qual é a melhor pessoa para destacar esta ação?"
"O que precisamos fazer para garantir que isso ocorra?"
"Precisamos definir um prazo?"
"Quais são as próximas etapas?"

O modelo CRIAR é uma forma de estruturar os processos de pensamento de um grupo. Utilizar esse modelo, em vez de começar uma discussão caótica, ajuda o grupo a manter o foco e economizar tempo, além de aumentar a qualidade das idéias e energizar todo mundo.

Todos os modelos apresentados neste livro serão úteis com equipes. Por enquanto, minha intenção era focar apenas os pontos de destaque. Como meu novo vizinho constatou, a maioria das equipes é, por natureza, incoerente, sistemas caóticos com pessoas querendo seguir em várias direções diferentes. A tarefa do líder é unir a equipe. A melhor forma de fazer isso é levando seus integrantes a pensar de forma mais eficiente e eficaz, aperfeiçoando o pensamento de *todos*, sem dizer às pessoas o que fazer.

COMO USAR OS SEIS PASSOS COM CRIANÇAS

O foco é o componente quintessencial do desempenho superior em qualquer atividade, independentemente do nível de habilidade ou da idade da pessoa. O foco acompanha o interesse, e o interesse não precisa de coerção. Basta a presença de mãos habilidosas para manejar o leme da atenção.

Tim Gallwey (2001)

Muitos adultos inteligentes ficam sem saber como interagir com seus filhos adolescentes. Então, costumam me perguntar: "Posso utilizar esses princípios com meus filhos?"

A resposta é: sim e não. Vamos explorar primeiro o "não". Quando as pessoas fazem essa pergunta, na verdade, estão perguntando: "Você pode me fornecer uma fórmula para controlar meu filho adolescente?" Para esses pais, a má notícia é que os Seis Passos não ajudam a controlar ninguém. Nesse caso específico, podemos até dizer que o inverso é verdadeiro: seguir os Seis Passos significa livrar-se do controle, deixando de lado seus próprios planos, e confiar que outras pessoas encontrarão as melhores respostas às suas perguntas dentro de si mesmas.

Deixe-me ver se fui claro aqui. Não estou defendendo que devemos descartar o conceito de disciplina ou limites. Quando seu filho de 18 anos pergunta "Você me empresta o carro para ir a uma festa maravilhosa onde pretendo tomar alguns drinques?", talvez a resposta deva partir de você, e não dele. O cérebro do adolescente ainda não está totalmente formado para saber o que é melhor para ele no longo prazo.[10]

Desconsiderando esses fatos, a resposta "sim" à pergunta sobre os Seis Passos e sobre filhos é que esses modelos podem realmente tornar as conversas com seu filho adolescente menos pesadas, e até mais prazerosas para ambas as partes. Vamos explorar mais esse assunto.

Deixe o pensamento por conta deles

De um modo geral, podemos dizer que há dois tipos de cérebro. O primeiro é o cérebro das crianças, desde o nascimento até cerca de sete anos,[11] que assimila tudo à sua volta e armazena com facilidade informações, aparentemente sem o menor esforço. Observe uma família com dois filhos – um de cinco anos e outro de oito – que se muda para outro país. Você notará que o filho mais novo aprenderá o novo idioma fluentemente e que o mais velho terá maior dificuldade pelo resto da vida.

O segundo tipo de cérebro é o dos adultos. Os cérebros dos adultos continuam recebendo novas informações, mas em um ritmo bem mais lento. A teoria da aprendizagem de adultos[12] diz que, quando somos adultos, aprendemos fazendo conexões com informações existentes em nossos cérebros. Aprendemos quando verificamos uma idéia e decidimos sobre sua relevância para nós, sua importância e utilidade. Se acharmos que essa nova informação se adequa bem a nosso pensamento, decidimos registrá-la como uma conexão permanente em nossos circuitos, por meio de várias atividades conscientes e inconscientes. Então, o cérebro do adulto é proativo nesse processo e só aprende quando quer. A criança, porém, escutará cinco idiomas e absorverá todos. Em outras palavras, por volta dos sete anos, as crianças só aprendem quando querem, independentemente do número de vezes que você repita a mesma coisa.

Para mudar o comportamento de uma criança, é necessário mudar a forma como ela pensa. Tentar conseguir isso dizendo à criança "Procure ser mais positivo" tem praticamente o mesmo impacto do que teria sobre um adulto. Precisamos levar essas crianças a pensar sobre o assunto, em vez de simplesmente dizer o que devem fazer.

Forneça feedback positivo

A importância do feedback positivo para as crianças é incontestável. Há até mesmo uma correlação direta e comprovada entre o nível de encantamento de uma mãe diante de uma nova ação de seu filho e a futura inteligência dessa criança.[13] Em geral, o feedback não é apenas útil; ele é essencial a nosso bem-estar, e até mesmo à nossa sobrevivência. Estudos realizados com crianças que não têm feedback de outras pessoas mostram que seu desenvolvimento e sua saúde ficam seriamente comprometidos. Para sobreviver, precisamos das outras pessoas, precisamos interagir.

É interessante observar que isso é semelhante à forma como o cérebro funciona. Uma criança nasce com o dobro do número de neurônios que precisa e seu cérebro se desenvolve de acordo com a utilização das partes ainda não-utilizadas. As partes do cérebro onde não há conexões e onde nenhum fluxo de energia é obtido do mundo externo simplesmente desaparecem. Então, precisamos de feedback não apenas para ser bem-sucedidos, mas também para sobreviver.

Como pais, temos muitas oportunidades de fornecer feedback positivo. É uma questão de perceber o que as crianças estão fazendo bem, ou até mesmo apenas observar o que elas estão fazendo. Fornecer feedback não é tão complicado assim. Experimente dizer:

> "Muito obrigado por ter se lembrado de colocar o lixo lá fora."
> "Estou contente porque você limpou seu quarto. Eu nem precisei pedir para você fazer isso."
> "Que bom que você deixou seus amigos mexerem em seus brinquedos!"
> "Você foi tão corajoso após aquele tombo!"
> "Você se saiu muito bem."
> "Ótimo trabalho!"
> "Muito bem!"
> "Obrigado."

Isso tudo está relacionado ao movimento da psicologia positiva,[14] um campo que está comprometido com o aumento de nosso bem-estar como indivíduos, grupos e sociedade. A base da psicologia positiva é compreender nossos pontos fortes e utilizá-los em todos os aspectos de nossas vidas. Nessa abordagem, não procuramos tentar resolver nossas fraquezas.

Como pais, se prestarmos atenção ao potencial de nossos filhos, conseguiremos perceber seus interesses, suas paixões e a maneira como seus cérebros desejam crescer. Assim, podemos ajudá-los a fomentar esses pontos fortes de várias formas. Em primeiro lugar, devemos fornecer a eles muito feedback positivo.

Estabeleça permissão

Sempre que apresento aos pais o conceito de estabelecer permissão, muitos deles testam esse conceito e ficam encantados com os resultados. Sem estabelecer permissão, decidimos iniciar conversas envolvendo assuntos mais pessoais, independentemente de as crianças estarem prontas ou não para ter esse tipo de conversa. Não pedimos licença para entrar no mérito pessoal; simplesmente iniciamos uma conversa mais pessoal. Como resultado, elas se esquivam.

Não custa nada pedir permissão. Uma simples pergunta como esta já resolveria o problema: "Gostaria de conversar com você sobre as tarefas dentro de casa. Você quer conversar sobre isso agora ou prefere conversar em outra hora?"

Nesse caso, minha principal dúvida é "E se eles disserem não?", porque há grandes chances de isso ocorrer. Especialmente no início. Mas você sempre tem o direito de pedir permissão para tentar pedir permissão novamente. Seria uma pergunta como: "Posso pedir isso a você novamente mais tarde?" Isso quase sempre dá certo.

Pratique o posicionamento

No capítulo sobre o fornecimento de feedback, apresentei a idéia de que, quanto maior a carga emocional de uma conversa, mais posicionamentos devemos utilizar. Você conhece um diálogo com mais potencial para carga emocional do que tentar conversar com um adolescente sobre algo que eles não desejam conversar? Após obter permissão para iniciar uma conversa, o uso de posicionamentos pode fazer total diferença no rumo que ela tomará. Você tem a chance de relatar às crianças seu objetivo, antes de se perder em detalhes, problemas ou, obviamente, no drama em questão. Veja um exemplo de como isso pode ocorrer em uma conversa:

Eu realmente quero conversar sobre as tarefas da casa, mas sei que essa é uma conversa difícil. Já tentamos fazer isso algumas vezes e não nos saímos muito bem. Tenho certeza de que nós dois preferimos não falar sobre isso... mas quero conversar com você sobre isso de uma forma diferente hoje. Não vou dizer o que você deve fazer ou como deve pensar. Só quero que a gente trabalhe junto para encontrar a solução para esse problema e discutir sobre algumas idéias diferentes. Você quer fazer isso agora? Não vai demorar muito.

Faça perguntas questionadoras

Fazer perguntas é uma das poucas maneiras por meio das quais podemos facilitar a aprendizagem de outras pessoas. Lembre-se de que fazer perguntas questionadoras significa que você não está dizendo que as pessoas estão erradas, nem dizendo o que elas devem fazer por meio de perguntas traiçoeiras. Além disso, você não está com a intenção de ficar responsável pelo pensamento. Fazer perguntas questionadoras significa que você está à disposição das pessoas para ajudá-las a se conscientizar de seu próprio pensamento. Veja alguns exemplos de perguntas que você pode fazer após obter permissão e incluir posicionamentos em uma conversa com um adolescente:

"Com que freqüência você pensa nesse assunto?"
"Qual é a importância desse assunto para você?"
"Qual é a melhor forma de solucionar isso? O que você acha?"
"Qual é a melhor maneira de ajudá-lo a pensar sobre isso?"
"Qual seria o melhor resultado dessa conversa para você?"

Essas perguntas lhe parecem familiares?

Crie novos pensamentos

Se você seguir o modelo CRIAR em uma conversa com um adolescente, poderá ajudá-lo melhor a pensar de forma diferente. Vejamos um exemplo de conversa entre uma mãe, Alicia, e sua filha adolescente, Mel. Alicia tem receio de que Mel não esteja se dedicando aos estudos, pois acha que ela poderia ter notas melhores. A questão surgiu várias vezes em

Colocando em prática os Seis Passos   231

conversas anteriores, resultando em muitas portas batidas e mau humor por vários dias. Alicia aprendeu esses novos modelos e está tentando uma nova abordagem.

Alicia: *Mel, gostaria de conversar com você sobre a escola. Mas, dessa vez, quero ter uma conversa diferente das anteriores. Você quer tentar?*
Mel: *De que adianta? Temos discutido sobre isso várias semanas.*
Alicia: *Sei que tem sido difícil conversar sobre isso, mas quero ter uma conversa diferente. Não direi a você o que deve fazer. Em vez disso, quero compreender mais o que você está pensando.*
Mel: *Humm... tudo bem. Isso parece diferente...*
Alicia: *Em primeiro lugar, saiba que desejo que nossa conversa seja produtiva para ambas. E, se sentirmos que as coisas não estão bem para uma de nós, vamos parar e fazer uma avaliação crítica. Também quero me desculpar por ter ficado no seu pé e ter tocado no assunto da escola várias vezes. Sei que foi difícil. Desejo o melhor para você e, talvez por querer tanto isso, não tenha sido uma boa ouvinte.*
Mel: *Tudo bem, estou escutando... Eu tinha uma lista de coisas que queria dizer a você, mas parece que nada disso tem tanta importância agora.*

Quando percebemos que a abordagem que utilizamos com nossos filhos tende ao fracasso, como tentar dizer o que eles devem fazer, talvez seja pedir desculpas. Quando pedimos desculpas, é como se levantássemos um tapete sob o qual há tensão emocional. E, assim, devolvemos a intimidade a um relacionamento difícil.

Alicia: *Como vão as coisas na escola? Prometo que não vou forçá-la a dizer nada. Estou aqui para escutá-la.*
Mel: *Está tudo bem... quer dizer, só há uma coisa que...*
Alicia: *Quero que se sinta à vontade para me contar tudo. Prometo não brigar com você, seja o que for que tem a me dizer.*
Mel: *Ok, então. A questão é que, desde que comecei a ter notas melhores e passei para uma turma mais forte, tudo mudou. Ago-*

ra, não me dou bem com dois professores. E quase nenhum de meus antigos amigos está nessa turma. Quero tirar boas notas, mas sinto falta de meus amigos. Sinto falta de ter alguém para fazer os deveres de casa comigo, como costumávamos fazer no ano passado.

Alicia: Puxa, não tinha a menor idéia do que estava acontecendo.

Mel: É verdade. Tem sido muito difícil e eu não tinha ninguém com quem conversar sobre isso.

Elas conversam um pouco sobre o que tem acontecido. Depois, Alicia pergunta a Mel se ela gostaria de discutir sobre algumas idéias. Veja algumas perguntas que Alicia pode fazer nessa fase de realidade atual da conversa:

"Há quanto tempo isso vem incomodando você?"
"Qual é a importância disso para você?"
"Até que ponto isso está interferindo em seu rendimento escolar, em uma escala de um a dez?"
"O que você acha do que fizemos até aqui para tentar resolver isso?"
"Qual é a melhor forma de ajudá-la?"

Parece que isso incomodou Mel o ano inteiro, distraindo sua atenção diariamente. Foi a coisa mais estressante que ocorreu na escola e isso tem afetado seu desempenho (valor oito, em uma escala de um a dez). Mel se sente culpada por ter feito tão pouco para resolver o problema. Bastaria perguntar a uma professora se ela teria alguma chance de mudar de turma. Mel percebeu que precisava fazer algo a respeito da situação. Então, ela passou a ter comprometimento e estava pronta para pensar por si só em algumas soluções.

Na fase de exploração de alternativas, Alicia poderia fazer perguntas como:

"O que você precisa fazer para resolver isso? Você já tem todas as informações necessárias? Ou precisa pesquisar um pouco mais?"
"Que tipo de processo você precisa utilizar para decidir sobre como avançar?"
"Qual é a melhor forma de ajudá-la a pensar no que fazer em seguida?"

Nesse caso, Mel percebeu que havia várias opções criativas que ela ainda não havia explorado. Ela reconheceu que não tinha parado para pensar sobre as soluções porque estava culpando a escola. Rapidamente, ela percebeu que deveria haver outras formas de manter contato com seus antigos amigos. Por exemplo, eles poderiam ter um grupo de interesse especial ou participar do grupo de teatro da escola.

Na fase aproveite a energia deles, Alicia ajudou Mel a se comprometer em seguir seus próprios insights. Ela precisava conversar com seus amigos e descobrir opções para manterem o contato. Ela também percebeu que poderia tentar fazer amizades em sua nova turma. E decidiu prestar mais atenção em quem estava em sua turma e tentar criar vínculos com novas pessoas.

Ninguém poderia ter adivinhado o problema de Mel, nem ter dito a ela o que fazer. Ao conseguir conduzir Mel a um processo de descoberta de suas próprias respostas, Alicia fez um ótimo trabalho, pois ajudou sua filha a aproveitar todo o potencial que tinha e, ao mesmo tempo, aprofundou a confiança e o respeito no relacionamento entre ambas.

Muitos pais me dizem que o ambiente familiar sofreu uma grande transformação depois que incluíram conversas desse tipo. (Observe que eu não disse "se transformou em um mundo de amor e harmonia". Afinal, estamos falando de adolescentes!) Talvez os pais precisem voltar à escola para aprender como revelar o melhor potencial de seus filhos. Não precisamos de muita coisa para desenvolver novos hábitos: intenção, comprometimento e um pouco de foco. E, quando menos esperarmos, teremos estabelecido novas conexões.

OS SEIS PASSOS APLICADOS A UMA ORGANIZAÇÃO INTEIRA

Se você não está satisfeito com o mundo do jeito que ele é, mude-o. Você tem a obrigação de mudá-lo. Mas faça isso aos poucos.

MARIAN WRIGHT EDELMAN (2000)

Gostaria de escrever um livro inteiro dedicado à aplicação dos princípios da Liderança Tranqüila a uma organização inteira, procurando verificar como transformar líderes em todos os níveis. Neste estágio do livro, desejo apenas apresentar algumas idéias em nível superior.

Em primeiro lugar, acredito na capacidade de mudança das organizações. Mas, assim como ocorre com uma pessoa e com o próprio cérebro, uma organização só pode mudar de dentro para fora. Ela não mudará apenas porque as pessoas disseram que ela deveria mudar. A organização precisa ter seus próprios insights em grande escala e, por meio desse processo, fazer novas conexões profundas. Para mudar, ela precisa criar novos mapas, no intuito de definir como informações fluem entre pessoas e sistemas. E esses mapas precisam se tornar os caminhos dominantes por onde fluem os recursos. Assim como no cérebro, isso exige atenção, tempo e vários feedbacks positivos. Esse tipo de atenção e feedback positivo não pode ser fornecido apenas por alguns indivíduos específicos que ocupam posições de gerência. Para que uma organização adote qualquer tipo de mudança profunda, milhares de empregados precisam tornar-se campeões na defesa de uma nova abordagem.

A abordagem anterior, aquela em que líderes diziam às pessoas o que fazer, estava incorporada em nossa cultura numa época em que se acreditava que era melhor deixar nossa humanidade em casa. Essa visão começa a dar sinais de desgaste e ineficácia. A nova abordagem, a do Líder Tranqüilo, privilegia a arte de conseguir valorizar os pontos fortes das pessoas por meio do aperfeiçoamento de seu pensamento. Mas isso exige uma compreensão básica sobre o funcionamento de nosso cérebro, um profundo respeito pela capacidade do cérebro de resolver problemas, além de certa generosidade e humildade, que são tão evidentes em alguns de nossos melhores líderes.

É claro que a adoção de uma nova abordagem, seja ela qual for, nunca é uma tarefa fácil. Isso requer verdadeira paixão, uma visão de longo prazo, um excelente plano, recursos suficientes e uma grande dose de coragem. Há batalhas a serem vencidas, problemas a serem sanados e dramas a serem contornados. Contudo, assim como no cérebro humano, se você observar atentamente uma empresa e se esforçar-se para escutar seu potencial, talvez comece a ver que a mudança positiva já está ocorrendo, sem que você tenha percebido. É a sua percepção que traduzirá a mudança que de fato ocorrerá.

CONCLUSÃO

O conhecimento sobre a ciência do cérebro fornecerá um dos principais fundamentos da nova era que se aproxima.

GERALD EDELMAN (1995)

No início do livro, contei a história de uma empresa que precisava redefinir a forma de conversa entre seus empregados. A mulher que me levou para conhecer o centro de operações não tinha tanta certeza de que isso seria mesmo possível.

Mas, como vimos anteriormente, a mudança é mais do que possível: ela está ocorrendo dentro de nós, em um ritmo extraordinário, com milhões de conexões novas, criadas a cada segundo dentro de nossas cabeças. Nossos cérebros estão continuamente procurando aperfeiçoar a própria estrutura de diferentes formas, a fim de tornar o mundo com o qual ele interage mais coeso.

Pelo fato de exercermos a função de líderes que gerenciam pessoas e são pagos para pensar, está na hora de aprendermos mais sobre como aperfeiçoar o que estamos remunerando – não me refiro aqui aos ombros e às mãos das pessoas, mas às suas mentes e aos seus cérebros. Precisamos aproveitar melhor o poder de um dos mais complexos e adaptáveis tipos de tecnologia já encontrados no universo que conhecemos.

Ao fazer isso, começaremos a resolver vários dos principais desafios enfrentados atualmente pelas empresas: a falta de engajamento no ambiente de trabalho, os desafios impostos pelo desenvolvimento de novas gerações de líderes e a necessidade da contínua inovação apenas para manter o negócio.

Se aprendermos a liderar sem perder o foco em nossos cérebros, talvez seja possível irmos muito além. Parafraseando Theodore Zeldin, talvez nossa humanidade comece a acompanhar os avanços tecnológicos.

GLOSSÁRIO

Para facilitar a consulta, criei um resumo dos principais conceitos discutidos neste livro, divididos em três categorias: os modelos e as idéias centrais que desenvolvi (como o "posicionamento"); distinções entre dois termos, que utilizei no livro inteiro (por exemplo, "interessante *versus* útil") e os principais termos científicos. Você também encontra outros recursos em www.quietleadership.com.

MODELOS E IDÉIAS CENTRAIS

Para facilitar a consulta, relacionei os termos desta categoria aos capítulos em que aparecem.

Sobre os Seis Passos

Caminho da menor resistência: Um termo cunhado por Robert Fritz, que apliquei às conversas com outras pessoas. Ele significa a menor distância entre o ponto A (o desejo de causar um impacto positivo sobre alguém) e o ponto B (impacto positivo sobre alguém).

1º PASSO: Pense sobre o Pensamento

Deixe o pensamento por conta deles: Este é um dos pontos-chave deste livro. A melhor forma de aperfeiçoar o desempenho é ajudando as pessoas a pensar melhor; para fazer isso, é necessário deixar o pensamento por conta delas e ajudá-las a pensar de formas mais eficazes, em vez de dizer a elas o que devem fazer.

Concentre-se nas soluções: Concentrar-se nas soluções significa focalizar apenas o alvo. Pensar no problema reforça os circuitos do cérebro associados ao problema. Focar as soluções é um passo importante para a criação de novos mapas mentais.

Lembre-se de distender: Sempre que experimentamos uma nova atividade, comportamento ou forma de pensar, estamos literalmente seguindo um novo caminho em nossos cérebros, criando circuitos ainda não-existentes. Isso requer energia e foco, além da utilização intensa de nossas mentes conscientes. Líderes podem ajudar a promover a mudança e torná-la duradoura. Para fazer isso, eles precisam distender as pessoas e equilibrar suas emoções durante o percurso.

Destaque o positivo: Todos nós somos nossos piores críticos. O que mais precisamos é de feedback positivo, em especial quando estamos aprendendo um novo comportamento ou hábito. O feedback positivo nos ajuda a incorporar novos mapas mentais.

Coloque o processo antes do conteúdo: Quando a estrutura de uma conversa está clara, isso ajuda o diálogo a fluir suavemente. Começamos pedindo permissão e chegando a um acordo sobre o contexto da conversa. Depois, seguimos o modelo A Dança do Insight (posicionamento → fazer perguntas questionadoras → esclarecer).

Escolha seu foco: No 1º passo, este modelo nos ajuda a pensar sobre o pensamento, focalizar soluções, distender e obter um bom processo. O modelo Escolha seu Foco descreve cinco estruturas mentais que podemos utilizar para abordar qualquer situação: visão, planejamento, detalhe, problema e drama. A escolha de um modelo simples e de fácil memorização nos ajuda a enxergar rapidamente nosso modo de pensar e, portanto, escolher um modo de pensar mais útil. Esse modelo tem grande aplicação no ambiente de trabalho.

2º PASSO: Abra os Ouvidos ao Potencial

Ouvidos abertos ao potencial: Isto significa escutar com generosidade e com a certeza de que as pessoas que falam podem e vão resolver seus próprios dilemas, pois as respostas estão dentro de si mesmas. Significa estar com os ouvidos abertos para os insights, a energia, as possibilidades, a paixão e o futuro dessa pessoa.

A clareza da distância: Líderes podem ser mais úteis quando não se prendem a detalhes e interagem com seus subordinados em um nível superior, procurando padrões e qualidades em atividades que só são percebidas a distância. Quando acabamos nos aproximando demais? Quando há detalhes em excesso, enxergamos tudo através de nossos próprios filtros, quando temos um plano ou quando somos envolvidos por fortes emoções.

3º PASSO: Seja Objetivo ao Falar

Sucinto: Líderes Tranqüilos são sucintos ao falar. Eles são capazes de transmitir suas idéias utilizando poucas palavras.
Específico: Líderes Tranqüilos são específicos ao falar. Eles são capazes de identificar e transmitir a idéia central da mensagem.
Generoso: Líderes Tranqüilos são generosos ao falar. Eles falam de forma que o ouvinte possa compreender logo a mensagem e identificar-se com os conceitos a serem transmitidos.

4º PASSO: Dance ao Embalo do Insight

As quatro faces do insight: Descreve as expressões que você observa no rosto das pessoas, antes, durante e após um insight. Há funções mentais específicas que ocorrem no cérebro durante insights e que liberam energia. Você pode enxergá-las; basta procurar. As quatro etapas são: consciência de um dilema, reflexão, iluminação e motivação.
Consciência de um dilema: Um dilema é definido como estar entre dois desejos opostos e não saber o que escolher. Este livro sugere que dilemas são mapas mentais em conflito. A função do líder é ajudar as pessoas a criar novas formas de reconexão com o pensamento, no momento da iluminação.
Reflexão: Ocorre quando fazemos perguntas que levam a uma profunda reflexão. As pessoas precisam de tempo para refletir, a fim de poderem fazer uma nova conexão. O cérebro emite ondas alfa quando refletimos.
Iluminação: Este é o momento em que um novo mapa é criado. Ondas gama são emitidas nesse momento.
Motivação: Este é o momento logo após uma iluminação. Somos energizados por um novo insight. Os neurotransmissores que circulam em nos-

sos cérebros nos inspiram a desejar fazer algo. Mas os efeitos dessas substâncias químicas são passageiros.

A Dança do Insight: Esta é a estrutura da conversa que objetiva evocar insights de outras pessoas. Ela é constituída de permissão, posicionamento, perguntas questionadoras e esclarecimento.

Permissão: Pedimos permissão antes de nos aprofundarmos em uma conversa, passando a um nível mais pessoal. Toda vez que há uma possibilidade de resposta emocional à nossa pergunta, primeiro pedimos permissão. A permissão faz com que as pessoas se sintam mais seguras, estabelece confiança e o autoriza a fazer perguntas mais difíceis.

Posicionamento: Quando estamos conversando, convém verificar se as duas partes têm o "mesmo posicionamento". O posicionamento é como uma combinação de descrição da situação + revelação total + declaração do objetivo. O posicionamento leva a outra pessoa a começar a pensar.

Posicionamento repetido: Estamos continuamente posicionando as pessoas em conversas. Isso é feito entre as perguntas, a fim de que ambas as partes possam se lembrar de seu posicionamento e do objetivo da conversa. Isso ajuda ambas a não perderem o foco.

Perguntas questionadoras: Estas perguntas têm o objetivo de evocar insight: levam à reflexão, gerando maior autoconsciência e um senso maior de responsabilidade. Perguntas questionadoras não são perguntas do tipo "por que", mas sim "como".

Esclarecimento: Significa ser capaz de extrair a essência do que alguém diz, mantendo o foco em um nível muito superior, e conseguir fornecer um feedback utilizando poucas palavras. O esclarecimento está relacionado à identificação de aprendizado e emoções. Fornecemos às pessoas pequenos insights quando conseguimos esclarecer bem algum assunto.

5º PASSO: CRIE uma Nova Forma de Pensar

Modelo CRIAR: Descreve as diferentes fases de uma conversa para aperfeiçoar o pensamento das pessoas, seguindo o caminho de menor resistência. Esse modelo inclui **R**ealidade **A**tual, **E**xplore **A**lternativas e **A**proveite a **E**nergia **D**eles.

Resultado desejado: Este é o conjunto esperado de idéias, pensamentos, fatos e emoções quando você realiza algo que é importante para você.

Realidade atual: O primeiro elemento do modelo CRIAR. Procuramos nos concentrar aqui na identificação do panorama do pensamento das pessoas, identificar qualidades de seu pensamento, a fim de ajudá-las a refletir e chegar a uma iluminação.

Explore alternativas: O segundo elemento do modelo CRIAR. Este é o momento em que abrimos várias possibilidades em uma conversa, explorando vários caminhos a serem seguidos.

Aproveite a energia deles: O terceiro elemento do modelo CRIAR. A energia que é liberada após a pessoa ter um insight precisa ser colocada em ação imediatamente. Dessa forma, liberamos a energia das pessoas enquanto ela está latente, levando as pessoas a apresentarem suas idéias enquanto estão frescas e a se comprometerem com a adoção de medidas específicas.

6º PASSO: Acompanhamento

Modelo SENTIR: Esta é uma forma de acompanhar as ações definidas pelas pessoas para si mesmas. Este modelo inclui: **F**atos, **E**moções, **I**ncentivo, **A**prendizado, **I**mplicações e **N**ova **M**eta.

Como utilizar os Seis Passos para fornecer feedback

Fornecendo feedback para ótimo desempenho: Forneça muitos feedbacks positivos. Seja muito específico sobre o que as pessoas fizeram bem e qual foi o impacto disso. Esta também é uma excelente oportunidade para utilizar os Seis Passos, a fim de fazer uma investigação mais profunda e identificar novos hábitos desenvolvidos pelas pessoas, ajudando-as a crescer e se desenvolver ainda mais.

Fornecendo feedback para desempenho limitado: Primeiro, é necessário sanar eventuais tensões emocionais. Depois, utilize os Seis Passos para ajudar as pessoas a identificar, por si mesmas, o que aprenderam, e que os novos hábitos podem criar daí para a frente.

Fornecendo feedback para baixo desempenho: A tensão emocional precisa ser cuidadosamente sanada. Em seguida, utilize novamente os Seis Passos para ajudar pessoas a identificar o que aprenderam e os novos hábitos que precisam desenvolver.

DISTINÇÕES ENTRE DOIS TERMOS USADOS NO LIVRO

Processo *versus* Conteúdo: Quando um líder está conversando com alguém para ajudá-lo a pensar melhor sobre algo, é importante que esse líder se concentre no processo, e não no conteúdo da conversa.

Explícito *versus* Implícito: Para que algo se torne explícito, precisa ser dito em palavras (por exemplo, ao longo de um posicionamento). Tornar as coisas explícitas libera nossos neurônios para focar as questões principais, pois ficamos menos distraídos por incertezas.

Interessante *versus* Útil: Discutir problemas é interessante. Discutir soluções é útil. Quando algo é interessante, não colocamos muita energia em sua memorização. Mas, quando algo é útil, fazemos esforço consciente para aprender isso, a fim de que possamos aplicar o aprendizado em outro lugar.

Desconstruir *versus* Reconstruir: É muito difícil desconstruir conexões permanentes no cérebro (quando tentamos eliminar hábitos entranhados). É muito mais fácil criar (construir) novas conexões e novos hábitos.

Por que *versus* Aprendizado: Você pode fazer dois tipos de perguntas às outras pessoas. As perguntas que incluem a palavra "por que" não costumam levar ao aprendizado; elas levam a motivos e justificativas. As perguntas que levam ao aprendizado ajudam as pessoas a criar novas conexões, pois propiciam novos insights.

Intenção *versus* Impacto: Às vezes, não conseguimos atingir nossa intenção em uma conversa, e essa conversa tem um impacto indesejado sobre a outra pessoa.

Pensar *versus* Pensar sobre o Pensamento: Pensar sobre um problema de uma pessoa significa que temos idéias para as outras pessoas. Pensar sobre o pensamento significa descobrir que tipos de perguntas é possível fazer para ajudar a pessoa a ter seus próprios insights. O líder se concentra na pessoa, e não no problema que está sobre a mesa.

PRINCIPAIS TERMOS CIENTÍFICOS

Neurônio: O neurônio é a principal célula do sistema nervoso humano. Há mais de cem bilhões de neurônios no próprio cérebro, com mais de cem trilhões de conexões (sinapses) que os interligam.

Sinapse: A sinapse é uma junção, ou ponto de conexão principal, entre nossos neurônios. Os neurônios formam conexões (circuitos) com base nos sinais elétricos e químicos das sinapses.

Mapas: Termo cunhado por Gerald Edelman. Um mapa é uma descrição de como nossos neurônios estão conectados. Temos mapas de neurônios, que estão dentro de outros mapas, e mais outros, e assim sucessivamente. A palavra "mapa" pode ser substituída por circuito neural, caminho neural, circuito, fiação ou conexão.

Memória funcional: Trata-se da nossa capacidade de reter informações em nossa mente consciente. Nossa memória funcional é relativamente pequena, conseguindo reter pequenos grupos com cerca de sete idéias de cada vez. Agrupar idéias nos ajuda a lembrar mais delas. A memória funcional tende a desaparecer em pouco tempo; não conseguimos lembrar de um número de telefone que discamos apenas uma vez, por exemplo, embora tivéssemos conseguido lembrar do número ao discá-lo.

Conexões permanentes: As conexões permanentes dizem respeito a pensamentos, habilidades ou memórias que permanecem conosco por algum tempo. O termo científico para isso é PLP (potenciação de longo prazo). A PLP é uma forma de neuroplasticidade. Ela ocorre quando dois ou mais neurônios estão ativos ao mesmo tempo, o que fortalece suas conexões. Dizer que algo é de longo prazo pode ter várias durações: minutos, horas, dias, semanas, ou mesmo uma vida inteira.

Neuroplasticidade: É a capacidade que o cérebro tem de refazer suas conexões, com base em nosso foco de atenção. Os genes determinam a arquitetura geral do cérebro, mas o sistema é extremamente flexível dentro dessa estrutura.

Darwinismo neural: Gerald Edelman apresentou pela primeira vez este conceito em 1987, em *Neural Darwinism: The Theory of Neuronal Group Selection*. Esse conceito se refere ao fato de que as sinapses mais utilizadas são mantidas, enquanto as menos utilizadas são destruídas ou removidas. Esse processo contínuo determina nossos caminhos neurais.

Atenção: Dependendo de nosso foco de atenção, aumentamos as conexões nesta parte do cérebro.

fMRI: Functional Magnetic Resonance Imaging (aquisição de imagens por ressonância magnética funcional). Uma máquina que mede as alterações no fluxo sangüíneo em qualquer parte de nosso corpo, por intermédio de intensos campos magnéticos. Chegou-se a importantes descobertas em pesquisas sobre o cérebro desde que as tecnologias de fMRI começaram a ser utilizadas.

Atividade neural local: É a forma como nossos neurônios estão sempre desempenhando alguma atividade elétrica devido a eventos internos. Às vezes, esses sinais internos ficam muito intensos e não permitem o processamento de sinais externos. Os neurônios têm capacidade limitada quanto ao nível de impulsos que podem processar; portanto, eles podem facilmente ficar sobrecarregados.

Ondas alfa: Uma freqüência específica liberada pelo cérebro. Alguns dos melhores líderes apresentam um alto índice de ondas alfa. As ondas alfa ocorrem quando estamos relaxados e concentrados, e imediatamente antes de termos um insight.

Ondas gama: Elas ocorrem no momento de iluminação. A presença de ondas gama significa que partes do cérebro estão sendo conectadas.

Reposicionamento: Quando vemos uma situação sob um ângulo diferente, estamos nos reposicionando em relação a ela.

Fases da mudança: Um modelo que ilustra como nos sentimos quando experimentamos uma nova atividade, as diferentes emoções pelas quais passamos. Conhecer essas fases nos ajuda a enxergar essa experiência como um processo normal. O modelo consiste em incompetência inconsciente, incompetência consciente, competência consciente e competência inconsciente.

Terapia cognitiva-comportamental: Um método psicoterapêutico estruturado, utilizado para modificar atitudes e comportamentos indesejados, por meio da identificação e substituição de pensamentos negativos, e da alteração das recompensas de comportamentos.

Terapia centrada nas soluções: Um método terapêutico que pressupõe que o cliente é o especialista; portanto, ele tem o potencial e as capacidades que podem ser acessados para tornar sua vida mais satisfatória. O terapeuta tem a função de ampliar o potencial, os recursos e os sucessos anteriores do cliente, levando à construção de soluções.

Ciência comportamental: Uma disciplina científica, como a sociologia, a antropologia ou a psicologia, em que as ações e reações dos seres humanos e animais são submetidas a estudo, por meio de métodos de observação e experimento.

Psicologia positiva: O estudo da mente com base na pesquisa da felicidade e do bem-estar, em vez de se concentrar na doença. Um novo campo emergente da psicologia.

Fluxo: Termo cunhado por Mihaly Csikszentmihalyi para representar a zona do desempenho de pico, que ocorre entre o aborrecimento e o excesso de estresse.

RECURSOS

LIVROS

Caso você deseje fazer algumas leituras relacionadas, selecionei a seguir alguns dos livros mais relevantes e importantes, além de uma lista completa de referências sobre os próximos lançamentos. Os livros estão listados em ordem aproximada de relevância para o livro *Não diga aos outros o que fazer*.

O cérebro

John J. Ratey, *A User's Guide to the Brain: Perception, Attention, and the Four Theaters of the Brain* (Nova York: Vintage Books, 2002).

Jeffrey M. Schwartz e Sharon Begley, *The Mind & The Brain: Neuroplasticity and the Power of Mental Force* (Nova York: HarperCollins Publishers, Regan Books, 2002).

Leslie Brothers, M.D., *Friday's Footprint: How Society Shapes the Human Mind* (Nova York: Oxford University Press, 1997).

Gerald M. Edelman, *Bright Air, Brilliant Fire: On the Matter of the Mind* (Nova York: Basic Books, 1992).

Jeff Hawkins com Sandra Blakeslee, *On Intelligence* (Nova York: Times Books, Henry Holt and Company, 2004).

Joseph Ledoux, *Synaptic Self: How Our Brains Become Who We Are* (Nova York: Viking Penguin, 2002).

Thomas B. Czerner, *What Makes You Tick: The Brain in Plain English* (Hoboken: Wiley, 2002).

Desenvolvimento de liderança

Ram Charan, Stephen Drotter e James Noel, *The Leadership Pipeline: How to Build the Leadership-Powered Company* (San Francisco: Jossey-Bass, 2001).

Louis Carter, David Ulrich e Marshall Goldsmith, *Best Practices in Leadership Development and Organization Change: How the Best Companies Ensure Meaningful Change and Sustainable Leadership* (Hoboken: Wiley, 2005).

Bill George, *Authentic Leadership: Rediscovering the Secrets to Creating Lasting Value* (San Francisco: Jossey-Bass, 2003).

Stephen R. Covey, *The 8th Habit: From Effectiveness to Greatness* (Nova York: Free Press, 2004).

Coaching

David Rock, *Personal Best: Step by Step Coaching for Creating the Life You Want,* (Australia: Simon & Schuster, 2001).
Dianna Anderson e Merril Anderson, *Coaching that Counts: Harness the Power of Leadership Coaching to Deliver Strategic Value* (Hoboken: Wiley, 2005).
W. Timothy Gallwey, *The Inner Game of Tennis* (Nova York: Random House, 1974).

A ciência do coaching

David Rock, *Foundation to Coaching* (Hoboken: John Wiley & Sons, a ser lançado).
Bruce Peltier, *The Psychology of Executive Coaching* (Ann Arbor: Sheridan Books, 2001).

Psicologia positiva

Mihaly Csikszentmihalyi, *Flow: The Psychology of Optimal Experience* (Nova York: HarperCollins Publishers, 1990).
Martin Seligman, *Learned Optimism* (Nova York: Free Press, 1998).

Filosofia

Theodore Zeldin, *An Intimate History of Humanity* (Nova York: HarperCollins Publishers, Harper Perennial, 1996).
Theodore Zeldin, *Conversation: How Talk Can Change Our Lives* (Nova York: Hidden Spring, 2000).

PERIÓDICOS E WEBSITES

www.quietleadership.com
International Journal of Evidence-Based Coaching and Mentoring, www.brookes.ac.uk/schools/education/ijebcm
International Journal of Coaching in Organizations, www.ijco.info

RESULTS COACHING SYSTEMS

Programas corporativos: www.workplacecoaching.com
Programas públicos: www.resultscoaches.com

NOTAS

POR QUE OS LÍDERES DEVEM SE PREOCUPAR EM APERFEIÇOAR O PENSAMENTO?

1. *The Daily Mail*, Londres (17 de outubro de 2001).
2. Texto interpolado da citação: "Entre todos os trabalhadores norte-americanos com 18 anos de idade ou mais, 55% não estão engajados, 19% estão ativamente desengajados e 26% estão engajados." *Gallup Poll* (15 de março de 2001)
3. P.J. Miscovich, *The New Knowledge Workplace* (2005). Texto on-line em www.pwcglobal.com/extweb/newcolth.nsf/docid/B847266B96111E6785256FD 400623C5C?OpenDocument.
4. O iceberg é uma metáfora que ajuda a compreender a topografia do comportamento humano. Seis sétimos (6/7) de um iceberg estão debaixo d'água e permanecem imperceptíveis, apesar de determinarem tanto o tamanho quanto a forma de ação do iceberg. Este modelo também foi utilizado para ilustrar o modelo de Freud da mente humana: www.wilderdom.com/personality/L8-3Topo graphyMindIceberg.html, e para permitir uma melhor compreensão da dinâmica do conflito: www.dadalos.org/frieden_int/grundkurs_4/eisberg.htm, por exemplo.
5. Ram Charan, Stephen Drotter e James Noel, *The Leadership Pipeline: How to Build the Leadership-Powered Company* (San Francisco: Jossey-Bass, 2001).

PARTE 1

1. John J. Ratey, *A User's Guide to the Brain* (Nova York: Vintage Books, 2001); Gerald M. Edelman, *Neural Darwinism: The Theory of Neuronal Group Selection* (Nova York: Basic Books, 1987); e Jeff Hawkins com Sandra Blakeslee, *On Intelligence* (Nova York: Times Books, 2004).
2. O laureado escritor Gerald Edelman, ganhador do prêmio Nobel, utilizou a palavra "mapas" pela primeira vez para designar a forma como pensamos. Ele a utilizou como parte de uma teoria maior chamada darwinismo neural. Consulte

também o seu livro *Bright Air, Brilliant Fire: On the Matter of the Mind* (Nova York: Basic Books, 1992).
3. Ansel L. Woldt e Sarah M. Toman, eds., *Gestalt Therapy: History, Theory, and Practice* (Thousand Oaks, CA: SAGE Publications, 2005); Joseph Zinker, *Creative Process in Gestalt Therapy* (Nova York: Vintage Books, 1978).
4. Hawkins e Blakeslee, *On Intelligence*.
5. Consulte www.crystalinks.com/archimedes.html.
6. Para obter um texto de excelente qualidade e abrangente sobre o cérebro humano, consulte Rita Carter, *Mapping the Mind* (Berkeley: University of California Press, 1999).
7. Ratey, *A User's Guide*.
8. D. Dobbs, "Fact or Phrenology?" *Scientific American Mind*, 16, n. 1, abril de 2000: 24-31.
9. James L. McGaugh, *Memory and Emotion: The Making of Lasting Memories* (Nova York: Columbia University Press, 2003).
10. Joseph LeDoux, *Synaptic Self: How Our Brains Become Who We Are* (Nova York: Viking Penguin, 2002).
11. John G. Milton, Steven S. Small e Ana Solodkin, "On the Road to Automatic Dynamic Aspect in the Development of Expertise", *Journal of Clinical Neurophysiology*, 21 (maio/junho de 2004) 133-227.
12. Comumente atribuído a Anaïs Nin.
13. V.S. Ramachandran e Sandra Blakeslee, *Phantoms in the Brain: Probing the Mysteries of the Human Mind* (Nova York: HarperCollins Publishers, 1999); V.S. Ramachandran, *A Brief Tour of Human Consciousness: From Impostor Poodles to Purple Numbers* (Nova York: Pi Press, 2005).
14. "Por mais estranho que possa parecer, quando algo envolve o seu próprio comportamento, suas previsões não apenas precedem a sensação, mas também determinam a sensação. Quando você pensa em passar para o próximo padrão de uma seqüência, isso causa uma previsão em cascata do que você deverá vivenciar em seguida. Conforme a previsão em cascata é revelada, ela gera os comandos motores necessários para realizar a previsão. Pensar, prever e realizar fazem parte do mesmo desenrolar de seqüências na hierarquia cortical. 'Realizar' através do pensamento, a revelação paralela de percepção e comportamento motor, é a essência do chamado comportamento orientado a metas." Hawkins and Blakeslee, *On Intelligence*, 158.
15. A maioria das guerras é travada em nome de um modelo mental. A religião, a política e até mesmo o patriotismo são todos, pelo menos do ponto de vista da neurociência, modelos mentais que influenciam a forma como vemos o mundo.
16. Jeffrey M. Schwartz e Beverly Beyette, *Brain Lock: Free Yourself from Obsessive-Compulsive Behavior* (Nova York: HarperCollins Publishers, Regan Books, 1996).

17. James Claiborn e Cherry Pedrick, *The Habit Change Workbook: How to Bread Bad Habits and Form Good Ones* (Oakland, CA: New Harbinger Publications, 2001).
18. T. P.Pons, P. E. Garraghty, A. K. Ommaya, J. H. Haas, E. Taub e M. Mishkin, "Massive cortical reorganization after sensory deafferentation in adult macaques", *Science*, 252 (28 de junho de 1991): 1857-1860; M. M. Merzenich, G. Recanzone, W. M. Jenkins, T. T. Allard e R. J. Nudo, "Cortical Plasticity", em P. Rakic e W. Singer, eds., *Neurobiology of Neocortex* (Hoboken: John Wiley & Sons: 1988): 41-67; M. M. Merzenich, G. Recanzone, W. M. Jenkins e R. J. Nudo, "How the Brain Functionally Rewires Itself", em M. Arbib e J. Robinson, eds., *Natural and Artificial Parallel Computations* (Cambridge, MA: MIT Press, 1990): 177-210.
19. Merzenich et al., "Cortical Plasticity".
20. Consulte a nota 18, apresentada anteriormente. Consulte também Joachim Liepert, Heike Bauder, Wolfgang H. R. Miltner, Edward Taub, Cornelius Weiller, "Treatment-Induced Cortical Reorganization After Stroke in Humans", *Stroke* 31, n. 6 (2000): 1210-1216.
21. Quando o cérebro aprende, as conexões entre neurônios (sinapses) se fortalecem. Consulte N. Toni, P. A. Buchs, I. Nikonenko, C.R. Bron e D. Muller, "LTP promotes formation of multiple spine synapses between a single axon terminal and a dendrite", *Nature* 402 (25 de novembro de 1999): 421-425; M. Maletic-Savatic, R. Malinow e K. Svoboda. (1999) "Rapid Deudritic Morphogenesis em CA1 Hippocampal Dendrites Luduced by Synaptic Activity" *Science* 283, 1923-1927. Rafael Yuste e Tobias Bonhoeffer, "Morphological Changes in Dendritic Spines Associated with Long-Term Synaptic Plasticity", *Annual Review of Neuroscience* 24 (março de 2001): 1071-1089. A pesquisa científica tem mostrado que nossas sinapses são remodeladas química e estruturalmente quando fortalecidas em apenas uma hora. Consulte S. H. Shi, Y. Hayashi, R. S. Petralia, S. H. Zaman, R. J. Wenthold, K. Svoboda e R. Malinow, "Rapid Spine Delivery and Redistribution of AMPA Receptors after Synaptic MNDA Receptor Activation", *Science* 284 (11 de junho de 1999): 1811-1816. Uma das importantes implicações desses dados é que podemos criar novos hábitos com uma rapidez incrível.
22. Consulte a Parte 1, nota 1. Consulte também Jeffrey M. Schwartz e Sharon Begley, *The Mind and the Brain: Neuroplasticity and the Power of Mental Force* (Nova York: HaperCollins Publishers, Regan Books, 2002).
23. Jeffrey M. Schwartz e Beverly Beyette, *Brain Lock: Free Yourself from Obsessive-Compulsive Behavior*.
24. Consulte a Parte 1, notas 1 e 2.

PARTE 2

1. Schwartz e Begley, *The Mind and the Brain*.
2. Ratey, *A User's Guide*; Edelman, *Neural Darwinism*; Hawkins e Blakeslee, *On Intelligence*; Schwartz e Begley, *The Mind and the Brain*.
3. Martin E. P. Seligman, "Building human strength: psychology's forgotten mission", *Monitor on Psychology* 29, n. 1 (janeiro de 1998) e "Positive social science", *Monitor on Psychology* 29, n. 4 (abril de 1998), que podem ser acessados no site www.dokimos.ca/Co351.htm.
4. Paul Z. Jackson e Mark McKergow, *The Solutions Focus: The Simple Way to Positive Change* (Londres: Nicholas Brealey Publishing, 2002).
5. Schwartz e Begley, *The Mind and the Brain*.
6. Alan Deutschman, "Change or Die", *Fast Company* 94 (maio de 2005): 53, que pode ser acessado no site www.fastcompany.com/magazine/94/open_change-or-die.html.
7. W. Timothy Gallwey, *The Inner Game of Tennis* (New York: Random House, 1974).
8. William Bridges, *Managing Transitions: Making the Most of Change*, 2ª edição (Cambridge, MA: DaCapo Press, 2003); J. O. Prochaska e W. F. Velicer, "The Transtheoretical Model of Health Behavior Change", *American Journal of Health Promotion* 12, n. 1 (setembro-outubro 1997): 38-48.
9. F. Dimeo, M. Bauer, I. Varahram, G. Proest, U. Halter, "Benefits from Aerobic Exercise in Patients with Major Depression: a Pilot Study", *British Journal of Sports Medicine* 35 (abril de 2001): 114-117.
10. Mihaly Csikszentmihalyi, *Flow: The Psychology of Optimal Experience* (Nova York: HarperCollins Publishers, 1990).
11. Benson Smith, "Are You a Winning Coach?" *Gallup Management Journal* (14 de outubro de 2004).
12. Gallwey, *Inner Game of Tennis*.
13. Ratey, *A User's Guide*.
14. L. Hubbs-Tait, A. M. Culp, R. E. Culp e C. E. Miller, "Relation of Maternal Cognitive Stimulation, Emotional Support, and Intrusive Behavior during Head Start to Children's Kindergarten Cognitive Abilities", *Child Development* 73 n. 1 (janeiro-fevereiro de 2002): 110-131; T. Berry Brazelton, *Touchpoints: Your Child's Emotional and Behavioral Development* (Reading, MA: Perseus Books, 1992).
15. Carol S. Dweck, *Self-Theories: Their Role in Motivation, Personality, and Development* (Londres: Psychology Press, 1999).
16. Marshall Goldsmith, "Try Feedforward instead of Feedback", que pode ser acessado no site www.marshallgoldsmith.com/articles/article.asp?a_id=3.

17. Kenneth Blanchard e Spencer Johnson, The One Minute Manager (Nova York: William Morrow, 1981).
18. Ratey, A User's Guide.
19. Hawkins e Blakeslee, On Intelligence.
20. Schwartz e Begley, The Mind and the Brain.
21. Malcolm Gladwell, Blink (Nova York: Little, Brown, 2005).
22. Daniel Goleman, Inteligência emocional (Rio de Janeiro: Editora Objetiva, 5ª edição, 1996).
23. É amplamente aceito que pensamos cerca de 400 palavras por minuto. Isso é quatro vezes mais rápido do que a fala da maioria das pessoas.
24. Molly Bang, Picture This: How Pictures Work (Nova York: North-South Books, SeaStar Books, 2000).
25. Equipe de pesquisa sobre coaching do Results Coaching Systems, na New York University: Marisa Galisteo, PhD; Jen Bieber; Christine Cookman; Erika Levasseur; Rose Rubin; Frank Mosca, PhD; Christine Ulrich, PhD; Miki Adcock; e Renee Sussman.
26. Mark Jung-Beeman, Edward M. Bowden, Jason Haberman, Jennifer L. Frymiare, Stella Arambel-Liu, Richard Greenblatt, Paul J. Reber e John Kounios, "Neural Activity When People Solve Verbal Problems with Insight", Public Library of Science Biology 2 n. 4 (abril de 2004): e97, que pode ser acessado no site http://biology.plosjournals.org/perlserv/?request=get=document&doi =10.1371/journal.pbio.0020097
27. Robert J. Sternberg e Janet E. Davidson, eds., The Nature of Insight (Cambridge, MA: MIT Press, 1996); Jing Luo, Kazuhis Niki e Steven Phillips, "Neural Correlates of the Aha! Reaction", NeuroReport 15 n. 13 (15 de setembro de 2004): 2013-2017.
28. Outras pessoas desenvolveram modelos semelhantes às quatro faces do insight. Graham Wallas, em 1926, em seu livro The Art of Thought, propôs o modelo criativo tão usado atualmente, com os elementos Preparação, Incubação, Iluminação e Verificação. Outros modelos exploraram as fases da mudança, como o de William Bridges, e o modelo Transteórico ou "Fases da mudança", de James Prochaska.
29. Jung-Beeman et al., "Neural Activity".
30. www.biocybernaut.com
31. www.biocybernaut.com
32. www.biocybernaut.com
33. Consulte a nota 27, apresentada anteriormente.
34. G. Csibra, G. Davis, M. W. Spratling e M. H. Johnson "Gamma Oscillations and Object Processing in the Infant Brain", Science vol. 290 (novembro de 2000) 1582-1585.

35. Consulte www.crystalinks.com/archimedes.html.
36. A Dra. Margaret Paterson, em colaboração com o bioquímico Dr. Ifor Capel, do Marie Curie Care, em Surrey, Inglaterra, mostrou, no início dos anos 80 (1983), que determinadas freqüências do cérebro aceleram muito a produção de diversos neurotransmissores, diferentes freqüências que disparam diferentes substâncias químicas no cérebro. Por exemplo, um sinal de 10 Hz (alfa) aumenta a taxa de produção e movimentação de serotonina, um mensageiro químico que promove o relaxamento e diminui a dor. Já as catecolaminas, vitais para a memória e a aprendizagem, respondem com um sinal em torno de 4Hz (teta).
37. Jung-Beeman et al, "Neural Activity".
38. Consulte a nota 34.
39. Ratey, *A User's Guide*.
40. www.cba.uni.edu/buscomm/nonverbal/culture.html
41. "O foco da atenção era a ação essencial que causava alterações neuroplásticas no córtex." p. 339, *The Mind and the Brain* (Nova York: HarperCollins, 2002).
42. Weiss, A. *Beginning Mindfulness: Learning the Way of Awareness*, (Novato, California: Publishers Group West, 2004). Ellen J. Langer, *Mindfulness* (Perseus Books, 1989).
43. Consulte a nota 41, apresentada anteriormente.
44. Olivero, G., Bane, K.D., Kopelman, R.E. (1997) "Execute Coaching as a transfer of training tool: Effects on productivity in a public agency" Public Personnel Management 26, 461-469. No estudo sobre treinamento sozinho *versus* treinamento mais coaching, descobriu-se que o acréscimo do coaching de acompanhamento aumentou a produtividade em 88%, em relação a 28% no treinamento sozinho.
45. Schwartz e Begley, *The Mind and the Brain*.
46. Isto é contrário à prática de gerenciamento padrão, que, com base na visão behaviorista, diz que devemos punir o baixo desempenho de alguma forma.

PARTE 3

1. Ratey, *A User's Guide*.
2. Darren M. Lipnicki e Don G. Byrne, "Thinking on Your Back: Solving Anagrams Faster When Supine Than When Standing", *Cognitive Brain Research*, 24 n. 3 (agosto de 2005): 719-722.
3. Mount Eliza Business School, Melbourne, Austrália, 2003, relatório sobre liderança.
4. Imperato, G., "How to Give Good Feedback", *Fast Company*, n°. 17 (setembro de 1998): 144.

5. Smith, B., *Are You a Winning Coach?*, *Gallup Management Journal*, n°. 14 (outubro de 2004).
6. Rath, T., *The Best Ways to Recognize Employees*, *Gallup Management Journal*, n. 9 (dezembro de 2004).
7. O maior estudo já realizado sobre satisfação no ambiente de trabalho (Gallup, 1999) apontou que o desenvolvimento de relacionamentos sociais foi um dos fatores mais importantes para a satisfação e a retenção de empregados. O mesmo estudo também descobriu que o elogio e o reconhecimento foram classificados entre os cinco principais blocos constituintes de um ambiente de trabalho rentável e produtivo.
8. Daniel Goleman, *Inteligência emocional* (Rio de Janeiro: Editora Objetiva, 5ª edição, 1996).
9. Jim Collins, *Empresas feitas para vencer*, Rio de Janeiro: Campus/Elsevier, 2001.
10. Beckman, M., "Neuroscience, Crime, Culpability, and the Adolescent Brain", *Science*, vol. 305, (2004): 596-599.
11. Ratey, *A User's Guide*.
12. Committee on Developments in the Science of Learning; John D. Bransford, Ann L. Brown e Rodney R. Cocking, eds., com material adicional do Committee on Learning Research and Educational Practice; M. Suzanne Donovan, John D. Bransford e James W. Pellegrino, eds.; National Research Council, *How People Learn; Brain, Mind, Experience, and School* (Washington, DC: National Academies Press, 2000).
13. Consulte a Parte 2, nota 14, apresentada anteriormente.
14. Csikszentmihalyi, M., *Flow: The Psychology of Optimal Experience* (Nova York: HarperCollins, 1990); Martin E. P. Seligman, *Learned Optimism: How to Change Your Mind and Your Life* (Nova York: Free Press, 1998); Seligman, *Authentic Happiness: Using the New Positive Psychology to Realize Your Potential for Lasting Fulfillment* (Nova York: Free Press, 2004).

ÍNDICE

As páginas em *itálico* contêm ilustrações.

abra os ouvidos para o potencial, 31, 73-84, *73*
   conselho versus, 74
   de crianças, 228-229
   estruturas mentais e, 74-75, 80-85
   exemplos de, 77-78, 81-82
   no esclarecimento, 143, 144, 145
   percepções automáticas e, 75
   série de exercícios para, 75-77, 79
   ver também clareza da distância
acompanhamento, 33, 148, 167, 174, 175-85, 216
   exemplo de, 182-84
   propósito de, 176-77
   questionamento em, 177, 178, 180-82
   série de exercícios para, 185
   ver também modelo SENTIR
adrenalina, 108
agências de recrutamento, xxiii
alternativas, *ver* explorando alternativas
análises de desempenho, 196
aprendizagem autodirecionada, 27, 35-44, *36*
   abordagem norteadora vs., 9, 35-36, 37, 40-41, 43, 44, 61, 127, 132, 191
   em crianças, 227
   em gestão de equipes, 220
   escada de abordagens para, 41-43, *41*
   feedback negativo em, 218
   feedback positivo em, 208
   impactos positivos versus negativos em, 37-38, *38*
   motivos da inutilidade de, 38-41
   no modelo SENTIR, 177, 180-81
   questionamento em, 37, 42
   série de exercícios para, 44

aprendizagem, *ver* aprendizagem autodirecionada
aproveitando a energia, 33, 154, 157, 166-68, 172-73
   atividade tangível em, 166, 167-68
   crianças e, 232-33
   definindo prazos em, 167, 173, 196
   em gestão de equipes, 220, 225
   especificidade em, 166, 173
   questionamento em, 168, 195-96
   reportando-se ao superior, 166, 167
Arquimedes, 5, 108
atenção plena, 155
atenção, 96, 100-101, 234
   conexões permanentes do cérebro, conforme determinado por, 20-21, 24, 47, 48-49, 129, 167-68, 176-77, 178, 179, 180-81, 208, 213
   divagando, 87, 89, 90
atividade física, 203
Auden, W. H., 50
autocrítica, 58-61, 63, 213
axônios, 7

Begley, Sharon, 19
Bell, Alexander Graham, 66
Blanchard, Ken, 64
Blink (Gladwell), 80
Bovee, Christian Nevell, 165
Bower, Marvin, 189
Bridges, William, 52
Buddha, Gautama, 153
Business @ the Speed of Thought (Gates), 99

carga emocional, 12, 217, 219
"100 melhores empresas para se trabalhar" (*Fortune*), xx

cérebro, conexões permanentes de, 4, 5,
    11-26
  atividade física e, 203
  autocrítica e, 61
  capacidades de previsão de, 4-5, 14, 75
  complexidade do, 7-8
  componentes do, 7
  conexões, mapas do, 3-6, 7, 8, 14-15, 19,
    23, 31, 39, 87-88, 90, 106, 167,
    176-77
  conforme determinado pela atenção,
    20-21, 24, 47, 48-49, 129, 167-68,
    176-77, 178, 179, 180-8, 208, 213
  conforme moldado pelo ambiente, 8
  criando novas conexões versus, 19-21,
    22-26, 47, 52-53
  Darwinismo Neural e, 25
  das crianças, 22, 227, 228
  defesa de, 17, 18, 53-54
  diferenças individuais entre, 8-10, 17-18,
    39, 56, 114-15, 128
  doenças degenerativas do, 22
  em esportes, 12-13
  erros causados por, 15-16
  estruturas mentais formadas por, 17, 18,
    47, 74-75
  Fases da Mudança em, 52-53
  feedback positivo e, 61
  feedback positivo em, 24-25
  lembretes e, 25
  mente consciente em, 52, 107, 108
  na teoria de aprendizagem de
    adultos, 227
  neuroplasticidade de, 22-26
  neurotransmissores em, 6, 107, 108, 165
  pensamentos vs. hábitos em, 23-25
  percepção automática e, 14-18, 47, 48,
    51-53, 75
  processamento simultâneo de
    informações em, 108-9
  reflexão e, 107-8
  série de exercícios para, 10, 28
  serotonina em, 107, 108
  sobrecarga de informações e, 99
  subcórtex de, 12, 61
  tempo necessário para, 24
cérebro, xvi, 1-28, 32, 74-75, 132, 235, 236
cérebro, tecnologia de tratamento de
  imagens, 12, 23, 104

Charan, Ram, xxiii
Churchland, Paul, 1
ciclos de vida do produto, xxi-xxii
clareza da distância, 32, 80-85, *80*, 87, 143
  ciência e, 79, 80
  e-mails e, 99
  filtros vs., 74, 80, 82-83, 84
  na tomada de decisões, 202-203
  perdendo-se em detalhes versus, 80,
    81-82, 84
  planos versus, 74, 80, 83, 84
  pontos ativos emocionais versus, 74, 80,
    83-84
  série de exercícios para, 85
Collins, Jim, 222
comportamental cognitiva, xxii, 24
concisão, 87-92, 93, 94, 95, 97-98, 99, 124
  recursos visuais em, 91-92
  série de exercícios para, 92
confiando nos próprios instintos, 160, 199
consciência do dilema, fase de, 105-6,
  104, 152
conselho, 27, 40-41, 74, 196, 216
  inutilidade de, 9, 10, 128
  no questionamento, 129-30
crise de liderança, xxiii
Csikszentmihalyi, Mihaly, 45
Czerner, Thomas, 2, 3, 24, 205

Dance ao embalo do insight, 5, 32-33,
  102-3, 111-12, *111*, 153-54, 162,
  200, 208
  e armadilhas para facilitadores, 111-12
  exemplos de, 137-39, 146-51
  natureza cíclica de, 151
  série de exercícios para, 152-53
  vantagens de, 140
  ver também esclarecimento; permissão;
    posicionamento; questionamento
Darwinismo neural, 25
De Bono, Edward, 29
definição de meta, 17
  na gestão de equipes, 221-22
  no modelo SENTIR, 177, 182-84
deitado, 203
dendritos, 7, 24
detalhes, 31, 157, 215
  como foco de questionamento, 130-31,
    136, 149, 150, 151

perdendo-se em, 70, 80, 81-82, 84, 181, 193, 202, 203, 220, 221, 229
dilemas, 31, 126-39, 169, 197, 198
   acompanhamento e, 182, 184
   consciência de, 105-6, *104*, 152
   exemplos de, 106
   questão central de, 128, 137-38, 151, 193, 200-1
diploma de MBA, xxi
distensão, 31, 36, 50-57, 139, 161, 179
   ajuda para, 53-54
   destacando limitações versus, 55
   dificuldade de, 51-53, 55
   em gestão de equipes, 221-22
   facilitadores de, 50-51, 55-57
   incentivando o desconforto em, 54, 56-57, 159
   série de exercícios para, 57
   zona de fluxo em, 56
dopamina, 108
drama, 144, 221, 222, 229
Drotter, Stephen, xxiii

Edelman, Gerald, 1, 236
Edelman, Marian Wright, 234
Eisner, Michael, xxi
e-mails, xvi-xvii, 40, 98-101, 108
   chamadas telefônicas vs., 99, 100, 101, 201
   orientações para, 100-101
   perturbando, 99-100
emoções, 177, 178-79, 183
   de zona de fluxo, 56
   em memória de longo prazo, 178
   negativas, 53, 61, 179
Empresas feitas para vencer (Collins), 222
endorfinas, 108
equipes, gestão de, 18, 87, 193, 219-25
   aprendizagem autodirecionada em, 220
   definição de metas em, 221-22
   distensão em, 221-22
   esclarecimento em, 223-24
   expectativas claras em, 221
   feedback positivo em, 221
   foco em soluções em, 220-21
   modelo CRIAR em, 220, 222, 224-25
   modelo Escolha seu Foco em, 221, 222
   posicionamento em, 220, 222-23

esclarecimento, 33, 67, 103, 112, 138, 142-45, 147, 148, 149, 150, 163
   abrindo os ouvidos para o potencial em, 143, 144, 145
   em gestão de equipes, 223-24
   exemplos de, 143-45
   no acompanhamento, 177
   no foco em soluções, 193, 194
   parafraseando em, 144
   respostas curtas em, 143, 144, 152
   série de exercícios para, 145
especificidade, 93-94, 95, 97-98, 124, 147
   em acompanhamento, 177, 178
   em aproveitando a energia, 166, 173
   em feedback positivo, 206-7, 218
estruturas mentais, 17, 18, 59, 132, 199
   e abrindo os ouvidos para o potencial, 74-75, 80-85
explorando alternativas, 33, 154, 156, 157, 161-64, 171-72, 195
   crianças e, 232
   em gestão de equipes, 220, 224-25
   fazendo sugestões em, 156, 164
   filtros e, 164
   planos e, 164
   questionamento em, 162-63
expressões faciais, 104-10
   consciência do dilema, , *104*, 105-6, 152
   iluminação, *104*, 108-9, *108*, 135, 152, 195
   motivação para a ação, *104*, 109-10, *109*, 152, 154
   realidade atual e, 160
   reflexão, *104*, 107-8, *107*, 126, 135, 152, 194
   série de exercícios para, 110

Fast Company, 51
fatos, averiguação de, 177-78, 183
feedback, xiii-xiv, 87, 100, 117, 196, 205-18
   desempenho construtivo, 218
   freqüência, 205
   para desempenho limitado, 205, 213-16
   para ótimo desempenho, 205, 206-12; *ver também* feedback positivo
feedback de desempenho construtivo, 218
feedback negativo, 217-18
   ambiente apropriado para, 217
   autocrítica como, 58-61, 63, 213

carga emocional em, 217
em aprendizagem autodirecionada, 218
em sanduíche de feedback, 63
ineficácia de, 213
questionamento em, 218
feedback positivo, 17, 32, 36, 54, 58-65, 66, 145, 176, 177, 206-12, 234
   atividade cerebral e, 61
   desconforto causado por, 207
   desempenho afetado por, 60-61, 62
   desenvolvimento da criança afetado por, 61-62, 211, 227-28
   em aprendizagem autodirecionada, 208
   em conexão permamente do cérebro, 24-25
   em convívio social, 211
   em e-mails, 100, 101
   em gestão de equipes, 221
   especificidade em, 207, 218
   exemplos de, 64, 208-11
   fórmula p=P-I em, 60-61
   freqüência de, 59, 206
   generosidade em, 207
   incentivo em, 177, 179-80, 181, 183, 184
   na IBM, 62
   nova abordagem para, 208-11
   permissão em, 207
   pesquisas de, 206
   posicionamento em, 207
   questionamento em, 207, 208
   reconhecimento em, 62, 96, 179, 180, 183
   resistência de executivos a, 62
   série de exercícios para, 65, 212
   técnica de FeedForward em, 63-64
   vantagens de, 206, 211, 218
Feynman, Richard, 79
filhos, 226-33
   aprendizagem autodirecionada em, 227
   cérebro de, 22, 227, 228
   fazendo perguntas questionadoras a, 230
   feedback positivo e, 61-62, 212, 227-28
   modelo CRIAR e, 230-33
   pedindo desculpas a, 231
   pedindo permissão a, 118
   utilizando posicionamento com, 229-30
filtros mentais, 16-17, 47, 202
   clareza da distância versus, 74, 80, 82-83, 84
   e explorando alternativas, 163-64
Fitzgerald, F. Scott, 161

Florida, Richard, xix
Flow (Csikszentmihalyi), 56
fMRI (functional magnetic resonance imaging), 104
Ford, Henry, xxi
Fortune, xx

Galileo Galilei, 35
Galisteo, Marisa, 105
Gallup Poll, 206
Gallwey, W. Timothy, 52, 60, 226
Gates, Bill, 99
generosidade, 95-98, 124, 207
Gerações X e Y, xxi
Gerente Minuto, O, (Blanchard), 64
gestão da mudança, 52-53
Gladwell, Malcolm, 80
Goethe, Johann Wolfgang von, 58
Goldsmith, Marshall, 63
Goleman, Daniel, 84, 211
Guilday, Elizabeth, 166

Hawkins, Jeff, 2, 4, 14, 75
Howell, James, 113

IBM, xvi, 62, 142
iluminação, fase da, *104*, 108-9, *108*, 135, 152, 195
impacto versus intenção, 37-38, *38*, 87, 102, 123
"incandescente", 100
incentivo, 177, 179-80, 181, 183, 184
Inner Game of Tennis, The (Gallwey), 60
insights, 5-6, 28, 104-10, 138, 154, 160, 175-76
   energia gerada por, 5, 6, 39-40, 109, 139, 161, 162
   fase consciência do dilema de, *104*, 105-6, 152
   fase de iluminação de, *104*, 108-9, *108*, 135, 152, 195
   fase de motivação para ação de, *104*, 109-10, *109*, 152, 154, 165
   fase de reflexão de, 5, *104*, 107-8, *107*, 126, 135, 152, 194
   pesquisa sobre, 104-5
   série de exercícios para, 110
   tipos de, 140
   ver também Dance ao embalo do insight

Institute for Behavioral Research, 23
Inteligência Emocional (Goleman), 84, 211
interessante versus útil, 45, 49, 67, 129
Internet, xvii-xviii, 87

James, William, 48-49
Jay, Anthony, 125
Johnson, George, 22
Jung-Beeman, Marc, 105, 107, 108

Kounios, John, 105
Krzyzewski, Mike, 219

Lamartine, Alphonse de, xi
Lao-tzu, 88
LeDoux, Joseph, 2, 12
Levitt, Ted, 73

McKinsey & Company, 189
medidas (números), 158-59, 194, 200-1, 232
memória de longo prazo, 12, 23
    emoções em, 178
memória funcional, 5, 16, 24, 52, 158
    capacidade de, 12, 88, 107, 143
Merzenich, Michael, 2, 23, 27, 102
Mind and the Brain, The (Schwartz), 48-49
Minsky, Marvin L., 111
modelo CRIAR, 33, 154, *153*, 175, 182, 196, 220
    crianças e, 230-32
    detalhes em, 157
    em gestão de equipes, 220, 222, 224-25
    exemplo de, 169-74
    série de exercícios para, 174
    ver também realidade atual; explorando alternativas; aproveitando a energia
modelo do iceberg, xxii-xxiii, *xxii*, 59-60
modelo Escolha seu foco, 67-71, *69*, 82, 84, 135
    na gestão de equipes, 221-22
    na tomada de decisões, 203-4
modelo Fases da Mudança, 52-53
modelo SENTIR, 33, *175*, 177-85, *177*
    emoções em, 177, 178-79, 183
    exemplo de, 182-84
    fatos em, 177-78, 183
    implicações em, 177, 180-81
    incentivo em, 177, 179-80, 181, 183, 184
    novas metas em, 177, 182-84

motivação para ação, fase de, 5-6, *104*, 109-10, *109*, 152, 154, 165
    ver também aproveitando a energia
movimento da Nova Era, 14
mudança organizacional, 234-35

neurociência, 11-12, 14, 22, 24, 25, 48-49, 74-75
    ver também cérebro
neurônios, 7
neuroplasticidade, 22-26
neurotransmissores, 6, 107, 108
New York University, 12
New York University/Results Coaching System, 105
Nin, Anaïs, 14
Noel, James, xxiii
"normalizar" a experiência, 54
números (medidas), 158-59, 194, 200-1, 232

On Intelligence (Hawkins), 4
ondas cerebrais alfa, 107, 126
ondas cerebrais gama, 108-9
ondas cerebrais, 6
    ondas alfa, 106, 124
    ondas gama, 108-9
Orwell, George, 88

Palm Computing, 4
paráfrase, 144
pensamento na visão, 68-69, 70, 82, 97
pensamento no detalhe, 69, 222
pensamento no drama, 69-70, 84
pensamento no planejamento, 69, 70, 82, 97, 222
pensamento no problema, 69
pensamento, velocidade de, 88
pensando sobre o pensamento, 31-32, *32*, 35-71, *36*
    ver também feedback positivo; processo, estabelecimento de; aprendizagem autodirecionada; soluções, foco em; distensão
percepção automática, 14-18, 47, 48, 51-53, 75
perguntas "por quê", 46, 49
perguntas dramáticas, 136
perguntas questionadoras, 37, 124, 132-36, 140, 141, 147, 148, 149, 151, 152, 194
    crianças e, 230

exemplos de, 134
na gestão de equipes, 220
na tomada de decisões, 200-202, 203-4
sobre realidade atual, 158
perguntas sobre planejamento, 136
perguntas sobre visão, 136
permissão, 33, 103, 112, 113-19, 123, 137, 138, 146, 148, 151, 152, 183, 214-15
adaptação a, 114-15
confiança construída por, 116, 117
em feedback negativo, 217
em feedback positivo, 207
em foco nas soluções, 192, 193, 194, 195
em modelo CRIAR, 156, 162, 163, 166, 172, 173
estabelecimento de, 116-18
na gestão de equipes, 220
níveis de, 114, 115
para fazer sugestões, 163
para iniciar uma nova conversa, 116
pedindo a crianças, 118, 229
série de exercícios para, 118
Personal Best (Rock), 47, 148
pesquisas, xiv, xix, 206
planos, pessoais, 202, 211, 216
clareza da distância vs., 74, 80, 83, 84
explorando alternativas e, 164
Platão, 155
pontos ativos emocionais, 74, 80, 83-84, 179, 202
posicionamento, 33, 103, 112, 120-25, 137, 138, 146, 147, 148, 149, 150, 151, 152, 173, 214-15
carga emocional e, 217, 229
crianças e, 229-30
em explorando alternativas, 162, 163, 171-72
em feedback negativo, 206
em feedback positivo, 207
em foco nas soluções, 193, 194, 195
em gestão de equipes, 220, 223
exemplos de, 121, 223-25
na realidade atual, 156-57
propósito de, 120
questões em, 122
repetido, 123-24
resumindo em, 124, 147
série de exercícios para, 125
prazos, definição de, 167, 173, 196

problemas, foco em, 26, 27, 30, *30*, 40, 45-49, 52, 220, 229
em psicologia, 48
em questionamento, 46, 49, 127, 129-20, 136, 139, 151
no modelo Escolha seu Foco, 69
por equipes, 220-21, 222
processo, estabelecimento de, xxii, 32, 36, 66-71, 111-12, 214
exemplos de, 67
série de exercícios para, 71
significado de, 66
ver também modelo Escolha o seu foco
processos de produção de liderança, 8
Prochaska, James, 52
psicologia, 48
Gestalt, 4
positiva, 228
psicoterapia, 48

quadrantes perguntar-dizer, 50, *51*
questionamento, 33, 37, 42, 103, 112, 125-36, 137, 138, 150
abordagem norteadora em, 127, 132
drama, 136
em acompanhamento, 177, 178, 180-82
em aproveitando a energia, 168, 195-96
em explorando alternativas, 162-63
em feedback negativo, 218
em feedback positivo, 208
em foco nas soluções, 46, 49, 193, 198
focado em detalhes, 130, 136, 139, 149, 150, 151
focado em problemas, 46, 49, 127, 129-30, 136, 139, 151
oferecendo conselhos em, 128-29, 130
planejamento, 136
série de exercícios para, 127, 141
sobre a realidade atual, 157-58, 159, 160
sobre tomada de medidas, 131
sugestões em, 132
visão, 136
ver também perguntas questionadoras
quietleadership.com, xvii-xviii

Ratey, John, 2, 7, 61, 109, 203
realidade atual, 33, 154, 155-60, 170-71, 195
confiando nos próprios instintos e, 160
crianças e, 232

em gestão de equipes, 220, 224
expressões faciais e, 160
números em, 158-59, 194, 200-1, 215, 232
questionamento sobre, 157-58, 159, 160
reconhecimento, 62, 97, 179, 180, 183
recrutamento automatizado em, xx
"incandescente" em, 100
ver também e-mails
recrutamento automatizado, xx
recursos visuais, 91-92
reestruturando, 47
reflexão, fase de, 5, *104*, 107-8, *107*, 126, 135, 152, 194
reforço positivo, 48
reportando-se ao superior, 167
resposta brigar ou fugir, 54
resumindo, 124, 147
Robertsons, James, 142
Rock, David, 120
Roth, Gerhard, 11
Russell, Bertrand, 191

sanduíche de feedback, 63
Schatz, Carla, 175
Schwartz, Jeffrey M., 2, 4, 14, 48-49, 75, 168
Seligman, Martin, 48
sendo objetivo ao falar, 32, 86-101, *86*
 clareza da mensagem principal em, 88, 101
 compartilhando informações pessoais em, 96-97
 desvios evitados por, 88, 93
 e-mails e, 98-101
 energia economizada por, 89
 escolhendo as palavras em, 96
 generosidade em, 95-98, 124, 207
 mantendo a atenção do ouvinte em, 87-88
 mostrando sensibilidade em, 96
 na prática, 97-98
 reconhecimento em, 96
 série de exercícios para, 92, 94, 98
 tempo economizado por, 89
 ver também especificidade; concisão
sensibilidade, 96
serotonina, 107, 108

soluções, foco em, 21, 26, 27, 30, *30*, 32, 36, 45-49, 50, *51*, 61, 136, 178, 191-98
 crítica de, 47-48
 em gestão de equipes, 220-21
 energia gerada por, 46
 exemplo de, 191-97
 foco no problema versus; *ver* problemas, foco em
 na mudança de hábitos internos, 47-49
 na psicoterapia, 48
 questionamento em, 46, 49, 193, 198
 reestruturando em, 47
 série de exercícios para, 49
Solutions Focus, The (Jackson and McKergow), 48
sugestões, 40, 132, 192, 193, 199, 216
 na exploração de alternativas, 156, 164
 na tomada de decisões, 203
 no questionamento, 132

Taub, Edward, 2, 23
técnica FeedForward, 63
tecnologia de tratamento de imagens, cérebro, 12, 23, 104
teoria da aprendizagem de adultos, 24, 226
terapia comportamental cognitiva, xxii, 24
terceirização, xx
The New York Times, 93, 100
tomada de decisões, 199-204
 clareza da distância em, 202-203
 identificando o dilema central em, 200-1
 modelo Escolha seu foco em, 203-4
 perguntas questionadoras em, 200-4
 sugestões em, 203
trabalho físico, xix-xx
Traub, Roger, 108

University of California, em São Francisco, 23

valorização, expressão de, 124, 179
visualização, 17

What Makes You Tick (Czerner), 24
Whitmore, Sir John, 44

Zeldin, Theodore, xiii, xviii, 86, 236

CONHEÇA OUTROS LIVROS DA ALTA BOOKS

Negócios - Nacionais - Comunicação - Guias de Viagem - Interesse Geral - Informática - Idiomas

Todas as imagens são meramente ilustrativas.

SEJA AUTOR DA ALTA BOOKS!

Envie a sua proposta para: autoria@altabooks.com.br

Visite também nosso site e nossas redes sociais para conhecer lançamentos e futuras publicações!
www.altabooks.com.br

/altabooks ▪ /altabooks ▪ /alta_books

ALTA BOOKS
EDITORA

Este livro foi impresso nas oficinas gráficas da Editora Vozes Ltda.,
Rua Frei Luís, 100 – Petrópolis, RJ.